改訂5版 幼児の音楽教育法

美しい歌声をめざして

吉富功修・三村真弓 編著
Katsunobu YOSHITOMI   Mayumi MIMURA

ふくろう出版

❦ はじめに ❦

　就学前教育に課せられた大きな課題は、すべての子どもが安心して集い、それぞれの個性を十全に発達させることのできる環境と活動を提供することであると考えます。さらに、多くの子どもが初めて他の子どもと時間と場を共有する就学前教育において、お互いに他者を認め合って、共に何かを達成するという社会性を構築することが重要であると考えます。この社会性とは、ルールを守る、他の人に暴力をふるわない、他の人をいじめない、他の人の迷惑にならないなどの、人として最も重要な倫理であると考えます。この倫理は、人が生まれながらに有しているものではなく、学習することによって、換言すれば教えられることによって初めて獲得されるものであることを強調しておきます。子どもと接する養育者や保育者は、人としての最も基本的な倫理や文化などを、子どもがみずから学習できるような環境の設定に十分に配慮する必要があります。しかしながら、そうした環境において自発的な学習が生じないような場合には、何らかの「はたらきかけ」を行うことが必要です。それらの積極的な「はたらきかけ」によって、子どもの社会的発達を促すのです。

　幼稚園・保育園等における音楽活動は、そうした子どもの社会性の発達に極めて有効です。幼稚園・保育園等における音楽活動は、それらがわらべうた遊びであっても、手遊びであっても、全員での歌唱であっても、楽器の演奏であってもすべて、1人の子どもだけでは成立せず、必ず他の人との協同が必要だからです。楽しく音楽活動をするためには、約束つまりルールが必要です。楽しく音楽活動をするためには、他の人のペースに合わせてあげることが必要です。多人数での歌唱では、保育者の伴奏と合わせること、他の人の声と合わせること、が必要です。こうしたことすべてを克服して初めて、つまり他者の存在をそのまま受け入れ、他者を大切なパートナーとして認め、音楽を楽しくするためのさまざまなルールを容認することによって初めて、音楽活動が可能となるのです。換言すれば、音楽活動を豊かなものにすることは、子どもの社会性が豊かに育っているということなのです。しかしながら、音楽活動は、単なる社会性を達成するためのものではありません。子どもの今の、そして将来の生活を支える「美的な感動」を育むものでなくてはなりません。

　そうした意味で、現在の幼稚園・保育園等での音楽活動の最も重要でしかも緊要な問題点は、「歌唱」にあると考えます。幼稚園・保育園等の主役は、子どもです。幼稚園・保育園等での音楽活動は、主役である子どもが楽しいと感じ、子どもの音楽的発達と社会的発達を保障するものでなくてはなりません。この視点から現状をみると、必ずしもすべての園での「歌唱」が望ましいものであるとは言えません。編者たちは、全国の幼稚園・保育園を対象とする大がかりな調査を実施しました。それによると、美しい歌声の「歌唱」もあれば、どなり声での悲惨な「歌唱」も少なくありませんでした。本書の内容には、そうした状態の改善に少しでも資することができないか、という思いが込められています。本書を手にしていただいた多くの皆様と共に、明日の世界を担う子どもの、美しい心と美しい歌声を育みたいと思います。

2023 年 3 月 15 日

吉 富 功 修
三 村 真 弓

改訂5版 **幼児の音楽教育法** 美しい歌声をめざして

CONTENTS

CONTENTS

CONTENTS

CONTENTS

CONTENTS

付　録

コ ラ ム

執筆者紹介

第Ⅰ部　理　論　編

第1章　幼児の歌唱の実態と指導への提言

　幼稚園や保育園等は、ほとんどの子どもにとって、生まれて初めて養育者の保護を離れ、多くの同年齢の子どもと遊びや学習や生活を共有する場です。家庭とはまったく違った環境のなかで、子どもは友だちと共に遊び、友だちと共に歌うことを経験します。幼稚園や保育園等での音楽はそれ以降のどの段階よりも重視されている、ということに異を唱える人はいないでしょう。園の先生がたは、幼児教育における音楽の重要性を十分に認識されており、音楽に関する造詣が深く、ピアノの演奏にも習熟されており、園児の歌唱を上手にリードされています。園児も楽しそうに歌っています。先生のピアノに合わせて、嬉々として歌っています。

　しかし、1人ひとりの子どもの歌声は、どうなのでしょうか。ほんとうに、適切に歌えているのでしょうか。この疑問にすぐに答えられる先生は、それほど多くないのではないか、というのが筆者の考えです。つまり、園の先生の多くは、1人ひとりの子どもの歌声を正確に把握するというよりも、ピアノに合わせて歌っている集団としての子どもの歌声に注意をはらっていることの方が多いのではないでしょうか。本章では、筆者の研究と内外の文献をレビューすることによって、幼児の歌唱の実態を明らかにし、それらの実態に基づいて幼稚園や保育園等における歌唱指導に対する若干の提言をしたいと思います。

第1節　声　　域

　「声域」とは、ある個人の場合には、その人の発声できる特定の下限音と特定の上限音との範囲である、と定義することができます。学校や園での集団の場合には、「声域」をどのように定義することが妥当でしょうか。本章では、その集団の半数以上の者が実際に歌うことのできる特定の音高と特定の音高との範囲（正しい声域）である、と定義します。（ここではその集団の「半数以上」としましたが、この数値は声域研究の大勢に従ったまでのことです。この数値に関しては異論も多く、筆者自身も、せめて75％以上をその集団の声域とすべきではないか、と考えています。）また、その集団の半数以上の者が発声できる下限音と半数以上の者が発声できる上限音との間の幅を声域としたり、その集団の成員が歌うことができた半音数の平均を声域としている事例がありますが、それらは誤った声域ですので注意してください。

1. 声域研究の実例

　ここでは、幼児の声域研究の具体的な方法と、その結果、どのようなデータと知見が得られたかということを、筆者の研究を紹介することによって、明らかにしたいと思います。

吉富功修（1983）[1] の研究

　吉富は、4歳児106人、5歳児127人、計233人を対象者として、音域が完全5度の《メリーさんのひつじ》を連続的に移調伴奏し、それに合わせて歌唱させる方法で各人の声域を求めました。充実した響きとか無理のない発声といった声楽的視点を排し、かすかにではあっても実際に歌唱できたものはす

べて声域にカウントしました。歌唱できたかどうかは、筆者の指導学生3人が判定しました。

まず、「表1－1　歌うことのできた半音数の平均」と「表1－2　正しい歌唱可能声域」との間には、約1.5半音から4半音の差があり、いずれも声域の方が狭いことが明らかになりました。表1－2から、4歳児の歌唱可能声域は1オクターブに届かず、5歳児では1オクターブを越えていますが、実際の教材に多いC4（1点ハ）からC5（2点ハ）のオクターブよりは低くなっています。さらに表1－3のように、C5を歌えなかった者が、4歳児では男女共60％以上、5歳男児でも57％であることが明らかになりました。このように、幼児の歌唱の実態は、非常にもろくて、しかも不安定なものなのです。

この研究の方法は、課題曲《メリーさんのひつじ》を多様な調で移調伴奏した練習をあらかじめ2週間にわたって行い、幼児全員が課題曲の歌唱に習熟した後に、1人ずつ個別に、しかも、何度も励ましながら行われたものであり、その結果は、対象とした幼児の歌唱の実態を正確に反映しているものであると考えています。

表1－1　歌うことのできた半音数の平均

4　歳　児			5　歳　児		
男	女	計	男	女	計
12.6半音	14.1	13.4	15.8	17.8	16.8

表1－2　正しい歌唱可能声域*

	4　歳　児			5　歳　児		
	男	女	計	男	女	計
声　域 （半音数）	A3〜G♯4 (11)	A♯3〜A4 (11)	A3〜G♯4 (11)	A3〜A4 (12)	G♯3〜C5 (16)	A3〜B4 (14)

表1－3　C5を歌えなかった者

	4　歳　児			5　歳　児		
	男	女	計	男	女	計
人　数 （％）	39 (75)	33 (61.1)	72 (67.9)	35 (57.4)	19 (28.8)	54 (42.5)

幼児の声域に関する内外の研究のまとめ

次に、筆者の研究以外の、内外の声域研究の概要を表1－4にまとめて示します。それらの出典等は、紙幅の関係もあり、本書には示しません。関心のある方は、参考文献[2]をご参照ください。

表1－4から、各年齢の半数以上が歌える正しい歌唱可能声域は、おおむね、4歳児では、男児がG♯3〜G♯4、女児がA3〜B4、5歳児では、男児がA3〜A4、女児がA♯3〜C5あたりといえるでしょう。

このように、幼児の声域に関する内外の研究は、一致して、幼児の声域がそれほど広くはないことを明らかにしています。園の先生は、この事実に、おそらく驚かれることと思います。ご自身では、子どもはもっとよく歌えているはずだ、とお考えのことでしょう。しかし、この表の結果を疑うべきではありません。先生の耳にされている幼児の声は、よく歌える幼児たちの声であって、必ずしも幼児1人ずつの声ではないからです。

第2節　無伴奏歌唱の開始音

幼児が1人で自由に無伴奏で歌唱するときに、どのくらいの音高で歌い始めるのかということにも、

---

*　本書では、音高・音名の表記はすべて英語表記を用いる。p.144を参照してください。

表1－4　幼児の声域に関する内外の研究のまとめ

研 究 者 名	年 齢 等	声 域 （%）	声域の正誤	声 域 の 種 類 等
Hattwick	4歳半～6歳 〃 〃	$B_3 \sim G_4$ $A^{\sharp}_3 \sim G^{\sharp}_4$　　　28回練習後 $B_3 \sim A^{\sharp}_4$ マイナス　48回練習後	不明 〃 〃	自由曲無伴奏歌唱声域 課題曲（$C_4 \sim C_5$）無伴奏歌唱声域 〃
Updegraff	5　歳	$A_3 \sim A_4$	不明	不明
Kirkpatrick	5　　歳 singers partial-singers non-singers 最頻声域	 $F_3 \sim E_5$ $F_3 \sim C_5$ $B_3 \sim F^{\sharp}_4$ $G_3 \sim B_4$	 不明 〃 〃 〃	 不明 〃 〃 〃
Paulsen	3～5歳 男　児 女　児	 $E_4 \sim A_4$ $F^{\sharp}_4 \sim B_4$	 不明 〃	 不明 〃
Fröschels	4歳男児 女児 5歳男児 女児	$C_4 \sim G_4$ $C_4 \sim A_4$ $C_4 \sim A^{\sharp}_4$ $C_4 \sim B_4$	不明 〃 〃 〃	不明　不一致が多い 〃　　　　〃 〃　　　　〃 〃　　　　〃
Gutzmann	3～5歳	$E_4 \sim A_4$	不明	不明
Cleall	5～7歳男児 女児	$G^{\sharp}_3 \sim G^{\sharp}_4$ $A_3 \sim B_4$	不明 〃	不明 〃
Joyner	4　歳 5　歳	$A_3 \sim F^{\sharp}_4$ $A^{\sharp}_3 \sim G^{\sharp}_4$	不明 〃	音楽的声域 〃
Plumridge	5　歳	$B_3 \sim F_4$（60%）	不明	らくに歌える声域
Harkey	3　歳	$A^{\sharp}_3 \sim F^{\sharp}_4$	不明	自由曲無伴奏歌唱声域
清水美代子	3歳児 4歳児 5歳児	$C_4 \sim G_4$（61.9%） $C_4 \sim B_4$（59.3%） $C_4 \sim B_4$（50%）	正 〃 〃	不明　不一致が多い 〃　　　　〃 〃　　　　〃
切替一郎 沢島政行	3歳児 4歳児 5歳児	$A_3 \sim A_4$ $B_3 \sim C_5$ $A_3 \sim C_5$	不明 〃 〃	不明 〃 〃
千葉大附幼	3歳児 4歳児 5歳児	$C_4 \sim G_4$（62.9%） $C_4 \sim A_4$ $B_3 \sim B_4$（51.4%）	正 不明 正	不明 〃 〃
志村洋子 （1981）	5歳児	$D^{\sharp}_4 \sim G^{\sharp}_4$ $D_4 \sim A_4$	正 〃	自由曲無伴奏歌唱声域 〃
志村洋子 （1982）	4歳児 5歳児	$D_4 \sim A_4$ $C^{\sharp}_4 \sim A_4$　$C^{\sharp}_4 \sim G^{\sharp}_4$	正 〃	課題曲無伴奏歌唱声域 〃
武岡真知子	3歳男児 女児 計 4歳男児 女児 計 5歳男児 女児 計	$D_4 \sim A_4$（72.3%） $C_4 \sim A_4$（51.6%） $D_4 \sim A_4$（76.6%） $D_4 \sim A_4$（75.7%） $D_4 \sim C_5$（50%） $D_4 \sim B_4$（57.3%） $C_4 \sim A_4$（73.4%） $D_4 \sim C_5$（50%） $C_4 \sim A_4$（64.8%）	正 〃 〃 〃 〃 〃 〃 〃 〃	音楽的声域 〃 〃 〃 〃 〃 〃 〃 〃
前山珠世	4～5歳児	$B_3 \sim B_4$ $A^{\sharp}_3 \sim C^{\sharp}_5$ $B_3 \sim A^{\sharp}_4$	正 〃 〃	標準声域 歌唱可能声域 安定声域

多くの関心が寄せられてきました。これは、無伴奏歌唱の開始音を明らかにすることによって、幼児にとって最も歌いやすい音高がどのあたりの音高であるのか、実際に幼児が伴奏されて歌唱する時の楽曲上の開始音との差はないのか、などを考えていこうとする視点があったためと考えられます。

1. 無伴奏開始音研究の実例

ここでは、どのような方法で幼児の無伴奏歌唱の際の開始音を研究しているか、その結果どのようなデータと知見が得られたかということを、筆者の研究を紹介することによって、明らかにしたいと思います。

吉富功修と森田尚子（1984）[3] の研究

吉富と森田は、課題曲として《メリーさんのひつじ》を用いて、幼児・児童の無伴奏歌唱の開始音、およびその開始音が声域のどのあたりに位置するのかということを研究しました。課題曲を多様な調でおよそ2週間練習させた後に、1人ずつ個別に音高の示唆なしに無伴奏歌唱させて開始音を、その後に、課題曲の連続移調伴奏に合わせて歌唱させて声域を調査しました。その結果、表1−5のデータを得ました。この開始音は、課題曲開始音です。

各年齢・学年の開始音の平均は、2歳児以外は D♯4 〜 E4 です。また、標準偏差も、2歳児以外は2〜3半音です。一方、2歳児の開始音の平均は F4、標準偏差は4.5半音です。このように、2歳児は他の年齢・学年と異なる傾向を示していますが、これは、2歳児が、無伴奏では正しく歌唱することがほとんど困難で、どなり声（高音）やつぶやくような声（低音）で歌い始めた者が多かったためです。

これらの開始音の平均値と声域との関連を示したものが図1−1です。歌唱の不安定な2歳児と3歳男児は、声域の中間よりもやや高いピッチで歌い始めており、歌唱の安定した3歳女児・4歳児および5歳児は、声域のほぼ中間で歌い始めています。第1学年（6歳児）から第3学年（8歳児）になるにしたがって、声域の中間よりも低いピッチで歌い始めています。声域に関しては、下限音は1年生までは下方に広がっていますが、それ以降は比較的安定しており、上限音は4歳児まではあまり変化していませんが、5歳児から急に高くなっています。5歳児からの上限音の急速な伸びは、ファルセット（頭声的発声）を用いた被験者が増加したことに依るところが多いと思われます。

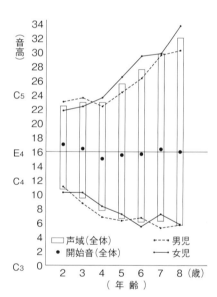

図1−1　声域と無伴奏歌唱開始音
（吉富・森田）

表1−5　課題曲無伴奏歌唱の開始音の音高

	2歳	3歳	4歳	5歳	1年	2年	3年
男児平均値 （標準偏差）	E4+63 セント* （4.06 半音）	E4+78 （2.33）	D4+03 （2.04）	D♯4+19 （2.92）	D♯4+85 （2.39）	E4+04 （1.78）	D♯4+66 （2.73）
女児平均値 （標準偏差）	F4+20 セント （4.68 半音）	D♯4+71 （2.26）	D♯4+58 （1.79）	D♯4+67 （1.79）	D♯4+73 （2.40）	E4+62 （2.06）	E4+42 （2.54）
全体平均値 （標準偏差）	E4+98 セント （4.45 半音）	E4+23 （2.36）	D4+90 （2.05）	D♯4+45 （2.40）	D♯4+80 （2.39）	E4+29 （1.93）	E4+03 （2.67）

＊　セントとは、1オクターブを1200等分した単位です。したがって、半音は100セント、全音は200セントになります。

6

吉富功修（1985）[4] の研究

　吉富は、幼児の無伴奏歌唱の開始音に関して、2つの調査をしました。

　A 調査は、2つの幼稚園の 1981 年度 4 歳児 83 人を対象者として、《メリーさんのひつじ》を課題曲として、1981 年 6 月から 1983 年 1 月にかけて、ほぼ 6 か月間に 1 度、計 4 回の調査を縦断的に行ったものです。事前に、課題曲《メリーさんのひつじ》を楽譜に指定されているへ長調にこだわらず、多様な調で練習するように各幼稚園の担任教師に依頼しました。およそ 2 週間の練習の後に第 1 回調査を行いました。第 2 回〜第 4 回調査に要した練習は、課題曲を思い出す程度の簡単なものでした。調査は、遊戯室などで 1 人ずつ個別に行い、後日筆者の指導学生である 2 人あるいは 3 人の判定者によって、チューナーを用いて約 5 セント単位で開始音のピッチを判定しました。その結果、以下のデータを得ました。

表 1 − 6　A 調査の無伴奏歌唱の開始音のピッチ

	第 1 回 調 査		第 2 回 調 査		第 3 回 調 査		第 4 回 調 査	
	男	女	男	女	男	女	男	女
平 均 値 （標準偏差）	D4+73 セント （2.05 半音）	D♯4+21 （1.97）	D4+44 （2.50）	D♯4+88 （2.11）	D4+48 （2.43）	E4+11 （2.33）	D♯4+12 （2.04）	D♯4+73 （2.19）

　表 1 − 6 から、これら 4 回の調査の開始音は、ほぼ D4 〜 E4 であるといえます。男児よりも女児の方が若干開始音が高い傾向にあります。標準偏差が小さいことから、個人差もそれほど大きくはないといえるでしょう。

　次に、これら 4 回の開始音のうち、隣接回の開始音との差が上下に半音および全音の被験者数とその比率を示したものが表 1 − 7 です。隣接回との差が上下に半音以内の対象者は、男児 40 〜 50 ％、女児 50 ％、上下に全音以内の対象者は、男児

表 1 − 7　A 調査の隣接回との差

	第 1 回と第 2 回		第 2 回と第 3 回		第 3 回と第 4 回	
男 ± 半音 ± 全音	22人 28	（52.4％） （66.7）	16 29	（38.1） （69.0）	22 33	（52.4） （78.6）
女 ± 半音 ± 全音	20 36	（48.8） （87.8）	22 36	（53.7） （87.8）	23 34	（56.1） （82.9）

70 〜 80 ％、女児 80 〜 90 ％であり、かなり高率であるといえます。つまり、2 年間の縦断的調査によれば、ほとんどの幼児は、無伴奏歌唱の際に、ランダムな音高で歌い始めるのではなく、一定の狭い範囲の音高で歌い始めているのです。

　B 調査は、ある幼稚園の 4 歳児 6 クラスの男児 87 人、女児 85 人、計 172 人を対象者として、各クラスを、開始音がドの《チューリップ》、ミの《メリーさんのひつじ》、ソの《ちょうちょ》の 3 曲の課題曲、さらにそれら 3 曲の課題曲をハ長調とへ長調の、課題曲 3 × 調 2 ＝ 6 群に振り分けて、各群の開始音がどのように変化するかを調査したものです。

　調査は、6 種の歌唱条件のそれぞれにランダムに 1 クラスを割り当て、各クラスは指定された曲の指定された調での練習用テープを用いて 1 日に 2 度（それぞれ 3 回〜 5 回）、それを 3 日間練習し、1 日間隔をおいて第 5 日に調査を行うようにデザインされました。練習は、筆者があらかじめ用意したキーボード伴奏による 6 種類のカセットテープのいずれかによって、予定された調査日の 4 日前からの 3 日間、行われました。調査時の各幼児の個別の歌唱はすべて録音され、その開始音のピッチの判定は、筆者と筆者の指導学生が行いました。その結果、以下のデータを得ました。

表１−８を見ると、各クラスごとの開始音の平均は、最低の《チューリップ》ハ長調群のC4+09 セントから、最高の《ちょうちょ》ヘ長調群のD♯4+90 セントまでに分布しています。

表１−８　B調査の無伴奏歌唱の開始音のピッチ

		《チューリップ》（ド）			《メリーさんのひつじ》（ミ）			《ちょうちょ》（ソ）		
		男	女	全体	男	女	全体	男	女	全体
ハ長調	平均値 標準偏差	B3+52セント 1.73半音	C♯4+16 0.73	C4+09 1.66	C♯4+24 1.76	D♯4+76 1.62	D4+38 2.11	D♯4+07 2.54	D♯4+09 1.65	D♯4+08 2.24
ヘ長調	平均値 標準偏差	C4+73セント 2.25半音	C♯4+17 1.65	C♯4+04 1.86	D4+99 1.81	D♯4+36 1.97	D♯4+22 1.92	D4+71 1.44	F4+19 2.05	D♯4+90 2.15

また、練習時の開始音を表１−９に示します。この２つの表から、練習時の開始音と調査時の開始音が等しいのは、《チューリップ》ハ長調

表１−９　B調査の練習時の開始音

	《チューリップ》（ド）	《メリーさんのひつじ》（ミ）	《ちょうちょ》（ソ）
ハ長調	C4	E4	G4
ヘ長調	F4	A4	G5

群のC4 だけで、他の群はすべて、調査時の開始音が練習時の開始音よりもかなり低くなっています。男女別に見ても、《チューリップ》ハ長調群の女児だけが練習時の開始音よりも高く歌い始めており、《メリーさんのひつじ》ハ長調群の女児がほぼ同じレベルであるほかは、すべて練習時よりも低く歌い始めています。しかもそのすべての平均値は、ほぼC4 からE4 の範囲に分布しています。

　A調査の無伴奏歌唱の開始音はD4 〜 E4 でしたが、その調査では練習方法が十分にコントロールされていなかったために、たまたまこれらの音高を開始音とする調で最も多く練習したために前述の結果を生じた、と考えられなくもありませんでした。しかしB調査の結果は、こうした危惧（きぐ）を完全に払拭（ふっしょく）したものであるといえます。特に男児では、練習時の開始音がG4 の《ちょうちょ》ハ長調群（D♯4+07 セント）と、A4 の《メリーさんのひつじ》ヘ長調群（D4+99 セント）と、およびC5 の《ちょうちょ》ヘ長調群（D4+71 セント）との間には、ほとんど差がありません。著しく高音での練習にも影響されることなく、無伴奏歌唱の開始音が、D♯4 あたりに統一されています。このことから、幼児の無伴奏歌唱の開始音は、楽曲の開始音とは無関係に、ほぼD4 からE4 であるといえます。

幼児の無伴奏歌唱の開始音に関する内外の研究のまとめ

　次に、上記の２つの研究以外の、無伴奏歌唱の開始音に関する内外の研究の概要をまとめて示します。

　表１−10 を見ると、Jersild & Bienstock の自由曲開始音だけがA4+55 セントと際だって高くなっています。その原因は、彼らの研究が、自由遊びの間の歌唱を対象にした点にあると考えられます。幼児の歌唱の研究の一般的な方法は、園長室や遊戯室などの静かな環境での歌唱を調査するものです。筆者は、そうした静かな環境という条件下では、歌声と叫び声の開始音の音高には、かなり大きな差があると思います。ところが、Jersild & Bienstock のこの研究では、歌声の開始の音高がA4+55 セント、叫び声のそれがA♯4+73 セントで、両者の差は非常に小さくなっています。換言すれば、彼らの調査した自由遊びの時の歌声は、ほとんど叫び声に近い性質のものであったといえるでしょう。したがって、本研究では、Jersild & Bienstock の結果を、特殊な事例として除外することが許されてよいであろう、と考えます。

表 1 － 10　幼児の無伴奏歌唱の開始音に関する内外の研究のまとめ[4]

研 究 者 名	年　齢　等	無伴奏歌唱の開始音	類別、研究方法等
Jersild & Bienstock	3　歳	A4+55 セント	自由曲開始音（自由遊び時）
Hattwick	4歳半～6歳 〃 〃	E4 D♯4 プラス E4 プラス	自由曲歌唱　ピッチレベル 課題曲歌唱　ピッチレベル、28 回練習後 〃　　　　　〃　　　　48 回練習後
Updegraff	5　歳児	98％が G3 ～ F4	不明
Plumridge	5 ～ 7 歳	最も共有する音高 D4	不明　 D4 を 94.5％が歌った
畑　玲子	3　歳　児 4　歳　児 5　歳　児 全　　体	D4+88 セント C♯4+99 セント D4+51 セント D4+37 セント	自由曲開始音 〃 〃 〃
吉富功修 (1982)	4　歳　児 5　歳　児	D♯4+38 セント E4+04 セント	課題曲開始音　《メリーさんのひつじ》 〃
岸　啓子	4・5 歳児 〃	C♯4+27 セント D♯4+48 セント	課題曲開始音　《チューリップ》 〃　　　　　《ぞうさん》

　さて、これらの結果を見ると、歌った曲が特定の課題曲であれ、幼児が任意に選んだ曲であれ、一定期間の練習をしてもしなくても、幼児の無伴奏歌唱時の開始音の平均は、ほぼ D4 から E4 のあたりであるといえます。つまり、この D4 から E4 あたりの音高が、幼児にとって最も自然に発声できる音高である、と考えられます。

第3節　保育中の幼児の歌唱の実態

　先生の伴奏に合わせて幼児全員が歌唱するという機会は、保育場面のなかで非常に多いと思います。そうした時の、幼児 1 人ひとりの歌唱の実態を明らかにした研究は、ほとんどありません。そこでここでは、筆者の研究[5] から、《おかえりのうた》（天野蝶作詞　一宮道子作曲）を園児がどのように歌唱しているのか、という実態を明らかにします。この調査の対象者は、ある幼稚園の 4 歳児 25 人と 5 歳児 32 人です。通常の保育場面での歌唱の実態をできるだけ正確に反映させるために、保育室で先生の伴奏に合わせて園児全員が斉唱している際に、個々の園児の歌唱を 25 台のテープレコーダーを使用していっせいに録音しました。録音を担当したのは、筆者の指導する 25 人の学生でした。個々の園児の《おかえりのうた》の歌唱は、筆者の指導学生 4 名が次の評価基準に従って、5 段階に評価しました。評価は、声楽的視点を排し、ゆるやかにかつ柔軟に行われました。評価基準は、5 ＝正しく歌えた者、4 ＝ 5 と3 の中間の者、3 ＝曲の半分程度が正しく歌えた者、2 ＝ 1 と 3 の中間の者、1 ＝曲のすべてが伴奏と合っていない者、でした。その結果を、表 1 － 11 に示します。

　この《おかえりのうた》は、ほとんど毎日、降園時に歌われている曲ですが、4 歳男児は 7 人全員が曲の 75％以上の音高（ピッチ）を正しく歌えていないし、3 人は 1 度もピアノと音高を合わせることができませんでした。4 歳女児でも 18 人中 9 人（50％）が 75％以上を正しく歌えていないし、そのうち 4 人（22％）は 1 度もピアノと合わせる

表 1 －11　《おかえりのうた》の 5 段階評価

	4 歳 児		5 歳 児	
評　価	男児	女児	男児	女児
5				3
4		3	2	4
3		6	3	5
2	4	5	9	3
1	3	4	1	2
平 均 値	1.86	2.67	2.65	3.35
標準偏差	0.60	0.97	0.90	1.23

ことができませんでした。5歳男児も、10人（67％）が75％以上を正しく歌えていませんでした。

さらに、この曲の開始音G4、最高音C5、および終止音C4について、①これらの音高が正しい音高で歌唱できていたかどうか、②歌唱できていなかった

表1－12 《おかえりのうた》の3つの基準音の正誤

	4 歳 児								5 歳 児							
	男				女				男				女			
	正	誤	高	低	正	誤	高	低	正	誤	高	低	正	誤	高	低
開始音 G4	1	6	1	5	6	12	0	12	7	8	1	7	15	2	0	2
最高音 C5	1	6	0	6	5	13	0	13	4	11	0	11	5	12	0	12
終止音 C4	4	3	1	2	11	7	3	4	9	6	3	3	15	2	1	1
合　計	6	15	2	13	22	32	3	29	20	25	4	21	35	16	1	15

場合には、高い方向に外れたか、それとも低い方向に外れたか、を判定しました。その結果を示したものが表1－12です。

これによると、開始音G4は、4歳児では25人中7人（28％）しか正しく歌えていませんし、特に男児で正しく歌えていたのは7人中1人しかいませんでした。5歳児では、女児はよく歌えていましたが、男児は正しく歌えていた者は半数に届きませんでした。最高音C5については、4歳児・5歳児共に正しく歌えていた者は半数に届きませんでした。特に、開始音G4をほぼ90％歌えていた5歳女児に、最高音C5を歌えなかった者が71％もいたことに留意してください。終止音C4はどの群でも正しく歌えた者が多かったのですが、それでも、歌えていない者は、4歳男児で43％、同女児で39％、5歳男児で40％とかなりの高比率です。この結果は、前述した多くの声域調査の結果が、実際の保育場面での歌唱にそのまま反映されるものではなく、この曲のように、自分にとって発声することのできない、あるいは発声しにくい高音が1音でも含まれている場合には、そのことによって、本来は歌唱できるはずの低音域までもが影響を受けて混乱し、歌えなくなる、ということを示唆していると考えられます。園児が最も歌う回数の多い、最も慣れ親しんだ曲においてさえもこうした状態である、ということを銘記しなければならないと思います。

第4節　幼稚園・保育園等における歌唱指導への提言

ここでは、前述した多くの事実を踏まえて、幼稚園・保育園等における幼児の歌唱をよりよいものにするために、4点にしぼって具体的な提言をします。

1.　1人ずつの歌声を確認する。

まず、声には話し声と歌声があること（本書の第3章第3節3. を参照）を知らせます。先生は優しい歌声で、わらべうたの呼びかけのように、下記の楽譜のパターンで1人ずつの名前を歌いかけます。そして、1人ずつに保育者と同じ音高で「はーい」と歌声で返事をさせます。次々と対象となる幼児を変えます。名前の部分を「男の子」、「女の子」、「Aバスさん」のように適宜変更させると、集中力をより高めることができます。幼児の歌声が低い場合には、それに合わせて低い声で呼びかけます。その次には、より高い声で歌いかけて、最終的には、A4 － G4 － A4となるようにします。この活動を毎日組織的に行います。この活動によって、先生もそれぞれの子どもも、自分の歌声を自覚することができます。

2．幼児の歌唱の実態を把握する。

　前述の、幼児の歌唱に関する多くの研究のレビューで明らかになったように、幼児の歌唱の実態は多様であり、しかも個人差も極めて大きいものです。例えば、C_6 を美しく歌うことのできる幼児もいれば、C_5 をどうしても歌えない幼児も多くいます。まず、一般的な事実として幼児の歌唱に関するさまざまなデータを知っておく必要があるでしょう。その次の段階として、自分の関与する幼児について、どなり声で歌う者、伴奏に合わせて歌えない者、高音域を歌えない者などを把握することが、最低限必要でしょう。テレビで大人顔負けの幼児の歌唱を見聞することがありますが、こうした例は極めて特殊な例であり、それを一般化することはできません。幼児の目の高さにまで体をかがめて、幼児の口元にまで耳を近づけて、幼児の真実の声を聴き取ることが必要です。

3．幼児の実態に即した歌唱教材を選択する。

　現在の幼稚園・保育園等での幼児の歌唱に関する最大の問題点の1つは、学習者のレディネスと課題との不整合にあると考えます。したがって、できるだけ多くの幼児の実態に適合した歌唱教材を選択することが、よりよい歌唱を実現させるための不可欠な要因になります。これまでに概観した多くの研究の結果から、かなりの幼児にとって、高音域の歌唱が困難であるという事実が判明したのですから、この点への留意がことのほか重要でしょう。

　さらに、幼稚園・保育園等で用いられる一般的な歌唱教材曲886曲に関する筆者の研究によって、表1－13のように、幼稚園・保育園等の歌唱教材は小学校第1学年の歌唱教材よりも最高音の高い曲が多い、という事実が明らかです。これらの幼稚園・保育園等の歌唱教材のなかから、「幼児の歌唱の実態」という視点の希薄なままに、季節感・年中行事・生活指導などを視点として選曲した場合には、幼児にとって不適切な高音を含む曲を選択することになる場合も少なくありません。年齢が小さければ小さいほど、音楽の論理と大人の論理を控えて、子どもの論理を優先させることが必要です。

表1－13　幼稚園・保育園等と小学校第1学年の歌唱教材の最高音の比較

	G_4	A_4	$A^{\sharp}_4$	B_4	C_5	$C^{\sharp}_5$	D_5	$D^{\sharp}_5$	E_5	F_5	計
幼稚園・保育園等	11	42	4	69	294	15	414	16	19	2	886
（％）	(1.2)	(4.7)	(0.5)	(7.8)	(33.2)	(1.7)	(46.7)	(2.1)	(1.8)	(0.2)	
小学校第1学年	1	5		5	50		52	1			114
（％）	(0.9)	(4.4)		(4.4)	(43.9)		(45.6)	(0.9)			

4．歌唱形態を工夫する。

　これまで多くの幼稚園・保育園等で歌唱を含む保育場面を観察しましたが、それらの歌唱形態のほとんどは、教師がピアノ・キーボードを伴奏し、それに合わせて幼児全員が斉唱するものでした。この形態だけに固執した場合には問題点が多いと思います。第1に、こうした歌唱形態では、教師にとって、個々の幼児の歌唱の実態を理解することが困難になります。教師は、ピアノなどで伴奏することにかなりの注意力をさかれるでしょうし、幼児全員の歌唱のなかから特定の幼児の歌唱を聴きわけることは、非常に困難でしょう。上手に歌うことのできる幼児は比較的大きな声で歌うので容易に聴き取ることができるでしょう。しかし、歌うことに困難を感じている幼児で比較的小さな声でしか歌わない者がいた場合には、彼らの問題点のある歌唱を全員の歌声のなかから聴きわけることは、ほとんど不可能でしょう。第2に、こうした歌唱形態では、幼児自身にとっても、自分の歌っている声が、伴奏や他の幼児の声と

11

合っているのかどうかを聴きわけにくいと考えられます。

　そこで、教師が伴奏→幼児全員が斉唱という形態のほかに、**伴奏をしない教師→小集団、教師→個、教師が直接に関与しない小集団←→小集団、個←→個**などの多様な歌唱形態の工夫が必要になるでしょう。また、これらの形態では、従来の唱歌風の教材曲だけでなく、わらべうたや簡単な旋律の模倣唱、交互唱、応答唱なども活用されるべきでしょう。

おわりに

　これまで述べてきたことは、園の先生方の幼児理解とは一致していないかもしれません。しかし、ここで参考とした多くの内外の研究は、筆者が恣意的にセレクトしたものではありません。筆者が入手できたすべての研究が網羅されています。したがって、ここで述べた多くのデータと知見は、幼児の歌唱の実態を、つまり、平均的な幼児の歌唱の実態を、あますところなく正確に反映しています。

　すべての子どもを対象とする体系的な音楽教育のスタートラインである幼稚園・保育園等における音楽教育こそ、子どもに音楽することの楽しさと喜びを経験させ、音楽することによって自己実現させ、よき音楽的態度形成と望ましい音楽的能力獲得の出発点になることが必要です。そして、よき音楽的態度の形成と望ましい音楽的能力の獲得は、とりもなおさず、他の人たちと声をとけあわせる、伴奏を注意深く聴いてそれに合わせる、友だちとわらべうた遊びができる、というような社会的態度の形成に、直接的に結びついているのです。このことが実現されることは、それぞれの先生が担当しておられる子どもにとって幸せなことであるのはもとより、その子どもを取りまく多くの人たちにとっても、さらにその子どもが将来関わりをもつであろうより多くの人たちにとっても幸せなことになります。先生の、いわば崇高ともいえるこうした職務を果たすためにも、本章の知見を生かした実践をしていただきたいと思います。

参考文献

1）吉富功修（1982）「幼児の無伴奏歌唱の研究－課題曲を用いて－」『愛媛大学教育学部紀要　第1部　教育科学』第28巻、pp.115-123。

2）吉富功修（1986）「幼児の歌唱に関する実態と幼稚園・保育所における歌唱指導への提言」『広島大学教育学部　教科教育学科音楽教育学教室論集』Ⅰ、pp.19-49。

3）吉富功修・森田尚子（1984）「幼児・児童の無伴奏歌唱における開始音の研究」『愛媛大学教育実践研究指導センター紀要』第2号、pp.13-22。

4）吉富功修（1985）「幼児の無伴奏歌唱における開始音の研究」『中国四国教育学会　教育学研究紀要』第30巻、pp.468-471。

5）吉富功修（1980）「幼児の声域と幼稚園歌唱曲の関連について」『愛媛大学教育学部紀要　第Ⅰ部　教育科学』第26巻、pp.137-148。

── *Column* ────────────────────

メリーさんのひつじ

　本書では、第Ⅱ部「曲集」の第5曲（p.164）に《メリーさんのひつじ》が掲載されています。その他にも11か所で《メリーさんのひつじ》について記述されています。

　さらに本書の姉妹書である『改訂第4版　小学校音楽科教育法―学力の構築をめざして―』でも、第2章第1節2器楽のリコーダーの初歩指導において、左手だけで演奏可能な曲例としてト長調で掲載されています（p.14）。その他にも7か所で《メリーさんのひつじ》について記述されています。このように《メリーさんのひつじ》は多くの人が大好きな曲です。

　それには2つの大きな理由があると考えられます。第1の理由は機能的な側面です。音域（うたとして考えると声域：最低音と最高音との幅）が完全5度と狭いことです。このことによって、リコーダーでの左手だけの演奏が可能となり、ピアノ等のキーボード伴奏のときには右手での旋律演奏の際のポジション移動が不必要になります。

　第2の理由は情緒的な側面です。つまり歌詞が「かわいくてすてき」な物語になっていることです。高田三九三の的確な訳詞が日本語の特徴や語感を生かしたものだからです。

　しかしながら、残念なことが1点あります。それは6番まである歌詞が、「メリーさんはしくしくなきだした」という残念な歌詞で終わっていることです。この歌詞で終わっていると、子どもたちも悲しくなってしまいかねません。このことについて英語の原詞を調べました。すると原詞には8番までの続きがありました。それに基づいて、高田三九三訳詞の続きの訳詞を次のように考えました。

　　7.　ひつじは　まっている　まっている　まっている
　　　　メリーさんとふたたび　あえるのを

　　8.　せいとが　せんせいに　たずねた　たずねた
　　　　ひつじがメリーさんを　まつわけを

　　9.　せんせいが　こたえた　こたえた　こたえた
　　　　ひつじもメリーさんが　すきだから

　このように訳詞を続けることによって、「メリーさんはしくしくなきだした」という残念な歌詞で終わるよりも、違和感が少なくなったのではないでしょうか。

　子どもにとっては長い歌詞なので、歌詞を模造紙等に書いて貼っておく、簡単な紙芝居で紹介するなどの工夫が考えられます。さらに、ぜひ試みてほしい実践は、グループに分かれて交互に歌う、先生もそれに参加して5番を歌う、などを工夫したらどうでしょうか。その際には、可能な限り、子どもからの発言を引き出してほしいと思います。

第2章 「幼稚園教育要領」等と幼児の音楽活動とのかかわり

第1節 『幼稚園教育要領』・『保育所保育指針』・『幼保連携型認定こども園教育・保育要領』と幼児の音楽表現

　わが国では、幼稚園教育において一定の教育水準を確保し、実質的な教育の機会均等を保障するために、『幼稚園教育要領』があります。昭和23年に、『保育要領－幼児教育の手びき－』が刊行された後、昭和31年に最初の『幼稚園教育要領』が刊行されて以来、昭和39年、平成元年、平成10年、平成20年と、これまでおおむね10年に1度改訂が行われてきました。そして、平成29年3月31日に文部科学省より、第5回の改訂となる、『幼稚園教育要領』が告示されました。一方、保育所の保育の内容等の基本事項を定めた『保育所保育指針』があります。昭和40年に策定されてから、平成2年、平成11年、平成20年と3回の改訂が行われ、平成29年3月31日に第4回の改訂となる『保育所保育指針』が厚生労働省より告示されました。また、「子ども・子育て支援制度」の一環としてできた幼保連携型認定こども園での教育及び保育の内容等を定めたものに『幼保連携型認定こども園教育・保育要領』があります。これは、平成26年に内閣府・文部科学省・厚生労働省から告示され、平成29年3月31日改訂『幼保連携型認定こども園教育・保育要領』が告示されました。これら3つは、幼児教育を行ううえでのスタンダードであり、保育者は十分に理解しておくことが必要です。そこで、本章では、平成29年の改訂内容を中心に、その概要を押さえたうえで、さらに、幼児の音楽表現と関連の深い領域「表現」について、詳しく検討していき、幼児の音楽表現のあり方について考えていきます。

1. 平成29年告示『幼稚園教育要領』『保育所保育指針』『幼保連携型認定こども園教育・保育要領』の改訂の概要

　今回の改訂においては、これら3つの内容の整合性が図られたというところに、大きなポイントがあります。本節では、まず、平成29年告示『幼稚園教育要領』の改訂の経緯や概要について示したうえで、『保育所保育指針』、『幼保連携型認定こども園教育・保育要領』との関連を示して説明していきます。

1) 『幼稚園教育要領』改訂の経緯

　平成26年11月20日に、文部科学大臣から中央教育審議会に対して、子どもたちが成人して社会で活躍する頃には厳しい挑戦の時代を迎えていることが予測されるなかで、1人ひとりの可能性をよりいっそう伸ばし、新しい時代を生きるうえで必要な資質・能力を確実に育んでいくことをめざし、「初等中等教育における教育課程の基準等の在り方について」という諮問が行われました。

　それを受けて中央教育審議会初等中等教育分科会教育課程部会のもとに教育課程企画特別部会が設置され、検討が重ねられ、平成28年12月21日に、中央教育審議会から、「幼稚園、小学校、中学校、高等学校及び特別支援学校の学習指導要領等の改善及び必要な方策について（答申）」が示されました。そこで、改善の基本方針として、まず、「社会に開かれた教育課程」の実現という理念が示されました。「社会に開かれた教育課程」においては、「①社会や世界の状況を幅広く視野に入れ、よりよい学校教育を通じてよりよい社会を創るという目標を持ち、教育課程を介してその目標を社会と共有していくこと」、

「②これからの社会を創り出していく子供たちが、社会や世界に向き合い関わり合い、自らの人生を切り拓いていくために求められる資質・能力とは何かを、教育課程において明確化し、育んでいくこと」、「③教育課程の実施に当たって、地域の人的・物的資源を活用したり、放課後や土曜等を活用した社会教育との連携を図ったりし、学校教育を学校内に閉じずに、その目指す所を社会と共有・連携しながら実現させること」、の3点が重要であることが示されました。そのうえで、新しい時代を切り拓いていくために必要な資質・能力を育むためには、(1) 学習指導要領等の枠組みの見直し、(2) 教育課程を軸に学校教育の改善・充実の好循環を生み出す「カリキュラム・マネジメント」の実現、(3)「主体的・対話的で深い学び」の実現（「アクティブ・ラーニングの視点」）、の3点にわたる改善・充実を行うことが示されました。具体的な改善の方向性としては、次の6点に沿って学習指導要領の改善すべき事項がまとめられました。

　　① 「何ができるようになるか」（育成を目指す資質・能力）
　　② 「何を学ぶか」（教科等を学ぶ意義と、教科等間・学校段階間のつながりを踏まえた教育課程の編成）
　　③ 「どのように学ぶか」（各教科等の指導計画の作成と実施、学習・指導の改善・充実）
　　④ 「子供一人一人の発達をどのように支援するか」（子供の発達を踏まえた指導）
　　⑤ 「何が身に付いたか」（学習評価の充実）
　　⑥ 「実施するために何が必要か」（学習指導要領等の理念を実現するために必要な方策等）

2) 平成29年告示『幼稚園教育要領』改訂の概要

　では、先に示した答申を受けて、具体的に『幼稚園教育要領』はどのように改訂されたのでしょうか。その主たる改訂の概要について検討していきます。

　まず、第1点として挙げられるのは、幼稚園教育において育みたい資質・能力が明確に示されたことです。今回の学習指導要領の改訂においては、各学校段階及びすべての教科等について共通する、育成をめざす資質・能力が明確化されました。それは、「知識・技能」、「思考力・判断力等」、「学びに向かう力・人間性」という3つの柱です。この資質・能力の3つの柱について、幼児期の特性をふまえて、「幼稚園教育において育みたい資質・能力」として具体化され、整理されたのが以下に示す3つです。

　⑴　豊かな体験を通じて、感じたり、気付いたり、分かったり、できるようになったりする「知識及び技能の基礎」
　⑵　気付いたことや、できるようになったことなどを使い、考えたり、試したり、工夫したり、表現したりする「思考力、判断力、表現力等の基礎」
　⑶　心情、意欲、態度が育つ中で、よりよい生活を営もうとする「学びに向かう力、人間性等」

　これらについて、環境を通して行う教育を基本とする幼稚園教育においては、個別に身に付けるものではなく、遊びを通して総合的な指導のなかで一体的に育んでいくものであるということが、強調されています。幼児期に育みたい資質・能力は小学校以上の教科等の学習によって育まれていくそれらの、いわばスタート地点であり、非常に重要な位置づけにあるといえるでしょう。

　第2点は、5歳児修了までに育ってほしい具体的な姿が、「幼児期の終わりまでに育ってほしい姿」として明確に示されたことです。5領域の内容が、「健康な心と体」、「自立心」、「協同性」、「道徳性・規範意識の芽生え」、「社会生活との関わり」「思考力の芽生え」、「自然との関わり・生命尊重」、「数量・図形、文字等への関心・感覚」、「言葉による伝え合い」、「豊かな感性と表現」の10の視点から、整理されています。これらは、幼稚園と小学校の教師とで、その姿を共有すること等によって、小学校教育との円滑な接続を行うことにつながり、小学校教育との接続のよりいっそうの強化という観点からも重

要視されています。

　そして、第 3 点は、指導計画の作成上の留意事項で、いくつかの点において、その充実が図られましたが、ここで着目したいのは「主体的・対話的で深い学び」の実現に関する記述です。先に示した、資質・能力を育むために指導の改善を図っていくことが求められるわけですが、その際の指導の改善の視点として、「主体的・対話的で深い学び」ができているかという視点から行っていく必要性が挙げられています。「主体的・対話的で深い学び」とは、どういうことなのでしょうか。このことに関しては、先述した答申のなかで、幼児教育における主体的・対話的で深い学びの視点が次のように示されています。

　「主体的な学び」の視点　周囲の環境に興味や関心を持って積極的に働き掛け、見通しを持って粘り強く取り組み、自らの遊びを振り返って、期待を持ちながら、次につなげる「主体的な学び」が実現できているか。

　「対話的な学び」の視点　他者との関わりを深める中で、自分の想いや考えを表現し、伝え合ったり、考えを出し合ったり、協力したりして自らの考えを広げ深める「対話的な学び」が実現できているか。

　「深い学び」の視点　直接的・具体的な体験の中で、「見方・考え方」を働かせて対象と関わって心を動かし、幼児なりのやり方やペースで試行錯誤を繰り返し、生活を意味あるものとして捉える「深い学び」が実現できているか。

3）『幼稚園教育要領』と『保育所保育指針』と『幼保連携型認定こども園教育・保育要領』との関連

　今回の改訂において重要なポイントの 1 つは、『幼稚園教育要領』、『保育所保育指針』、『幼保連携型認定こども園教育・保育要領』は同時に改訂が行われ、その内容の整合性の確保が図られたという点にあります。そこには、幼児教育の質の向上がめざされ、幼稚園、保育所、認定こども園のどの施設に行っても、子どもは同じ教育の内容が受けられるということが保障されることが意図されています。加えて、小学校との接続の強化が図られることも意図されました。

　具体的には、資質・能力の 3 つの柱を育んでいくことの必要性や、「幼児期の終わりまでに育ってほしい姿」が、平成 29 年告示『保育所保育指針』、平成 29 年告示『幼保連携型認定こども園教育・保育要領』の双方において総則で記載されることとなりました。資質・能力は活動全体を通して育んでいくものとされていることからも、これらは、3 歳以上に限らず、0 歳からの体験の積み重ねにおいて育んでいくものであると考えられていることが分かります。

　また、「保育の内容」について、健康・人間関係・環境・言葉・表現の 5 領域で示すことで、内容の整合性が図られていましたが、今回の改訂で、更なる整合性が図られました。前回改訂の『保育所保育指針』には「ねらい」と「内容」の記載しかありませんでしたが、「内容の取扱い」が新たに記載されるようになりました。また、「ねらい」、「内容」、「内容の取扱い」について、その内容が上記の 3 つの要領や指針で極力同一になるようにされています。

2. 領域「表現」
　本節では、音楽表現と関連の強い領域「表現」について中心に検討していきます。

1）領域とは
　幼児教育における、「領域」とはどのようなことを指すのでしょうか。平成 29 年告示『幼稚園教育要領』では、「各領域」について、ねらいと内容を、幼児の発達の側面から、「健康」、「人間関係」、「環境」、「言葉」、「表現」としてまとめ、示したもの、として整理されています。「ねらい」とは、「幼稚園教育にお

いて育みたい資質・能力を幼児の生活する姿から捉えたもの」、「内容」とは、「ねらいを達成するために指導する事項」として示されています。

　今回改訂の『幼稚園教育要領』では、「健康」、「人間関係」、「環境」、「言葉」、「表現」の 5 領域として示されていますが、この 5 領域になったのは、平成元年改訂時です。昭和 31 年刊行『幼稚園教育要領』、及び昭和 39 年告示『幼稚園教育要領』においては、「健康」、「社会」、「自然」、「言語」、「音楽リズム」、「絵画制作」の 6 領域で示されていましたが、平成元年改訂以降、ねらいや内容の在り方が見直されるなかで、「音楽リズム」と「絵画制作」の内容が「表現」として示されるようになりました。

　さて、ここで、先述した、「幼児期の終わりまでに育ってほしい姿」と領域について検討していきたいと思います。5 領域の内容が「幼児期の終わりまでに育ってほしい姿」として整理されたことは先述したとおりですが、そのなかで、「表現」と主に対応するのは、「豊かな感性と表現」です。「豊かな感性と表現」には、「心を動かす出来事などに触れ感性を働かせる中で、様々な素材の特徴や表現の仕方などに気付き、感じたことや考えたことを自分で表現したり、友達同士で表現する過程を楽しんだりし、表現する喜びを味わい、意欲を持つようになる」と示されています。

2）「表現」における改訂について

　ここでは、平成 29 年告示『幼稚園教育要領』で平成 20 年告示『幼稚園教育要領』から改訂された点について、述べていきます。

　今回の改訂では、表現の「ねらい」、「内容」に大幅な改訂は見られず、内容の取扱いで、次の 2 点においてその充実が図られました。ちなみに、内容の取扱いには、指導にあたって留意すべき事項が示されています。

　まず第 1 点は、「3 内容の取扱い（1）」についてです。平成 20 年告示『幼稚園教育要領』では「豊かな感性は、自然などの身近な環境と十分にかかわる中で美しいもの、優れたもの、心を動かす出来事などに出会い、そこから得た感動を他の幼児や教師と共有し、様々に表現することなどを通して養われるようにすること」と示されていました。今回の改訂で、「自然などの身近な環境」と示されていた部分から「自然などの」という文言が削除されました。また、今回新たに、「その際、風の音や雨の音、身近にある草や花の形や色など自然の中にある音、形、色などに気付くようにすること」という一文が続けられました。平成元年改訂時に、幼稚園教育は、環境を通して行うものであることが明記されました。ここでは、紙幅の都合上、詳細は省略しますが、平成元年告示『幼稚園教育要領』の「表現」の「留意事項」から、続く平成 10 年告示『幼稚園教育要領』以降の「表現」の「内容の取扱い」の改訂の内容をたどると「ねらい」や「内容」の改訂内容と関連をもちながら、どのような環境とどう関わることが重要であるのかという点について、具現化されてきた経緯が見えてきます。そして、今回の改訂では、環境のなかでも、自然というところに少しスポットが当てられ、豊かな感性を養うという観点から、子どもがどのような視点をもって自然と関われるように留意することが望ましいのかということが、より具体的に示されたと捉えることができるでしょう。幼稚園教育は、環境を通して行う教育が原則とされています。人工物に満ち溢れた現代社会ですが、私たちは、その人工物に頼りがちな生活を送っています。だからこそ、改めて、人工物にはない、自然のなかにある音や色や形が生み出す美しさやきらめきに、子どもが自ら気づくことのできる環境を構成する必要があります。なぜなら、そうして、気づき、感じることこそが、子どもにとっての表現の原点となるからです。

　そのような環境を構成するためには、まずは、保育者自身が、気がつくことが大切です。人間は、発達とともに、周囲の音のなかから、必要な情報だけを取り出すことができるようになってきます。大人

になるにつれて、たくさんの音のなかから能率的に生活を営んでいくという観点が中心となって、必要な情報を選別しているように思います。つまり、周囲にたくさんの美しい音があるにも関わらず、それらの音を自ら意識的に聴こうとしない限り、なかなかそれらには気づくことができないのが現状ではないでしょうか。ここで、1つの事例を示したいと思います。

先日、大学生数人とともに近くの山の頂上に行きました。そこで、自分の好きな場所を見つけ、しばらく耳を研ぎ澄まし、聞こえてきた音を記録することを目的としたものです。記録の後、プレゼンテーションをしてもらうなかで、1人の学生から、次のような発言がありました。「草がたくさん生えている所の近くに立っていると、葉っぱについた雨のしずくが、ジューッと蒸発する音が聞こえた。初めて聴いた音だった。この天気だからこそ、また、あの場所に立ったからこそ聞こえた音で、みんなに自慢したい」というものです。その日は、午前中は、雨が降り続き、私たちが山頂に着いた頃に雨が上がり、しばらくした頃には、空が晴れわたり、太陽の光がさしていました。さまざまな偶然が重なった結果として、初めて知った音に彼女は感動を覚えたようでした。日常生活において、自然と触れる機会が少なくなってきているなかで、保育者が自然と能動的に関わることで、感性を研ぎ澄ませることが大切であるということを、改めて実感させられる事例です。

そして、第2点は、「3 内容の取扱い（3）」についてです。「（3）生活経験や発達に応じ、自ら様々な表現を楽しみ、表現する意欲を十分に発揮させることができるように、遊具や用具などを整えたり、様々な素材や表現の仕方に親しんだり、他の幼児の表現に触れられるよう配慮したりし、表現する過程を大切にして自己表現を楽しめるように工夫すること」と示されており、前回改訂時と比較すると、「様々な素材や表現の仕方に親しんだり」という文言が追加されました。この部分についても、もう少し遡って見てみましょう。平成元年告示『幼稚園教育要領』では、表現の留意事項の1つとして「（2）生活経験や発達に応じ、自ら様々な表現を楽しみ表現する意欲を十分に発揮させることができるような材料や用具などを適切に整えること」と示されました。続く平成10年告示『幼稚園教育要領』では表現の「ねらい」に、「感じたことや考えたことを自分なりに表現して楽しむ」と、「自分なりに」という文言が追加されたことに伴って、内容の取扱いの1つに、「（3）生活経験や発達に応じ、自らさまざまな表現を楽しみ、表現する意欲を十分に発揮させることができるような遊具や用具などを整え、自己表現を楽しめるように工夫すること」と示され、「自己表現を楽しめるように工夫すること」という文言が追加されました。そして、平成20年告示『幼稚園教育要領』の表現の「内容の取扱い」では、「（3）生活経験や発達に応じ、自ら様々な表現を楽しみ、表現する意欲を十分に発揮させることができるように、遊具や用具などを整えたり、他の幼児の表現に触れられるよう配慮したりし、表現する過程を大切にして自己表現を楽しめるように工夫すること」と示され、「他の幼児の表現に触れられるように配慮したり」すること、及び「表現する過程を大切にすること」が追加されました。ここまでの流れをみてみると、子どもが主体的に表現することや、表現の過程が大切であることが強調されてきたことが分かります。そして、そのための指導の留意事項が、物的環境を整えるという視点や、他者との関わりという視点から、より詳細に検討され示されてきた経緯がみて取れます。

今回の改訂では、表現を引き出す多様な「素材」に焦点が当てられたこと、また、表現の多様なあり方の重要性を示唆する文言が明記されたことで、表現する過程を大切にするということが、より強調されたと捉えることができるでしょう。一般的に「音楽」というものを捉える時に、その価値の1つとして、「再現芸術」としての価値がありますが、子どもの表現において重視されるべきことは、「作品が完全に再現されること」や「正しく演奏すること」ではありません。自分なりに表現すること、そして、そうして表現しようとする姿を大切にする必要があります。そのためには、表現の多様なあり方を認めるこ

とはもちろん、子どもの豊かな想像力を誘発し、表現したいという意欲を刺激するような、さまざまな物や人との関わりが大切です。物や人との関わりにおいて、子ども自らが探索し、発見し、やってみることの繰り返しが、創造すること、そして表現することにつながるのです。

　本項では2つの改訂内容について、詳しく検討してきました。子どもの表現において、自己表現を楽しむことや、表現の過程が重要視されていることは従前どおりですが、今回の改訂では、そのための配慮・援助が、より具体的に示されました。すなわち、そのような子どもの表現をいかにして引き出すのかということについて、物や環境との関わりという観点からより具体的に示され、補完されたといえるでしょう。

3）『保育所保育指針』、『幼保連携型認定こども園教育・保育要領』における「表現」

　『保育所保育指針』は、昭和40年8月に策定され、平成2年、平成11年、平成20年とこれまでに3度の改訂が行われてきました。平成20年改訂『保育所保育指針』の「保育の内容」では、「ねらい及び内容」が年齢別には示されていませんでした。平成11年改訂では、年齢ごとに記載されていたのですが、平成20年の改訂では、『保育所保育指針』の内容が大綱化されて、基本原則のもとに、保育所の独自性や創意工夫が行われるなかで保育が行われることが求められたためです。今回の改訂では、3歳未満児に関する記述の充実がめざされ、「乳児保育」、「1歳以上3歳未満児」、「3歳以上児」の3つの区分で、改めて、保育に関わるねらい及び内容が示されることとなりました。今回の改訂において、『幼稚園教育要領』、『保育所保育指針』、『幼保連携型認定こども園教育・保育要領』の3つで内容の整合性が図られたことは先述したとおりですが、『幼保連携型認定こども園教育・保育要領』においても、3つの年齢区分で同じように記述されています。

　乳児保育の「ねらい」と「内容」は発達上の特性から、5領域ではなく、①身体的発達に関する視点「健やかに伸び伸びと育つ」、②社会的発達に関する視点「身近な人と気持ちが通じ合う」、③精神的発達に関する視点「身近なものと関わり感性が育つ」、という3つの視点で記述されています。乳児は、5領域で発達を捉えようとした時には、まだ未分化であると考えられたことによるものです。

　1歳以上3歳未満児の保育の「ねらい」と「内容」については、5領域で示し、まとめられています。1、2歳児の発達の特性や課題をふまえたうえでそれぞれについてねらいと内容が示されています。3歳以上児の「ねらい」と「内容」についても、5領域でまとめられ、『幼稚園教育要領』との整合性が図られています。ここでは、『保育所保育指針』、『幼保連携型認定こども園教育・保育要領』の「乳児保育に関わる保育のねらい及び内容」、「1歳以上3歳未満児の保育に関わる保育のねらい及び内容」については、資料として示すにとどめますが、乳児保育の3つの視点、1歳以上3歳未満児保育の5領域に関わる保育の内容、3歳以上児のそれは連続するものとして捉えられていることを押さえ、その内容を十分に理解することが必要です。

3. 幼児教育における音楽表現

　ここまで、『幼稚園教育要領』、『保育所保育指針』、『幼保連携型認定こども園教育・保育要領』の改訂について検討してきましたが、今日の幼児教育における音楽表現において重要なことはどのようなことなのでしょうか。

　それは、表現する過程を大切にするということです。そして、遊びのなかで、表現したいという意欲の根源となるさまざまな物や出来事に子どもが主体的に関わることや、表現の多様な手段があることに子どもが自ら気づくことができるということを大切にした環境を構成するということです。

　子どもは、歌うことが大好きですが、歌を間違えずに完璧に歌う姿よりも、例えば、歌うなかで、そ

の歌の旋律や歌詞に心を惹かれ、子どもが自ずと、自分で考えた動作をつけながら、自分なりに一生懸命、歌の世界に入り込もうとしている姿を認めることが、まず大切なことです。また、例えば、楽器との関わりについても、きちんとした奏法でリズムや旋律を間違いなく滞りなく演奏する姿よりも、「自ら関われば、音が出るもの」としてさまざまな可能性を探索しながら、楽器と関わる姿を、まずは認めることが大切なことです。

　最後に、子どもの音楽表現について、これまで、完成したものではなく、その過程が重要であるということを繰り返し述べてきました。しかし、それは、保育者が音楽的な技能や知識を十分に獲得しなくても構わない、ということを意味するものではないと考えます。なぜなら、多様な音楽表現のあり方の価値を認めるためには、あるいは、子どもの自由な自己表現を促すためには、保育者は、より幅広く音楽を知っていることや、さまざまに演奏できることが必要だからです。

引用・参考文献

・厚生省児童家庭局（1965）『保育所保育指針』フレーベル館
・厚生省児童家庭局（1990）『保育所保育指針』日本保育協会
・厚生省（1999）『〈平成 11 年改訂〉保育所保育指針』フレーベル館
・厚生労働省編（2008）『保育所保育指針解説書』フレーベル館
・厚生労働省（2018）『保育所保育指針解説〈平成 30 年 3 月〉』フレーベル館
・文部省（1956）『幼稚園教育要領』フレーベル館
・文部省（1964）『幼稚園教育要領』フレーベル館
・文部省（1989）『幼稚園教育要領』大蔵省印刷局
・文部省・厚生省児童家庭局編（1991）『幼稚園教育要領・保育所保育指針』チャイルド本社
・文部科学省（2008）『幼稚園教育要領解説 平成 20 年 10 月』フレーベル館
・文部科学省（2018）『幼稚園教育要領解説 平成 30 年 3 月』フレーベル館
・無藤隆監修（2018）『幼稚園教育要領ハンドブック 2017 年告示版』学研
・無藤隆・汐見稔幸・砂上史子（2017）『ここがポイント！3 法令ガイドブック−新しい『幼稚園教育要領』『保育所保育指針』『幼保連携型認定こども園教育・保育要領』の理解のために』フレーベル館
・内閣府・文部科学省・厚生労働省（2015）『幼保連携型認定こども園教育・保育要領解説 平成 27 年 2 月』フレーベル館
・内閣府・文部科学省・厚生労働省（2018）『幼保連携型認定こども園教育・保育要領解説 平成 30 年 3 月』フレーベル館
・汐見稔幸監修（2018）『保育所保育指針ハンドブック 2017 年告示版』学研

Web 資料

・中央教育審議会「初等中等教育における教育課程の基準等の在り方について（諮問）」文部科学省、2014-11-20、http://www.mext.go.jp/b_menu/shingi/chukyo/chukyo0/toushin/1353440.htm（参照 2018-06-25）
・中央教育審議会「幼稚園、小学校、中学校、高等学校及び特別支援学校の学習指導要領等の改善及び必要な方策等について（答申）（中教審第 197 号）」文部科学省、2016-12-21、http://www.mext.go.jp/b_menu/shingi/chukyo/chukyo0/toushin/__icsFiles/afieldfile/2017/01/10/1380902_0.pdf（参照 2018-06-25）
・社会保障審議会児童部会保育専門委員会「保育所保育指針の改定に関する議論のとりまとめ」厚生労働省、2016-12-21、https://www.mhlw.go.jp/file/05-Shingikai-12601000-Seisakutoukatsukan-Sanjikanshitsu_Shakaihoshoutantou/1_9.pdf（参照 2018-06-25）
・幼保連携型認定こども園教育・保育要領の改訂に関する検討会「幼保連携型認定こども園教育・保育要領の改訂に関する審議のまとめ」内閣府、2016-12、http://www8.cao.go.jp/shoushi/kodomoen/pdf/shingi_matome.pdf（参照 2018-06-25）

第２節 『幼稚園教育要領』からみる幼児期の音楽活動

　本節では、主に平成29年告示『幼稚園教育要領』の「幼稚園教育において育みたい資質・能力」と「幼児期の終わりまでに育ってほしい姿」を検討します。なお本節における『幼稚園教育要領』は、すべて平成29年告示のものを指します。

1. 幼稚園教育において育みたい資質・能力
　本項では、『幼稚園教育要領』に示されている、下記の（1）〜（3）からなる「幼稚園教育において育みたい資質・能力」（＝「3つの資質・能力」）を検討します。
　（1）知識及び技能の基礎
　（2）思考力、判断力、表現力等の基礎
　（3）学びに向かう力、人間性等
「3つの資質・能力」は現行の『学習指導要領』にも示されており、小学校教育との円滑な接続を図るために重要です。音楽活動は、「3つの資質・能力」の育成にどのようにかかわっているでしょうか。
　「3つの資質・能力」に、それぞれ（1）〜（3）と番号が付されていると、（1）が最も重要である、あるいは（1）を優先的に育成する、というように見えるかもしれませんが、そうではありません。とくに音楽活動では、子どもが考えたり表現したりするときに、あらかじめ一定の知識・技能が必須とされるわけではないのです。なぜなら、ある音楽を初めて聴いた人と、何度か聴いたことがある人では、音楽についての知識や技能に差がありうるにもかかわらず、両者が同じような反応をしたり、音量の大小という同じ音楽的要素に気づいたりする可能性は十分あるからです。たとえ知らない音楽を初めて体験する場合であっても、どのように反応するかを考えて、身体、声、楽器などで表現することが可能です。一定の知識・技能・決められた動き・事前に知らされた事実はなくとも、子どもは音楽を感じ、自由に思うように動くなどして楽しむことができるのです。そうして子どもは、音楽活動のなかで、しだいにうまく身体表現したり音楽的要素に気づいたりできるようになっていき、(2)の水準を上げるとともに、(1)も身につけていきます。(1)(2)は相互に関連しながら育まれるのです。音楽活動のなかでの気づきなどを、より深く論理性をもって考えるならば、さらにすすんだ(1)(2)が必要になります。そのときのために、幼児期では基礎という位置づけで、子どもがそれぞれに音楽を感得し、表現することが大切なのです。
　ここで、(1)(2)が相互に関連しつつ育成されていくことを、「音や音楽そのもの」が具体物として見えないという視点から述べます。何か音楽を聴くとしましょう。自然や生活のなかの音でもよいです。その音楽から何を想像するか、その音楽からどのような言葉が浮かぶか、その音楽からどのような動きができるか、あるいはその音は好みの音かそうでないか、その音を絵にするとどうなるか、などに対する答えは、子どもによってさまざまであり、一致しないことが多いです。その後、実際に動いたり描いたりすることで、友だちの表現が見えて、そこから刺激を受け、まねをしたり、次の音楽活動に活用したりします。このとき、音や音楽を聴く瞬間から表現するまで、「音や音楽そのもの」は、一貫して子どものいわば「心のなか」にしか現れないのです。
　次に、何か音楽を歌うとしましょう。どのような気持ちで歌うかを決めるとき、何を想像して歌うかを決めるとき、何になりきって歌うかを決めるとき、どのように歌うかを友だちと相談するとき、またすでに知っている音楽を繰り返して歌いたいと思うときでさえ、「音楽そのもの」は具体的なものとしては見えません。いつでも、実際に歌ったときにしか、思いどおりであったかどうかはわかりません。

ただし思いどおりであったかどうかもまた、歌声による音楽で確かめるのであり、見えることはないのです。歌うとともに聴くことになり、やはり「心のなか」にしか「音楽そのもの」は現れません。

「音や音楽そのもの」は具体物となりませんが、代わりに、子どもの気持ちや子どもが頭に描くものなどを経て、言葉、動き、絵、試した結果、といった何らかの「形」となって出てくるのです。あるいは衝動的な動作や発声を伴って「形」になるかもしれません。音楽活動は「音や音楽そのもの」が見えない状態で行われ、そのなかで子どもがさまざまに表現します。

こうしてみると、音楽活動のなかでは、子ども自身が（1）（2）を関連づけながら向上させていくということがわかります。子どもがほかの誰でもない自分の「心のなか」に関してこれから表現するにもかかわらず、『幼稚園教育要領』という自分ではないものが、事前に（1）（2）を関連づける方法を示したり、（1）（2）を区別したりしておくことはできません。音楽活動での表現は、子ども自身が主体的に行う可能性が高いものであり、その結果として、（1）（2）の向上は、子ども自身によってなされるのです。

言い方を変えれば、子どもが音楽活動のなかで音や音楽を通して精一杯に表現できるとき、子どもは最大級に自己表現しているといえます。少し踏み込んだ言い回しをすれば、自分探しです。音楽活動のなかで、さまざまに感じ取り、さまざまに表現できる自分が新たに見つかっていくかもしれません。これが、（3）と結びついていくでしょう。人間性という語を考えるのは難しい問題ですが、子どもが興味をもって活動できる音楽に出会い、自分が思うように楽しく動くなどして表現したいと思えば、それだけ活動に積極性が生まれ、「心のなか」の表現ができ、自分自身の心情を育成することにつながっていくと考えられます。

このようにして、「3つの資質・能力」の育成に音楽活動がかかわっています。音楽活動には、身体的な動きの体得、音楽的要素の感得とそれによる論理性の認識、心情面の成長といった、教育の基盤になるものを子どもが獲得する機会があります。音楽活動のなかで、子どもが自分の表現に向き合っていくところに、「3つの資質・能力」の成長はあるのです。

2. 幼児期の終わりまでに育ってほしい姿

次に、『幼稚園教育要領』に示されている、下記の①～⑩からなる「幼児期の終わりまでに育ってほしい姿」（＝「10の姿」）を検討します。

①健康な心と体　②自立心　③協同性　④道徳性・規範意識の芽生え　⑤社会生活との関わり

⑥思考力の芽生え　⑦自然との関わり・生命尊重　⑧数量・図形、文字等への関心・感覚

⑨言葉による伝え合い　⑩豊かな感性と表現

「10の姿」は、『幼稚園教育要領』が示す「5つの領域」に関する各活動を経て到達する姿です。また『幼稚園教育要領』には、「5つの領域」それぞれに「内容」が明記されており、この「内容」から具体的な活動を考えることができます。

そこでここでは、領域「表現」に焦点を絞って、領域「表現」の「内容」（1）～（8）の簡単な要約を示したのちに、領域「表現」の「内容」（1）～（8）を反映した音楽活動A～Gと、「10の姿」を結びつけていきます（あとに掲載する音楽活動A～Gは、筆者が考えた幼児の音楽活動の例です）。

領域「表現」の「内容」（1）～（8）について、筆者による簡単な要約を以下に示します。

（1）気づいたり感じたりして楽しむ。　（2）イメージを豊かにする。

（3）伝え合う楽しさを味わう。　（4）音や動きなどで表現したり、かいたりつくったりする。

（5）工夫して遊ぶ。　（6）歌ったりリズム楽器を使ったりする楽しさを味わう。

（7）つくるなどして楽しみ、遊びなどに使う。　（8）イメージの表現や演じて遊ぶことを楽しむ。

　続いて、領域「表現」の「内容」（1）～（8）を反映した音楽活動A～Gと、「10の姿」の結びつきを、表2－1に示します。

表2－1　「内容」（1）～（8）を反映した音楽活動A～Gと「10の姿」の結びつき

「内容」		音楽活動	「10の姿」
（1）（2）	A	園の内外で自然音や人工音などの音を体験し、その音の発生源を思い浮かべる。	⑤、⑦
（3）	B	こんな音を見つけたということを周囲に伝えようとする。	⑥、⑨
（4）	C	高／低、大／小、速／遅を判別して身体をさまざまに動かしたり、音が聞こえる数に応じて動いたりする。	①、⑧
（5）	D	手づくり楽器の制作で思考力を働かせて自分が出したい音を工夫する。	⑥
（6）	E	動物の絵に即したリズムを打ち、協力してリズムアンサンブルをする。	③、④
（7）	F	音を聴いて思いついたことを文字や図形に表し、みんなに紹介する。	⑧
（8）	G	劇において音楽にあわせて自分が担当する役を演じる。	②

　「内容」（1）～（8）を反映した音楽活動A～Gは、表2－1のように「10の姿」と結びつけられます。この結びつきについて、以降に文章で補足しておきます。

　音楽活動Aでは、自然音を体験できることから⑦が結びつきます。そのほか、地域社会においてお祭りや商店街などで聴かれる音に出会う機会があれば、⑤も当てはまるでしょう。音楽活動Bでは、音の発見を周囲に伝える点で⑨が結びつくほかに、友だちの意見から自分とは異なる考えに気づくことがあれば、⑥も当てはまります。音楽活動Cでは、音に反応して身体を動かすことで①が結びつくほかに、音が鳴った回数だけ動くといった活動から、⑧も考えられます。音楽活動Dでは、出したい音が出せるように思考力を働かせる点で⑥が結びつきます。音楽活動Eでは、複数のリズムパターンを使ったアンサンブルにおいて友だちと協力できることから③が結びつきます。その際、例えば立方体の各面に描かれた絵を次々に変えて、それに即座に対応してリズムを打つ、といったゲーム性のある活動でリズムアンサンブルをするならば、④も関与するといえます。音楽活動Fでは、文字や図形といった、音とは異なる方法で表現することで⑧が結びつきます。音楽活動Gでは、役を演じるなかで自分の役割を果たそうとする点で②が結びつきます。なお、⑩は音楽活動A～Gのいずれにも当てはまります。

　表2－1以外にも、音楽活動A～Gはさまざまに「10の姿」と結びつけることができます。そのときの音楽活動の詳細によって、また子どもの発達によって、より結びつくといえる「10の姿」は変わってくるでしょう。⑩はとくに深く音楽と関連しそうですが、それに特化した音楽活動ではなく、さまざまな姿がみられるようになるための音楽活動という位置づけになるのです。

3. 遊びとしての音楽活動にみる音楽学習

　子どもにとって遊びは重要です。興味があること、楽しいと感じること、繰り返したいと思うことなどをするとき、その子どもは「遊んでいる」といいうるのです。外で走ってからだを動かして遊ぶ、室内で積み木や折り紙やお絵かきで遊ぶ、といったさまざまな遊びのなかで、気づく、感じる、工夫する、伝える、協力するなどして、子どもは成長していきます。だからこそ、保育者は、子どもに遊ぶ場面をたくさん用意する必要があります。子どもが「遊んでいる」と思える状況が必要であるということです。

　遊びとしての音楽活動のために、保育者ができることは何でしょうか。それは、音や音楽に触れる機

会を、豊富に、適切に用意することです。音楽的には比較的複雑な構造をもつ音楽であっても、よく知られていたり、流行りであったりすることによって、子どもは楽しみながら音楽活動ができます。子どもから自然に出てくる言葉、リズム、音列から始めることで、子どもの生活や発達に直結した音楽活動を考えることもできます。完成された音楽ではなくて、周りにあふれる音を探したり、物や楽器のさまざまな音色を体験してみたりすることも大切です。こうした、子ども自身は「遊んでいる」と思える音楽活動ができる機会をつくることが求められます。

　加えて、子どもは遊びとして音楽活動をしますが、保育者側は、その音楽活動が何を意図したものであるかを明確にしておくようにします。音楽活動での表現は子どもによってさまざまであるとはいえ、そのときの音楽活動がどのような音楽的な学びに通ずる可能性をもっているかを意図しておかなければ、今後の活動の見通しが立たなくなります。保育者の意図がはっきりしていれば、子どもの音楽活動に対して、保育者は支援や言葉かけなどがより的確にできるようになります。子どもが単に音楽活動するだけでなく、保育者の意図を踏まえた音楽活動が行われれば、子どもの遊びとしての音楽活動は、学びに通じていきます。その積み重ねは、「3つの資質・能力」が小学校教育につながっているように、今後、音楽科での音楽活動に引き継がれ、さらに深化した音楽学習となっていくのです。

　さらに、教育に関する語について点検することが重要です。音楽活動を含め、活動して子どもが学ぶというとき、「イメージ」や「アクティブ・ラーニング」や「主体的・対話的で深い学び」などの語を使いがちですが、そうした語を、不明確な認識のままに、複数の活動に対してなんとなく用いることは避けるべきです。語の点検を踏まえると理論ができます。子どもの活動が、保育者のどのような理論から成立しているかということの明晰さが、よりよい学習を導くことにつながるのです。

主要参考文献

・アルンハイム, R. 他（1960）『現代教育学 第 8 巻 芸術と教育』岩波書店。
・文部科学省（2018）『幼稚園教育要領解説』フレーベル館。
・Reid, Louis A.（1969）*Meaning in the Arts.* London: Allen and Unwin.

第3章　子どもの歌唱における音高の正確さの発達を知る

　幼稚園・保育園等での主な音楽活動は歌唱活動であることはいうまでもありません。しかし、その活動をよりよく行い、それによって幼児の健やかな成長をいっそう促すためには、ピアノや声楽の技術だけでは不十分で、それ以外にも子どもの歌唱の発達に関する実態を知っておく必要があるでしょう。筆者は幼児（4歳児：54名、5歳児：59名）と児童（1年生：77名、2年生：73名、3年生：72名、4年生：73名、5年生：72名、6年生：70名）を対象にある調査を行いました。本章では、この調査の結果をもとに、子どもの歌うための力、いわば歌唱力がどのように発達しているのかについて検討していきたいと思います。

第1節　歌唱における音高の正確さ

　ふだんの生活のなかで「歌が上手」だと感じる機会はたくさんあると思います。しかし、「歌が上手」と思わせる原因、つまり歌唱力の要因は何だと思いますか？　例えば、「高い声が出る」という声域、「声がきれい」という声質、「声が大きい」という声量などという要因を思いつきますが、本章では「正しい音で歌っている」という声の音高に着目したいと思います。

　それでは、子どもの歌唱における音高の正確さがどのように発達しているのかについて、これから筆者が実施した調査をもとにみていきたいと思います。なお、子どもの歌唱における音高の正確さを検討するために、筆者は声による音高再生スキルを調査しました。

1. 音高再生スキル調査の内容・方法

　これまでの歌唱における音高の正確さに関する先行研究では、それを検討するために特定の曲を歌う調査が多く行われていました。しかし、この調査方法では、その曲を知っているかどうかやその曲を歌った経験がどの程度あるかによって、調査結果に差が生じる可能性が考えられます。そこで、その他の方法として、提示された刺激音を聴いて声によって同じ音高を再生する、音高再生スキル調査が行われています。

　音高再生スキル調査は、歌唱を学習する最も基本的な方法である聴唱（楽譜を見ずに、他人の歌声や楽器の音などを聴いて歌う方法）を単純にした調査です。したがって、音高再生スキル調査によって聴唱するための力を測定することで、歌唱における音高の正確さを検討することが可能になると考えることができます。

　調査では、調査者がオーディオ機器で刺激音を1秒間提示しました。そして、幼児・児童にそれを聴かせ、声によって同じ音高を再生させました。幼児がふだんの保育活動で女性の保育者の声を聴いて歌っていることを考慮して、刺激音には録音された女声を用いました。刺激音の提示順序は、① C4、② E4、③ A4、④ F4、⑤ D4、⑥ G4、でした。刺激音の音域は、幼児の声域を考慮して限られたものに設定しました。

　そして、調査終了後に音声分析ソフトによって、幼児・児童が再生した声の安定した区間の音高の平

均値を測定し、刺激音の音高との差（セント＊）を算出しました。したがって、刺激音の音高と再生した声の音高との差が小さいほど、音高再生スキルが獲得されていると考えます。そして、再生した声の音高が刺激音の音高の±50セント以内に入っていれば、正反応としました。

2．音高再生スキル調査結果からみる子どもの歌唱における音高の正確さの発達

　年齢・学年別の音高再生スキル調査の刺激音の音高と再生した声の音高との差の絶対値の平均値を、図3－1に示します。それをみると、4歳児、5歳児、小学校1年生の児童の間に差があり、また3年生と4年生の児童の間に差があることが分かります。この結果から、幼児・児童の歌唱における音高の正確さは、4歳から小学校1年生の間、3年生から4年生の間という2段階に分かれて成長することが考えられます。

　また、調査結果の具体的な数値をみると、1年生の児童の平均値が96.09セントであることから、一般的に正確な音高で歌うことできるというにはまだ不十分でしょう。したがって、4歳から小学校1年生の間である程度正確な音高で歌えるようになりますが、それはメロディの輪郭が分かるくらいに歌えるようになる程度であると考えられます。一方、4年生の児童の平均値が39.72セントであることから、4年生の児童は一般的に正確な音高で歌うことができるといっても差し支えないでしょう。したがって、3年生から4年生の間で初めて正確な音高で歌うことができるようになったといえ、この段階から合唱活動やカラオケを楽しむことができるように思われます。

　そして、小学校4年生以降は歌唱における音高の正確さは成長していないことが推測されます。このことから、この学年までに正確な音高で歌うことができないと、いいかえると、幼稚園・保育園等や小学校低学年・中学年で子どもを正確な音高で歌うように成長を促せないと、その子どものその後の歌唱活動に大きく支障を来たす可能性も否定できません。このことについては、次節でも考えていくことにしましょう。

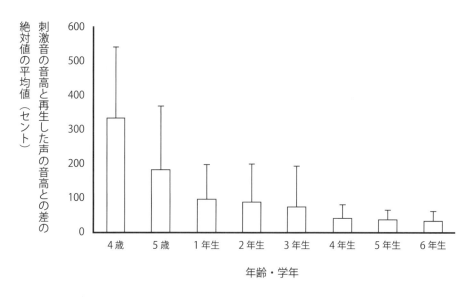

図3－1　年齢・学年別の音高再生スキル調査の刺激音の音高と再生した声の音高との差の絶対値の平均値（セント）（誤差線は標準偏差）

＊　セントについては、6ページの脚注を参照のこと。

第 2 節　音高はずれ

　正確な音高で歌うことができないこと、もしくはその人のことを、世間では一般的に「音痴」と呼んでいます。しかし、やや差別的な表現であることから、音楽教育の世界では一般的に「音高はずれ」や「調子はずれ」と呼んでいます。そこで本節では、音高はずれの子どもが年齢・学年によってどの程度いるのかについて、前述の音高再生スキル調査結果をもとに検討していきましょう。

1.　音高再生スキルレベル

　Welch（2000）[1] は、表 3 − 1 のような音高再生スキルの発達過程のモデルを示しています。以下、このモデルをもとに検討を行いたいと思います。ただ、Welch（2000）は数値などで具体的な基準を示していません。そこで本節では、音高再生スキル調査（課題数 6）の正反応の数が 6 と 5 の子どもを音高再生スキルレベル 4、4 と 3 の子どもをレベル 3、2 以下の子どもをレベル 2 とみなしました。Welch（2000）の音高再生スキルレベル 1 は「非常に狭い音域で歌っている」であることから、そのレベルの子どもは音高再生スキル調査においても非常に狭い音域で再生していると考えられます。したがって、正反応の数にかかわらず、音高再生スキル調査で再生した声の音高が長 3 度（4 半音）以内である子どもをレベル 1 とみなしました。

　以上の基準から考えると、一般的にレベル 1、2 の子どもが音高はずれであるということができると思われるので、そのような考え方で筆者の調査結果を検討していきたいと思います。

表 3 − 1　Welch（2000）が示した音高再生スキルの発達過程のモデルと本節の基準

音高再生スキルレベル	Welch（2000）が示した音高再生スキルの発達過程のモデル	本節の基準
レベル 4	メロディや音高の顕著な間違いはない。	音高再生スキル調査の正反応の数が 6、5
レベル 3	メロディの形や音程はおおむね正確であるが、歌っている途中で転調する。	音高再生スキル調査の正反応の数が 4、3
レベル 2	声の音高を変化させることができることに気づく。歌ったメロディが対象となるメロディの輪郭に近づき始める。	音高再生スキル調査の正反応の数が 2、1
レベル 1	非常に狭い音域で歌っている。	音高再生スキル調査で再生した声の音高が長 3 度（4 半音）以内

（Welch, 2000, p.705 をもとに筆者が作成）

2.　音高再生スキルレベル別の幼児・児童の比率からみる音高はずれの割合

　各年齢・学年の音高再生スキルレベル別の幼児・児童の比率を、図 3 − 2 に示します。それをみると、幼児はレベル 1、2 の子どもが多く、またその一方でレベル 3、4 の子どもも少なからずいることが分かります。この結果から、幼児の歌唱における音高の正確さは個人差が大きいといえるでしょう。このことから考えると、幼稚園・保育園等の保育者には、ある意味で小学校の教師以上に歌唱活動の実践力が問われるといっても過言ではありません。

　一方、児童はレベル 1 の子どもがいなくなり、小学校 3、4 年生でレベル 2 の子どもが少なくなる一方でレベル 4 の子どもが多くなり、4 年生以降は変化がほとんどないことが分かります。この結果から、4 年生以上のレベル 2 の子どもが音高はずれといえるでしょう。その割合は 5、6 年生で約 7％である

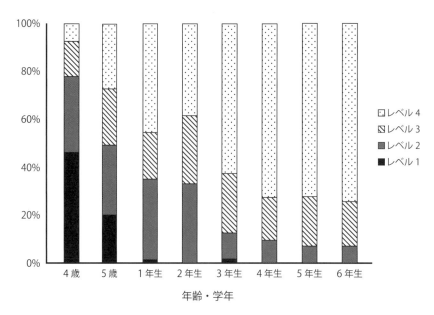

図3－2　各年齢・学年の音高再生スキルレベル別の幼児・児童の比率

ことから、1クラス40名であれば、2、3名が音高はずれであるという計算になります。また、4年生以降に変化がほとんどないことから考えると、それまでにその子どもが正確な音高で歌えるようにならないと、その後も音高はずれのままであるという可能性が考えられます。

　したがって、その子どもが歌唱活動を生涯にわたって楽しむには、幼稚園・保育園等や小学校の歌唱活動が非常に重要であり、保育者や教師の責任が重大であるといえるでしょう。このことから、保育者や教師は子どもの歌唱の発達に関する実態を知識として十分に得ておく必要があるといえます。それでは、次節では、音高はずれの原因についてみていきましょう。

第3節　音高はずれの原因

　これを読んでいる皆さんは、音高はずれの原因として何が思い浮かびますか？ 音感や声域、また幼少期の音楽体験など、さまざまなものが挙がると思いますが、じつは音楽教育を中心とする研究者がその原因を探るために数多くの調査を行っています。そして、Welch（1979）[2]、Goetze、Cooper & Brown（1990）[3]、村尾（1995）[4] はそれらの研究を概観しながら、歌唱における音高の正確さに関連する要因をそれぞれまとめていますので、本節ではそれらをみていきながら、いくつかの要因について実際に検討してみたいと思います。

1. 先行研究を概観した文献からみる歌唱における音高の正確さに関係する要因

　Welch（1979）は主に、①音高弁別能力、②音記憶、③声をコントロールする能力、④家庭環境などの社会的要因、⑤年齢などの発達的要因、⑥思春期に生じる心理的変化などの心理的要因、を挙げています。Goetze、Cooper & Brown（1990）は、①音高弁別能力、②広い音域を発声できる音高生成力、③声の音高を注意して聴く音高観察力、④歌おうとする意欲、を挙げています。村尾（1995）は主に、①音高弁別能力などの音感、②裏声の使用の有無、③歌唱教材、④乳幼児期のマザーリーズ**やわらべ

**　「マザーリーズ；大人が乳幼児に向かって語りかけることで、「高めのピッチ・ゆっくりした速度・大きな抑揚」の特徴がある。

うた遊びという幼児・児童の生育歴、④過去の経験のトラウマによる心理的要因、を挙げています。

　これらをまとめると、個人に関係する要因としては、①音高弁別能力や音記憶などの音高を知覚することに関係する認知的要因、②声域や声区などの声を発することに関係する発声的要因、③意欲や恥ずかしさなどの心理的要因、④①〜③を含めた身体・心理的な側面に関係する発達的要因、に大別されます。また、それ以外の要因としては、⑤個人を取り巻く音楽的な環境、⑥幼稚園・保育園等での音楽活動、学校での音楽の授業、音楽の習い事などの音楽的な体験、に大別されます。

　そこで、①、②について筆者の調査結果から、音高はずれの認知的要因と発声的要因の特徴を検討したいと思います。なお本節では、認知的要因として音高弁別能力、発声的要因として「話し声」と「歌声」の使い分けの技能に着目します。

2. 音高弁別能力調査の内容・方法

　認知的要因については、これまでの先行研究では主に、複数の音高の異同または高低を聴き分ける音高弁別能力が多く検討されています。このことから、音高弁別能力は正確な音高で歌うために必要な能力の 1 つであることが推測できます。したがって、本節で着目することにしました。

　調査の内容・方法が幼児と児童で若干異なります。幼児の調査では、調査者がオーディオ機器で第 1 の刺激音を 1 秒間提示して、1 秒間の間隔を空けて第 2 の刺激音を 1 秒間提示しました。幼児にそれを聴かせて、第 1 の刺激音と第 2 の刺激音の音高の異同を判断させ、口頭で回答させました。幼児がふだんの保育活動で女性の保育者の声を聴いて歌っていることを考慮して、刺激音には録音された女声を用いました。刺激音の提示順序は、① G4 − E4（短 3 度）、② F4 − F4（同音）、③ D4 − E4（長 2 度）、④ A4 − A4（同音）、⑤ C4 − E4（長 3 度）、⑥ F4 − E4（短 2 度）、でした。

　児童の調査では、幼児と同様に、調査者がオーディオ機器で第 1 の刺激音を 1 秒間提示して、1 秒間の間隔を空けて第 2 の刺激音を 1 秒間提示しました。児童にそれを聴かせて、第 1 の刺激音の音高に比べて第 2 の刺激音の音高が高くなったか、低くなったか、同じかを判断させて、配布した回答用紙の所定の欄に○を付けさせました。刺激音には純音を用いました。刺激音の提示順序は、① G4 − E4（短 3 度低い）、② F4 − F4（同音）、③ D4 − E4（長 2 度高い）、④ A4 − A4（同音）、⑤ C4 − E4（長 3 度高い）、⑥ F4 − E4（短 2 度低い）、⑦ A4 − A4 − 50 セント（50 セント低い）、⑧ A4 − A4（同音）、⑨ A4 − A4 + 25 セント（25 セント高い）、でした。

3.「話し声」と「歌声」の使い分けの技能調査の内容・方法

　発声的要因については、これまでの先行研究では主に、声域が多く検討されてきました。しかし、声域を調査するには、多くの時間を必要とすることから、多数の被験者を調査することが困難です。また、声域と関連の深い声区については、調査を行ううえで困難が伴うことが予想されることから、ほとんど検討されていません。

　水﨑（2005）[5] は、歌唱を発話から分化した行動と捉えて、幼児・児童を対象として、氏名の発話によって「話し声」の音高、無伴奏歌唱の開始音高によって「歌声」の音高を測定しました。そして、「歌声」の音高が「話し声」の音高よりも高くなるほど、「話し声」と「歌声」の使い分けの技能が獲得されているとして、その技能の発達段階や歌唱練習による影響を調査しました。

　「歌声」の音高と「話し声」の音高との差が大きくなるほど、つまり、「話し声」と「歌声」の使い分けの技能が獲得されているほど、頭声で歌っている可能性が高くなると考えられます。したがって、「話し声」と「歌声」の使い分けの技能は、複数の声区を使い分ける技能に代わる発声的要因の指標になり

得ると考えます。また、「話し声」と「歌声」の使い分けの技能は、定義も明確であり、調査も容易です。したがって、本節で着目することにしました。

　調査では、①氏名の発話に加えて、②幼児は《メリーさんのひつじ》、児童は《めだかのがっこう》の無伴奏歌唱を行いました。そして、調査終了後に音声分析ソフトによって、①氏名の発話の安定した区間の音高の平均値、②無伴奏歌唱の開始音の安定した区間の音高の平均値、を測定しました。そして、①を「話し声」の音高、②を「歌声」の音高として、「歌声」の音高と「話し声」の音高との差（セント）（「歌声」の音高−「話し声」の音高）を算出しました。

4. 音高はずれの音高弁別能力と「話し声」と「歌声」の使い分けの技能の特徴

　ここでは、音高はずれとして、幼児は前述の音高再生スキルレベル1、児童はレベル2の子どもを対象に検討したいと思います。

　音高再生スキルレベル1の幼児の年齢別の音高弁別能力と「話し声」と「歌声」の使い分けの技能の特徴を、表3−2に示します。なお、レベル4の幼児の調査結果を踏まえて、音高弁別能力は音高弁別能力調査（課題数6）の正答数が4以下、「話し声」と「歌声」の使い分けの技能は「歌声」の音高と「話し声」の音高との差が0セント未満を、それぞれの能力・技能が低いとみなしました。その理由については、小長野（2007）[6] をご参照ください。

　それをみると、4、5歳児はともに音高弁別能力だけが低い幼児の比率が最も多いことが分かります。したがって、音高はずれの幼児には、音高弁別能力が低い子どもが多いと考えられます。前述の表3−1をみると、音高再生スキルレベル2は「声の音高を変化させることができることに気づく」とあります。したがって、レベル1の幼児は、声の音高を変化させることができることにまだ気づいていないことが推測されます。したがって、声の音高を変化させることができることに気づくためには、連続して提示される2音の音高の異同を弁別する水準の音高弁別能力が必要である可能性が考えられます。

表3−2　音高再生スキルレベル1の幼児の年齢別の音高弁別能力と「話し声」と「歌声」の使い分けの技能の特徴

音高弁別 使い分け	低い 低い	低い 高い	高い 低い	高い 高い
4歳児 （25名）	20.00％ （ 5名）	44.00％ （11名）	16.00％ （ 4名）	20.00％ （ 5名）
5歳児 （12名）	16.67％ （ 2名）	50.00％ （ 6名）	8.33％ （ 1名）	25.00％ （ 3名）

　音高再生スキルレベル2の児童の学年別の音高弁別能力と「話し声」と「歌声」の使い分けの技能の特徴を、表3−3に示します。なお、レベル4の児童の調査結果を踏まえて、音高弁別能力は音高弁別能力調査（課題数9）の正答数が7以下、「話し声」と「歌声」の使い分けの技能は「歌声」の音高と「話し声」の音高との差が0セント未満を、それぞれの能力・技能が低いとみなしました。その理由については、小長野（2006）[7] をご参照ください。

　それをみると、1、2年生では、音高弁別能力、「話し声」と「歌声」の使い分けの技能がともに低い児童の比率が最も多いですが、3、4年生ではどちらか一方だけが低い児童やどちらも高い児童の比率が多くなり、5、6年生ではどちらも高い児童の比率が多くなることが分かります。したがって、音高

はずれの児童には、低学年では音高弁別能力、「話し声」と「歌声」の使い分けの技能がともに低い場合が最も多く、中学年になるにつれてどちらか一方だけが低い場合が多くなり、高学年になるにつれて音高弁別能力、「話し声」と「歌声」の使い分けの技能以外の能力・技能、もしくは児童自身の能力・技能以外に原因がある場合が多くなるというように、学年によって原因が変化している可能性が考えられます。

表3－3　音高再生スキルレベル2の児童の学年別の音高弁別能力
と「話し声」と「歌声」の使い分けの技能の特徴

音高弁別 使い分け	低い 低い	低い 高い	高い 低い	高い 高い
1、2年生 （51名）	56.86% （29名）	27.45% （14名）	13.73% （ 7名）	1.96% （ 1名）
3、4年生 （16名）	18.75% （ 3名）	31.25% （ 5名）	25.00% （ 4名）	25.00% （ 4名）
5、6年生 （10名）	0% （ 0名）	20.00% （ 2名）	30.00% （ 3名）	50.00% （ 5名）

第4節　子どもを音高はずれにしないための活動・指導

　以上のように、子どもの歌唱における音高の正確さがどのように発達しているのかについて、筆者が実施した調査をもとに検討してきました。少々専門的な内容が多く、難しい部分や分かりにくい箇所もあったと思いますが、これらの調査結果を踏まえて、子どもを音高はずれにしないために、幼稚園・保育園等での歌唱活動でどういうことを実践して、どういう点に配慮すればよいと思いますか？ 以下に筆者の考えを書いて、本章を終えたいと思います。

　幼稚園・保育園等ではまず、幼児の音高弁別能力を含めた認知的側面を高める活動・指導が必要だと考えます。例えば、リトミック（本書の第7章第1節を参照）やわらべうた遊び（本書の第7章第2節を参照）などのこれまでの幼稚園・保育園等の音楽活動で盛んに行われてきた実践はもちろんのこと、歌唱活動時における幼児自身や保育者、周りの幼児の声をよく聴くような指導・声かけ、交互唱（《アイアイ》、《もりのくまさん》など）や輪唱（《かえるの合唱》（p.164）、《しずかなこはん》など）などのいくつかのパートに分かれて歌う曲や応答唱・リレー唱などの方法（本書の第1章第4節、第6章第2節を参照）を取り入れることなどが効果的だと思われます。

　また、児童には発声的側面が原因である音高はずれの子どももいることから、そうならないように幼稚園・保育園等ではそれに対して一定の配慮をする必要があると考えます。例えば、どなり声で歌わせないようにすること（本書の第2章第1節を参照）、幼児の声域（本書の第1章第1節を参照）を考慮した曲を歌わせること（本書の第1章第4節、第2章第2節を参照）、ロケット模唱（本書の第6章第2節を参照）などの歌唱活動時における歌声を意識させてその素地をつくる指導・声かけなどが効果的だと思われます。幼稚園・保育園等でこのような活動・指導を行うことによって、小学校において頭声で歌うことを学ぶ際に、支障を来さずにスムーズに移行できると考えます。

　上記のような試みによって、幼児や保育者に必要以上の負担を課すことなく、認知的・発声的側面の両方の発達を促すことができると考えます。ただ、紙面の都合上、ごく簡単に述べるに留めました。したがって、これを読んでいる皆さんがそれぞれで具体的な方法を考えてみてほしいと思います。また、

上記のように、本書にはこの答えとなることがたくさん書かれているので、それらを参考にするのもよいでしょう。そして、子どもを音高はずれにしないために、それらを臆することなく積極的に実践してくれることを期待しています。

引用文献

1）Welch, G. F. (2000) The developing voice. In L. Thurman & G. F. Welch (eds.). *Bodymind and voice: foundations of voice education* (2nd ed.) (pp.704-717.). Iowa : National Center for Voice and Speech.

2）Welch, G. F. (1979). Poor pitch singing: a review of the literature. *Psychology of Music,* Vol. 7, No. 1, pp.50-58.

3）Goetze, M., Cooper, N., & Brown, C. J. (1990). Recent research on singing in the general music classroom. *Bulletin of the Council for Research in Music Education,* No. 104, pp.16-37.

4）村尾忠廣（1995）『「調子外れ」を治す』音楽之友社。

5）水﨑誠（2005）『幼児・児童の話し声と歌声の使い分けに関する研究』広島大学大学院教育学研究科学位論文。

6）小長野隆太（2007）「幼児の「歌唱の音高の正確さ」に関する横断的研究－音高再生能力，音高弁別能力，及び「話し声」と「歌声」の使い分けの技能に着目して－」『音楽文化教育学研究紀要（広島大学大学院教育学研究科音楽文化教育学講座）』XIX、pp.13-22。

7）小長野隆太（2006）「児童の「歌唱の音高の正確さ」に関する横断的研究－音高再生能力，音高弁別能力，及び「話し声」と「歌声」の使い分けの技能に着目して－」『日本教科教育学会誌』第29巻、第3号、pp.77-86。

─ *Column* ─

同音連打

　幼児教育の現場でピアノを弾く時には、第 4 章に記されているように、幼児の歌唱を支援するように演奏することが重要です。できるだけ幼児の歌唱に即して演奏しなければなりません。その際の問題点の 1 つに、同音連打があります。同音連打とは、同じ音高を、つまり、同じ鍵盤を 2 回以上続けて演奏することです。その際に、大きな問題が生じます。例えば、下の楽譜を演奏してみましょう。

楽譜1

　演奏を注意深く聴いてみましょう。同音が次のようになっていませんか。

楽譜2

　右手で演奏する旋律線が問題です。子どもは、「キーラーキーラーひーかーるーー・・・」と歌います。ところが、楽譜 2 のピアノは、「キ、ラーキ、ラーひ、かーるーー・・・」と演奏しています。これが同音連打の問題点です。

　なぜ楽譜 2 のような演奏になるのでしょうか。第 1 の同音から第 2 の同音へ移る際に、「指をあげる動作」と「指で鍵盤を打つ動作」が、別々の 2 つの動作になっていませんか。ピアノは、指で鍵盤を打つと、ハンマーが弦を打ち、発音します。指がそのまま鍵盤を押さえている間は、音は鳴り続けます。ところが、指が鍵盤から離れるとダンパーが弦を押さえて振動を止め、音を消します。最初の「指をあげる動作」で、指が鍵盤を離れると、ピアノの構造上、音はそのタイミングで消えてしまいます。

　では、どうすれば楽譜 1 のように演奏できるのでしょうか。同音連打の際に、「指をあげる動作」と「指で鍵盤を打つ動作」の間隔を短くすることです。つまり、第 2 拍の直前まで第 1 音を保持し続けて（鍵盤から指を離さないで）、第 2 拍に「指をあげる動作」と「指で鍵盤を打つ動作」を同時に（1 つの動作として）行うのです。練習してみましょう。この同音連打の問題点を克服できれば、あなたのピアノ演奏のテクニックは、1 つ上の段階に到達することになるでしょう。

第4章　美しくて楽しい音楽活動のために

第1節　幼児と楽器

　保育現場において、楽器を用いた活動は、大切な表現活動の1つといえます。楽器を用いる活動に関して、例えば幼稚園教育要領の第2章第2節5感性と表現に関する領域「表現」の内容（6）においては「音楽に親しみ、歌を歌ったり、簡単なリズム楽器を使ったりなどする楽しさを味わう」とあり、同解説においては次のように示されています。

　　「大切なことは、正しい発声や音程で歌うことや楽器を正しく上手に演奏することではなく、幼児自らが音や音楽で十分遊び、表現する楽しさを味わうことである」
　　「必要に応じて様々な歌や曲が聴ける場、簡単な楽器が自由に使える場などを設けて、音楽に親しみ楽しめるような環境を工夫することが大切である」等

　ここに示された「簡単なリズム楽器」として、多くの園ではドラム、シンバル、すず、タンブリン、トライアングルなどおなじみのリズム楽器を備えていることと思われます。
　これらのポピュラーな楽器については多くの書籍等で紹介されているため詳細はそちらに譲ることとし、本書ではカホン、ブームワッカー、サウンドシェイプの3つの楽器を紹介したいと思います。選んだ理由は次の3点です。

　①手やばちを使って直観的に音を鳴らすことができる。さらに工夫することでさまざまな音を鳴らすことができる。
　②楽器の形、色や材質に特徴をもっており、出会いからそれぞれの楽器に興味・関心をもつことにつながる。
　③こういう使い方をしなければならないといった制約に縛られることなく、音遊びを楽しんだり、友達と音を合わせたり、歌や動きに合わせたり、というふうに工夫しだいで発展的に活用することができる。

1）カホン

　スペイン語で「箱」の意味をもつカホンは、木製の箱のような形をしており中が空洞の楽器です。比較的薄い板でできている面が打面で、多くは打面の反対側の面にサウンドホール（音孔）が空けられています。
　通常の演奏では、打面にあたる面を手で打って音を鳴らしますが、箱の辺にあたる部分をたたいたり、厚い板の面をたたいたりすることで多彩な音を鳴らすことが可能になります。
　また、スネアドラムのような響き線を内蔵しているカホンもあり、違った音色を楽しむことができます。
　演奏方法は、楽器の上にまたがって、楽器の打面やその縁を手で打ちます。打つ場所によってバスド

ラムのような音、スネアドラムのような音、シンバルのような音など多彩な音を鳴らすことができ、カホン1台でドラムセットのように使うことができます。

〈遊び方の例〉

　・カホンのいろんな部分を打つことにより生まれる音色を楽しむ。

　・友だちとカホンを使ってセッションするなど、リズム遊びを楽しむ。

写真4－1　カホン

写真4－2　カホンの演奏例

2)　ブームワッカー

　アメリカで生まれたブームワッカーは、プラスチック製のパイプ型の楽器で、日本では商品名のドレミパイプという名称で親しまれています。

　長さが異なる複数のパイプがセットになっており、1本1本はそれぞれの管長に応じたピッチをもっています。また、パイプは階名ごとに同じ色となっています。

　手のひらに打ち付けたり、手に持って床に打ち付けたりすることで、簡単に音を鳴らすことができる楽器で、柔らかいプラスチック製のため安全面でも優れています。

〈遊び方の例〉

　・いろんな長さのブームワッカーを鳴らし、音高の違いを楽しむ。

　・何人かの友だちで簡単なふしを鳴らしてみるなどして、音あそびを楽しむ。

写真4－3　ブームワッカー

写真4－4　ブームワッカーの演奏例

3) サウンドシェイプ

　サウンドシェイプは、アメリカの打楽器メーカーであるレモ社の製品です。正方形、長方形、三角形、円、半円の5つの異なる形の木製の枠に、ドラムヘッド（打面となるプラスチック製の膜）を張った楽器です。枠は赤、青、黄、緑、紺に色づけされており、枠の形と色の組み合わせは一様ではなく、楽器の形と色を楽しむことができます。

　ドラムヘッドを付属のばちで打って音を鳴らす楽器で、枠の形によりドラムヘッドの形が異なるため音高に違いが生まれます。手のひらや指先でも音を鳴らすことができ、音質の違いも楽しむことができる楽器です。

〈遊び方の例〉
　・好きな形や色のサウンドシェイプを選んで音を鳴らして遊ぶ。
　・ばちや手のひらや指先などを使って音を鳴らし、音の違いを楽しむ。
　・友だちとサウンドシェイプを使ってセッションするなど、リズム遊びを楽しむ。

写真4-5　サウンドシェイプ　　　　　　写真4-6　サウンドシェイプの演奏例

　最後に、楽器を用いた活動で気をつけたいことを3点挙げておきます。

①幼児が楽器への興味・関心をもつことができるような環境構成を工夫することが大切です。例えば、視覚的にも楽しめる楽器コーナーを設けるなどして、幼児が気軽に楽器を手に取ることができるようにしたいものです。

②音の鳴らし方等を一方的に教えるのではなく、幼児が自主的にさまざまな音を探る体験を大切にしてほしいと思います。さらに音だけではなく、楽器の形、色、材質等にも興味をもつような支援を大切にしていただきたいです。

③幼児の楽器で遊ぶ姿に寄り添い、さらには保育者自身が楽器を楽しく演奏しながら歌ったり体を動かしたりする姿を見せることを大切にしていただきたいです。

第2節　ピアノを弾くためのスキルを効果的に習得する方法

「ピアノが弾けなくても保育士、幼稚園の先生になれますか？」「ピアノが苦手なので採用試験の音楽実技の課題がとても不安です」といった声をよく聴きます。このように、ピアノに対して苦手意識をもっている人は多いのではないでしょうか。また、子どもの前でのピアノ伴奏や採用試験などでの音楽実技で失敗したらどうしようと不安を抱える人もいると思います。たしかに、ピアノ実技は一朝一夕では上達しません。日頃からコツコツと練習を積み重ね、ピアノを弾く習慣をつくることが必須ですが、そのうえで、同じ練習量であれば、できるだけ学習効果の高い練習方法に取り組むことも重要といえます。子どもの音楽表現を育むための実践力向上をめざして、保育者として自信をもってピアノが実践できるよう、本章では、そのための効果的な練習方法や、心の準備などについて取り扱います。

1．ピアノを弾く動作とスキルについて

　日々の練習で培った成果を本番でも効果的に発揮するためにはどのような取り組みが効果的であるか、ピアノを弾く動作とスキル（技能）の観点から考えてみます。ピアノを弾く際には、特に手指の細やかな動きが求められます。打鍵時の手、指、上肢および体幹などの動きはすべて、ピアノの演奏動作です。

　そして、演奏動作の遂行に必要な身体の運動を合理的かつ効率的に実施する方法のことを運動技術（movement technique）と呼び、その理想的な運動技術をめざして、個人が自らの経験を通して獲得した運動能力のことを運動スキル（motor skill）といいます。つまり、学習者がピアノを練習して弾けるようになるということは、演奏動作の遂行を可能とする運動スキルが向上した結果であるといえます。

　また、運動スキルの獲得には、感覚や知覚がきわめて重要な意味をもち、どのように身体の外部や内部の情報を処理しながら自分の動きをコントロール（制御）しているのか、という運動制御の視点による分類を理解することが重要です。その代表的な分類としては、オープンスキル（open skills）と、クローズドスキル（closed skills）があります。それらは、外的な感覚知覚情報の必要性の度合いによる分類です。刻々と変化する環境において予測が立てにくい状況で必要とされるスキルをオープンスキルと呼び、予測可能で安定した環境で行われるスキルをクローズドスキルと呼びます。私たちがピアノを弾く場面や環境は、ほとんど変化しない安定した外的環境であることが多く、あらかじめ練習で培った演奏動作を自分のペースで遂行することができます。したがって、ピアノを弾くという行為はクローズドスキルであるといえます。しかし、クローズドスキルにおいて、演奏動作の遂行中に環境はあまり変化しませんが、毎回、常に同じ環境条件下で行えるとは限りません。また、その場の状況に応じてピアノを即興的に弾いたり、さまざまな音形を子どもの動きにあわせて即時的に弾いたりするなど、外的環境の変化にあわせて素早く反応しなければならない場合には、それに柔軟に対応したスキルが求められます。したがって、ピアノを弾く動作のスキルは、オープンスキルとクローズドスキルのどちらかに明確に分類されるわけではなく、ピアノを弾く際の形態や状況などによって、さまざまなレベルに位置づけられると考えられます。

2．ピアノや弾き歌いが上達するための効果的な練習方法とは

1）学習とスキル上達の段階

　演奏動作の遂行に必要な運動スキルは、認知段階（cognitive stage）、連合段階（association stage）、自動化段階（automation stage）という3つの学習段階を経て上達します。ピアノを弾くことを例に考える

と、まず認知段階では、打鍵する位置を把握し、手指の動きを覚えるなど、基本的な知識や動作が習得されます。身体の動きを意識的に考えながら練習する段階です。連合段階では、まだ演奏動作が十分に安定する段階には達していませんが、基本的な演奏動作の習得が進み、粗大な誤りが減少します。練習を繰り返すことによって運動スキルが定着し、安定した演奏動作を遂行できるようになる過程を指します。そして、さらに練習を積み重ねることによって、最終的に意識的な注意をあまり向けなくても演奏動作を遂行できる自動化段階に移行します。その結果、ピアノを弾くことにも余裕が生まれ、例えば弾き歌いのように、ピアノを弾きながら歌うといった二次的な課題にも対応できるようになります。

　また、演奏動作の遂行に必要な運動スキルの学習過程においては、練習で身につけたスキルをどれだけ身体に記憶として残せるかというスキルの保持と、身につけたスキルを新しい状況にどれだけ柔軟に適応させることができるかというスキルの転移の問題を考える必要があります。スキルの上達というのは、認知段階から自動化段階までの学習段階へ移行するなかで、練習中にみられるスキルの一時的な向上よりも、そのスキルの保持や転移がどれだけ促進されたかが重要になります。

2）学習者が利用できる情報

　運動スキルを効率的に学習するために学習者が利用できる情報には、自身の感覚情報のように自動的に得ることができる情報と、指導者のアドバイスのように外部から与えられる情報が考えられます。

　運動スキルの学習に先立って、学習者は与えられる情報として、指導者からの言語教示（verbal instruction）を受けることができます。また、言語教示では伝えにくい詳細な動きやタイミングなどの情報は、最近では、スマートフォンなどのカメラ機能を用いることで手軽に視聴覚情報として得ることができます。さらに、指導者によるお手本や他者のスキル遂行場面を学習者が観察することによって学習を促進させようとする方法をモデリング（modeling）と呼び、お手本となる演奏動画などを積極的に活用することによって学習効果が高まります。このような観察学習（observational learning）では、指導者も学習者の熟達レベルに応じて注意すべき要点を的確に教示することが重要となります。

3）練習方法の組織化

　ふだんの練習においては、学習の変動性を高めることが効果的です。例えば、ある特定の同一の動きや、特定の箇所を何回も繰り返して練習（恒常練習：constant practice）するか、練習する箇所を変化させて練習（変動練習：variable practice）するかという問題です。多くの動作に共通して必要とされる入出力関係を抽象化した内的表象のことをスキーマ（schema）と呼びますが、学習に変動性をもたせることによって、知覚スキーマや運動スキーマが形成されやすくなり、その結果、運動スキルの保持や転移が促進されることから、恒常練習に比べて変動練習を行うと学習効果が高いといわれています。

　また、ピアノや弾き歌いなどのクローズドスキルの学習では、環境に変動性をもたせることにも効果が認められています。多様な環境条件下で練習することによって、符号化特定性の原理が働き、さまざまな環境条件にも適応しやすくなります。この符号化特定性の原理とは、呈示された刺激材料から情報を記憶に取り込むことを符号化といい、人が接する刺激材料は符号化がなされた文脈とともに結び付けられて記憶されるために、符号化時と検索時の文脈が一致していればよく想起がなされるというものです。つまり、いつも決まった環境で練習するのではなく、ふだんからさまざまな環境条件を想定して練習することで、実際にピアノを弾く場面がどのような条件下であっても、その環境条件に適応しやすくなるといえます。

　以上のことから、学習に変動性をもたせること、環境に多様性をもたせることなど、練習方法を組織

化することが重要です。

3．ピアノ実技は怖くない〜実力を発揮するために必要な準備とは〜

　私たちが人前でピアノを弾く場面など、周囲の視線が自分に集まるようなプレッシャー下においては、自己の最大限の実力を発揮することは容易ではありません。これは単なる練習不足だけが失敗の原因ではなく、緊張、不安および恐怖などの心理的なストレス反応による"あがり"現象の問題も関わる重要な課題です。

1）緊張や不安を引き起こす原因や反応

　プレッシャーが導くストレス状態では、緊張や不安、恐怖といった個人の内に生起する生理的、心理的な活動、反応をもちます。人間が抱く不安や恐怖は、闘争か逃走か反応（fight-or-fright response）のように、進化の過程において外敵から身を守り、生物として生存するためには欠かせない重要な機能でした。すなわち、ピアノを弾く場面などで過度な緊張によって不安や恐怖を抱くことは、決して本人の精神力の弱さなどではなく、現代社会においてその状況を脅威として認識することによって生じる当たりまえの反応です。むしろ人間のもつ機能としては正常な反応であり、自然に心と身体がウォーミングアップをしている状態だといえます。

　また、プレッシャー下においては、心理面では不安や焦りを感じ、自信や落ち着きがなくなり、自己の置かれている状況を過剰に意識するなど物事の知覚にも変化が生じます。さらには、物事に対する方略が変化し、失敗を恐れて無難で消極的な思考、行動をとる傾向も生じます。生理面では、心拍数、血圧、精神性発汗量などが増加し、行動面においては、筋収縮力や打鍵の強さの増加などにより、動きがかたくなった、余計な力が入った、動きがぎこちなかった、などの変化が生じます。

2）実力を発揮するために必要な心の準備

　子どもの前でピアノを弾く場面や、採用試験などでのピアノや弾き歌いをする場面などに生じる過度な緊張や不安については、まず認知的なアプローチとして、進化の過程において適応的な働きであったという意識をもちましょう。そのうえで、演奏動機に関しては「他者にこの音楽の素晴らしさを伝えたい、音楽を通してコミュニケートしたい」といった、音楽を通した自己表現や、コミュニケーションとしての表現欲求が高いほど不安が低くなることが明らかにされています。したがって、自己の置かれている状況を脅威としてではなく、自身がピアノや弾き歌いをすることの意味や、表現したい音楽の内容について意識的に目を向けるといったように、認知機能や感情の変化を利用したアプローチを行うことが有効でしょう。また、バイオフィードバックのように、自身の最適な緊張感や疲労度などを理解することや、呼吸や表情、アイコントロール、筋弛緩法など、身体の状態や身体に入る知覚情報を変化させることによるアプローチの有効性も認められます。

3）子どもの音楽表現を育むために

　保育の場において子どもたちは、毎日、たくさんの遊びを通して常にさまざまな経験をしています。音や音楽を媒介とした遊びも同様に、子どもたちは楽器や物、自然など、身のまわりにあふれる音や音楽に興味をもち、音の違いなどに意識を向けたり、音、音楽のもつ面白さを味わったりしています。このように、楽しい遊びの世界にあふれる音、音楽を探究することそれ自体が、子どもの音楽表現であるといえます。そうした子どもの音楽表現を育むために、保育者は子どもたちが主体的に音や音楽で遊べ

る場、環境を設定するなど、子どもの自主性を認識した音楽活動を日々の保育に位置づけることが重要です。

そのうえで、現在も多くの園では、音楽活動の際に保育者がピアノやキーボードなどの鍵盤楽器を使用している場面をよく目にします。ピアノやキーボードなどの鍵盤楽器は、その場の状況や子どもの様子に応じて、音の強弱やテンポなどを容易に変化させることができます。そのため、子どもの歌唱の実態にあわせた自由な伴奏の展開が可能であるという利点をもちます。歌の伴奏のほかにも、例えば、人や動物などの動き、季節や自然の様子などを表現したり、劇や物語などでは、さまざまな場面の雰囲気にあった効果音のような装飾を加えたりするといった活用方法もあります。このように、さまざまな場面で保育者がピアノを取り入れることによって日々の音楽活動の幅も広がります。

ピアノに対して苦手意識をもっている人も、まずは、ピアノをふだんの保育のなかで遊びに使うことから始め、保育者自身が子どもたちと一緒に楽しむ気持ちを大切にしましょう。そして、子どもたちと一緒に成長する気持ちで、一歩ずつ、子どもの音楽表現を育むための実践力向上をめざして、日々、短い練習時間からでも構いませんので継続的かつ効果的な練習を積み重ねていきましょう。

主要参考文献

・平山裕基（2014）「演奏時のパフォーマンス発揮への取り組みに関する研究：演奏動作における運動スキル学習の観点から」『教育学研究紀要（CD-ROM 版）』第 60 巻、pp.272-276。
・平山裕基（2016）「保育者養成におけるピアノ弾き歌い学習支援の検討」『音楽文化教育学研究紀要』XXIX、pp.55-61。
・平山裕基（2018）「演奏不安の実態と機序について」『音楽心理学研究会論文集』第 11 巻、pp.17-20。
・平山裕基（2021）『演奏者の"あがり"発現構造に関する実証的研究』広島大学大学院教育学研究科学位論文。
・Hoshino, E.（1999）. Performance anxiety, motivation, and personality in music students. *Journal of music perception and cognition,* 5, pp.67-86.

第3節　難しい歌詞、間違えやすい歌詞

　古くから歌い継がれる子どものうたには、正月や七夕といった伝統行事や、四季折々の自然についての描写が多く織り込まれています。そういったうたを歌うことを通して、子どもたちは日本の伝統や自然や文化に親しむことができます。

　一方で、伝統行事や自然に関する歌詞には、現代ではあまりなじみのない言葉もしばしば使用されています。保育者は、そういった言葉の意味を十分理解しておくことはもちろん、子どもたちにわかりやすく説明できなくてはなりません。

　2022年に、4年制大学に在籍する保育学生107名を対象として、子どものうたにおける「意味がよくわからない、または幼児に説明するのが不安な言葉」「歌詞を誤解して覚えていた言葉」について調査を行いました。本節では、その調査において対象者の半数以上が選択した言葉についてそれぞれ説明します。

1. 理解や説明が難しい歌詞

　まず、調査において対象者の50％以上が「意味がよくわからない、または幼児に説明するのが不安な言葉」として選択した言葉を説明します。該当の言葉には下線を引き、そのうしろには選択した対象者の割合を示しています。より割合の高い言葉を含むうたから順に記載しています。

①《あめふり》（北原白秋 作詞、中山晋平 作曲）
「あめあめ ふれふれ　母さんが　じゃのめ（91％）でお迎え　嬉しいな」
「あらあら あの子は　ずぶぬれだ　やなぎのねかた（93％）で　泣いている」

　「じゃのめ」とは蛇の目傘の略です。同心円を中心とした太い輪の図形を蛇の目といいますが、その模様をあしらってある和傘で、江戸時代から広く用いられていました。雨が降り、蛇の目傘を持った母親が迎えに来てくれたのを喜ぶ男の子の気持ちが歌われています。

　また、「ねかた」とは根方と書き、木の根元の意味です。柳の木の根元で、ずぶ濡れになりながら泣いている子どもを見つけた場面が描かれています。うたではこの後、ずぶ濡れになった子どもに男の子が自分の傘を貸し、自分は母親の蛇の目傘に入れてもらって一緒に帰る様子が続きます。

②《たなばたさま》（権藤はなよ 作詞、林柳波 補作、下総皖一 作曲）
「笹の葉さらさら　のきば（89％）にゆれる　お星さまきらきら　きんぎんすなご（92％）」

　《たなばたさま》の歌詞については、第5章「楽譜から読み取る音楽表現について」の62ページでも詳しく説明されているので、そちらも参照してください。軒端の「軒」とは、建物の壁面より外に出ている屋根の部分のことで、軒端とは、その端の部分を指します。また、金銀砂子とは、金や銀を薄く叩き伸ばしたものを、さらに細かく粉状にしたものです。

③《カレンダーマーチ》（井出隆夫　作詞、福田和禾子　作曲）
「一月いっぱい雪よ降れ　二月の庭には　ふくじゅそう（77％）」

　《カレンダーマーチ》は、各月の頭文字にかけて、それぞれの月の自然や楽しみを紹介するうたです。2月の歌詞に出てくる「ふくじゅそう」は福寿草と書きます。旧暦の正月にあたる時期に黄金色の花を咲かせることから、おめでたい花として親しまれてきました。

④《むらまつり》（文部省唱歌）

「村のちんじゅ（71％）の神様の　今日はめでたいお祭り日」

　　鎮守の神様とは、その土地に生まれた者を守護するために祭られた神様のことです。氏神ともいいます。秋の収穫が終わると、その年の豊年満作を神に感謝するための秋祭りが行われ、人々は神を楽しませるために音楽や舞踏を披露しました。《むらまつり》では、そういったにぎやかな祭りの様子が歌われています。

⑤《こいのぼり》（近藤宮子 作詞、作曲者不詳）

「屋根より高いこいのぼり　大きいまごい（68％）はお父さん　小さいひごい（66％）は子どもたち」

　　「まごい」は漢字で真鯉と書き、黒色の鯉を指します。一方「ひごい」は緋鯉と書き、赤色の鯉を指します。現在の一般的なこいのぼりは、それぞれの鯉が異なる色をしていますが、戦前のこいのぼりは黒色の真鯉1匹と、赤色の緋鯉数匹で構成されていました。その様子を描写しているために、「大きい真鯉はお父さん、小さい緋鯉は子どもたち」という表現になっています。

⑥《うれしいひなまつり》（サトウハチロー 作詞、河村光陽 作曲）

「お嫁にいらした　姉様に　よく似た　かんじょ（62％）の　白い顔」

　　「かんじょ」は官女と書きます。官女は宮中に仕える女性のことです。雛段飾りでは、三人官女として2段目に飾られます。現在では男女雛のみの1段飾りの雛人形も増えているため、三人官女や五人囃子、調度品などへのなじみも薄れてきているようです。うたを通して、昔の文化や風習について子どもたちと話してみましょう。

⑦《もみじ》（高野辰之 作詞、岡野貞一 作曲）

「赤や黄色の　色様々に　水の上にも　おるにしき（61％）」

　　「おるにしき」は「織る錦」と書きます。錦とは、さまざまな色の糸で模様を織り出した高級な織物の総称です。さまざまな色の葉が水の上に浮かぶ様子を、美しい織物に例えています。

　　《もみじ》は、1番では山をいろどるもみじの様子が、2番では川を流れるもみじの様子が歌われており、視点が上から下に移動しています。上を向いても下を向いても、色とりどりの紅葉が広がる様子を思い浮かべながら歌うようにしましょう。

⑧《ちいさいあきみつけた》（サトウハチロー 作詞、中田喜直 作曲）

「呼んでる口笛　もず（50％）の声」「昔の昔の　かざみ（53％）の鳥の　ぼやけたとさかに　はぜのは（52％）ひとつ　はぜのは赤くて　いりひいろ（57％）」

　　《ちいさいあきみつけた》は、子ども向けのうたとしては珍しい短調の曲です。歌詞にストーリー性はなく、秋を連想させる言葉が並べられています。

　　1番の歌詞に出てくる「もず」は、全長20cmほどの、スズメより少し大きい茶褐色の鳥です。秋になると「キチキチキチ」と高鳴きしてなわばりを確保します。「もずの高鳴き七十五日」ということわざがあり、もずの鳴き声が聞こえてくるようになってから75日後に霜が降りるといわれています。1番の歌詞にはこのほかに「目隠し鬼さん 手の鳴る方へ すましたお耳に かすかに染みた」という描写もあり、聴覚からの秋の気配が歌われています。

　　3番の歌詞に出る「かざみの鳥」とは風見鶏のことです。ニワトリをかたどった風向計で、教会など

の上によく取りつけてあります。「はぜのは」とは櫨の木の葉っぱのことで、秋に真っ赤に色づきます。また、「いりひいろ」は入日色と書き、夕日の色のことです。つまり、3番の歌詞では赤い色の物が並べられており、視覚的な秋の気配が歌われています。

⑨《おしょうがつ》（東くめ 作詞、滝廉太郎 作曲）
「お正月には鞠ついて　おいばね（51％）ついて遊びましょう」
　「おいばね」とは、羽根つきのことです。木製の羽子板を用いて、羽根を打ち合います。江戸時代から、羽根つきは女の子の代表的な正月遊びでした。《おしょうがつ》では、1番の歌詞に男の子の遊びであった凧揚げとコマ回しが、2番の歌詞に女の子の遊びであった鞠つきと羽根つきが出てきます。保育現場では1番だけでなく2番も歌い、昔からのさまざまな遊びについて紹介しましょう。

⑩《たきび》（巽聖歌作詞、渡辺茂 作曲）
「かきね（50％）のかきねの　まがりかど　たき火だ　たき火だ　落ち葉焚き」
　「かきね」は垣根と書きます。垣根とは竹や植木などで作る、家の敷地の囲いです。作詞者の巽聖歌が一時期住んでいた東京中野区に、「『たきび』のうた発祥の地」として、竹で作られた垣根が現在も保存されています。垣根の続く道沿いを歩いていたら、その曲がり角で落ち葉を集めて焚火をしているところに出会った、という場面が歌われています。北風が吹き、しもやけができるような寒さのなかで暖かい焚火と出会った時の嬉しさを想像しながら歌いましょう。

2.　間違えやすい歌詞
　次に、調査において対象者の半数以上が「歌詞を誤解して覚えていた」と回答した言葉が用いられているうたを紹介します。該当の言葉には先ほどと同様に下線を引き、選択した対象者の割合を示してあります。

①《ゆき》（文部省唱歌）
「雪やこんこ（69％）あられやこんこ　降っては降ってはずんずん積もる」
　《ゆき》の冒頭は、よく「雪やこんこん あられやこんこん」と間違って歌われますが、正しくは「こんこ」です。雪や雨の降る様を「こんこん」という擬音語で表現することもあるため、このように誤解しやすいようです。「こんこ」の語源は諸説ありますが、一説には「来よ来よ」が訛ったものだといわれています。

②《汽車ポッポ》（富原薫 作詞、草川信 作曲）
「汽車汽車　ポッポポッポ（50％）シュッポシュッポ　シュッポッポ」
　「汽車汽車 シュッポシュッポ」と歌いたくなる人が多いようですが、正しくは「汽車汽車 ポッポポッポ」です。煙突やシリンダーから出る排気音がさまざまな擬音語で表現されている面白さを感じながら歌ってみましょう。

③《どんぐりころころ》（青木存義 作詞、梁田貞 作曲）
「どんぐりころころ　どんぶりこ（50％）」
　《どんぐりころころ》の冒頭は、「どんぐりころころ どんぐりこ」と誤って歌いがちですが、正しくは「どんぶりこ」です。これはどんぐりが水中に落ちる音を、擬音語として表しています。歌う際には、

落ちる様子を思い浮かべながら楽しそうにはっきり発音しましょう。

④《南の島のハメハメハ大王》（伊藤アキラ 作詞、森田公一 作曲）
「南の島の大王は　その名も偉大な<u>ハメハメハ</u>（50％）」

　ハワイ王国を建国したカメハメハ大王を想像して「その名も偉大なカメハメハ」と歌ってしまう人が多いようですが、《南の島のハメハメハ大王》に出てくるハメハメハ大王はカメハメハ大王の友だちという設定で書かれています。架空のユニークな王様とその家族たちを思い浮かべながら、楽しく歌いましょう。

3．歌詞を適切に伝えるためには

　以上のように、子どものうたには、現代ではなじみのない言葉や、間違えやすい言葉が出てくることがあります。これらの言葉が使用された歌詞を子どもたちにわかりやすく伝えるには、どうすればよいでしょうか？以下に4つの方法を提案します。

1）歌詞を漢字仮名まじり文で書き出す

　第5章「楽譜から読み取る音楽表現について」の62ページでも言及されていますが、幼児音楽の楽譜に掲載されている歌詞は、その多くがすべてひらがなで表記されています。しかし、ひらがなのみの表記では語の意味や文の意味をとらえるのが難しく、内容を理解しないまま歌う原因になります。そのため、歌詞は必ず漢字仮名まじり文として書き出して意味を確認しましょう。

　ちなみに教育芸術社、教育出版による小学校音楽の教科書には、すべてではないものの、ほとんどの歌唱教材に縦書き歌詞が併記されています。漢字については各学年の学習進度にあわせた表記となっており、難しい言葉には注釈をつけるなどの工夫がなされています。例えば、教育出版による1年生の音楽教科書『おんがくのおくりもの1』の76ページでは、《たなばたさま》の歌詞に出てくる「すなご」について「きんぱくや ぎんぱくの こな」と注釈がつけてあります。また、教育芸術社による6年生の音楽教科書『小学生の音楽6』の25ページでも、《われは海の子》における「とまや」や「しお」「湯あみ」「千里」などの難解な言葉すべてに、わかりやすい説明がつけられています。そのほか、教育芸術社の指導書（伴奏編）には原詩（一部除く）の縦書き歌詞が記載されています。

2）保育者自身の語彙力を豊かにする

　歌詞の内容をわかりやすく子どもたちに伝えるためには、歌詞に出てくる言葉の意味を知っていることはもちろん、それを子どもたちが理解しやすい言葉を使って説明できなくてはなりません。そのためには豊かな語彙力が必要です。豊かな語彙力を身につけるために、わからない言葉や具体的なイメージのわかない言葉に出会った際には、すぐにスマートフォンなどで調べる習慣をつけましょう。また、小説やエッセイ、児童文学など、さまざまな種類の本に親しみ、多くの言葉に出会うように努めましょう。

3）視覚教材を用いる

　歌詞内容のイメージを子どもに伝えるには、ペープサートやパネルシアター、絵本などの視覚教材の導入が適しています。とくに《あめふり》などストーリー性のある歌詞では、視覚教材を用いることによって子どもたちが歌詞の世界観を無理なく想像することができます。また、自然物については、図鑑の写真を見せたり、実物を用意したりして、子どもたちに紹介してもよいでしょう。

　ひらがなを読めるようになる 4 〜 5 歳ごろからは、歌詞の掲示も効果的です。その際、ただ歌詞を文字で示すだけでなく、イラストなどを添えて理解を助けるようにしましょう。

　視覚教材は子どもにとってわかりやすいだけではなく、制作の過程で自分の理解不足や勘違いに気づく助けにもなります。積極的に活用しましょう。

4) 歌詞の内容をふまえた歌い方をする

　保育者自身の歌い方も、重要です。子音と母音を意識し、聴き間違いが起こらないようにはっきり発音しましょう。また、歌詞の内容に応じて声量や声色に変化をつけたり、顔の表情や動きを豊かにしたりして、子どもが想像しやすいように表現しましょう。

　歌詞は単なる文字の羅列ではなく、さまざまな情景や作詞者の思いが込められています。なんとなく発音するのではなく、1 つひとつの言葉があらわすものや表現されているものを思い浮かべながら歌うようにしましょう。

第4節　わらべうた

1. 幼児教育におけるわらべうた

はじめに、『幼稚園教育要領』における、わらべうたに関連する内容について述べます。平成29年3月告示の『幼稚園教育要領』身近な環境との関わりに関する領域「環境」〔内容の取扱い〕(4) では、以下の記述があります。ここでは、自国の文化も、他国の文化も大切にされています。

> (4) 文化や伝統に親しむ際には、正月や節句など我が国の伝統的な行事、国歌、唱歌、わらべうたや我が国の伝統的な遊びに親しんだり、異なる文化に触れる活動に親しんだりすることを通して、社会とのつながりの意識や国際理解の意識の芽生えなどが養われるようにすること。

次に、『幼稚園教育要領』感性と表現に関する領域「表現」〔内容〕(4)(6) について述べます。ここでは、以下の記述があります。直接わらべうたについて明記されていないものの、わらべうたの特徴を考えると、強く関連性があります。

> (4) 感じたこと、考えたことなどを音や動きなどで表現したり、自由にかいたり、つくったりなどする。
> (6) 音楽に親しみ、歌を歌ったり、簡単なリズム楽器を使ったりなどする楽しさを味わう。

2. わらべうたとは

1) わらべうたの分類

わらべうたの種類は多く、分類には、柳田国男や北原白秋のものなどがあります。ここでは、遊びに着目して分類を行った、小泉文夫 (1986) の分類[1] について示します。順序は、"単純で部分的なもの" から "複雑で構成的なもの" の順に進んでいます。

> 0：となえうた　　1：絵かきうた　　2：おはじき・石けり　　3：お手玉・羽子つき
> 4：まりつき　　5：なわとび　　6：じゃんけん　　7：お手合わせ　　8：からだ遊び
> 9：鬼遊び

2) 旋律の分析

わらべうたの旋律についても、その構造を分析することで、さまざまな気づきが得られます。ここでは、わらべうたが所収された『0〜5歳児の楽しくふれあう！わらべうたあそび120』[2] (以下テキスト1) 及び『にほんのわらべうた④楽譜とCD』[3] (以下テキスト2) を対象として、①音域、②最高音を分析します。テキスト1には120曲、テキスト2には118曲のわらべうたが所収されています。リズム譜のみの曲が、テキスト1では28曲 (23.33％)、テキスト2では22曲 (18.64％) あり、今回の分析の対象外とします。リズム譜と5線譜で表された曲は、テキスト1では14曲 (11.67％)、テキスト2では13曲 (11.02％) でした。曲の一部分だけにリズム譜が含まれる曲は、分析対象とします。

テキスト1の分析対象曲92曲、テキスト2の分析対象曲96曲の音域について、図4－1に示します。

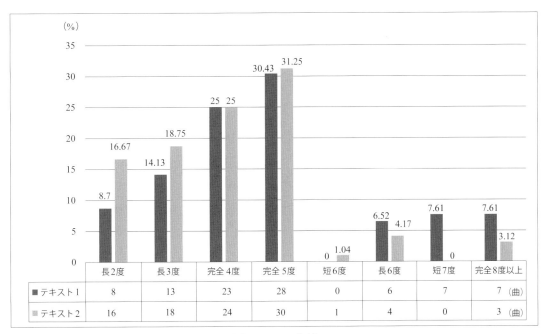

図４－１　音域

　２つのテキストともに、完全５度よりも狭い音域の曲が圧倒的に多くなっています。完全５度以内の曲は、テキスト１では72曲（78.26％）、テキスト２では88曲（91.67％）です。１オクターブ以上の曲には「子守うた」が多く含まれています。「子守うた」は大人が子どもに歌って聞かせるものです。子どもが歌うものではありません。この意味で、前述の小泉の「わらべうたの分類」には含まれていないのでしょう。

　曲の音域は、子どもの声域との関係で考察することが重要です。吉富（2022）[4] は、本書で多くの声域研究を総括して、半数以上の幼児が歌える「歌唱可能声域」を、おおむね４歳男児ではG#3からG#4、４歳女児ではA3からB4、５歳男児ではA3からA4、５歳女児ではA#3からC5あたりであると示しています。このように発達途次にある幼児の歌声は個人差が大きく、その声域もかなり狭小です。わらべうたの音域は、こうした幼児の声域の特質に非常に適合したものと考えます。

　次に、テキスト１とテキスト２の分析対象曲の最高音について、図４－２に示します。

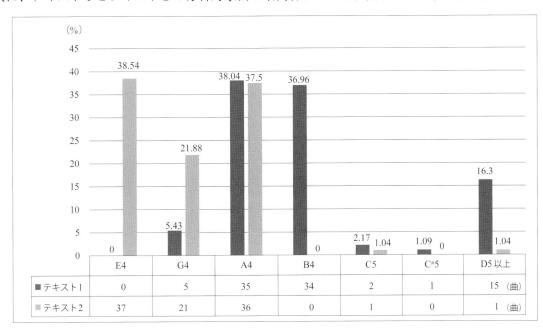

図４－２　最高音

最高音が A4 以下の曲がテキスト 1 では 40 曲（43.48％）、テキスト 2 では 94 曲（97.92％）でした。C5 以上の曲がテキスト 1 では 18 曲（19.57％）、テキスト 2 では 2 曲（2.08％）で少ない状況でした。D5 以上のなかには、子守うたが含まれています。わらべうたの場合には、最高音が低い曲が多く、より歌いやすい曲が多いといえます。このように、音域の視点からも最高音の視点からもわらべうたの特質は、幼児の歌声の特質に非常によく適合しています。

吉富（2022）[5]は、本書で幼児用の曲集の 20 冊のべ 886 曲と小学校第 1 学年の歌唱教材 4 冊のべ 114 曲の最高音を比較し、幼児用の曲集には、小学校第 1 学年の曲よりも最高音の高い曲が多いことを明らかにしています。幼児用の曲集であっても、音域の広い曲、最高音の高い曲が少なからず含まれているのが実情です。本書ではこれらの点に配慮しており、幼児の声の実態により適した曲が選ばれています[6]。

3）筆者の大学におけるわらべうたに関する実践

ここでは、保育者・教員養成学科に在籍する 3 年生の作品を紹介します。

⑴ 創作絵かきうた

まず、《たまねぎとくり》について述べます。この曲は、①たまねぎの輪郭を描く場面、②たまねぎを切る場面、③涙がでてくる場面、④驚いたことに、最後にくりができる場面、の 4 つの場面で構成されています。子どもたちにとって、玉ねぎは身近な野菜です。玉ねぎを切るところを見たり、聞いたり、自ら切ったことがある子どもは、その経験を思い出しながら歌うことがあるでしょう。完全 4 度の音域で構成されています。「大きなたまねぎありました。切ったら涙がでてきたよ」は、G4 と A4 の長 2 度の音程を中心として進みます。最後にくりができあがるところで E4 から A4 への完全 4 度の上行の音程が現れ、野菜の玉ねぎから、果物のくりができあがる様子が、驚きを伴って表されています。

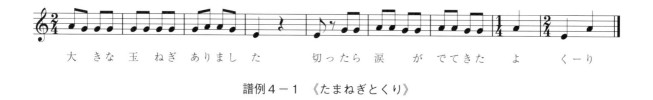

大 きな 玉 ねぎ ありまし た　　切ったら 涙　が でてきた よ　　く ー り

譜例 4 － 1 《たまねぎとくり》

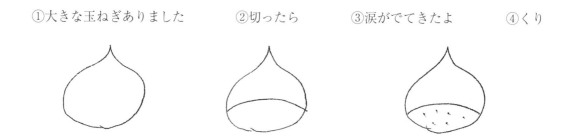

①大きな玉ねぎありました　②切ったら　③涙がでてきたよ　④くり

音域は完全 4 度であり、歌いやすさに配慮されています。友だちと並んでかいて楽しむことも考えられます。

（2）　創作わらべうた

　まず、《もみじ》について述べます。この曲は、秋の季節に関連しています。子どもたちと、秋の落ち葉を探す散歩の時に歌える歌をイメージして創られました。「こんな音がしたね。」などと友だち同士で発見したことを確かめるような曲が楽しいと考えて創られました。「ヒラヒラ」という擬態語から始まっているところや、「音がする」が２回同じ音高とリズムで現れるところにも特徴があります。音域はE4からA4の完全４度の音域になっています。

譜例４－２　《もみじ》

　次に、《かくれんぼ》について述べます。この曲は、遊びに関連しています。冒頭の４小節は、鬼と隠れる子との交互唱です。それ以下は、鬼の視点から隠れている人を探すところをイメージして創られました。室内でかくれんぼをする際に、曲を歌いながら遊んでも楽しいのではないかと考えます。「タッタッタッ」という音は、鬼がいろいろなところを移動して探している様子を表しており、最後から第２小節は休符で始まることで本当に見つけたかのような表現になるように工夫されています。今回は鬼の視点から創られていますが、隠れる側の、見つかるか見つからないかという、ドキドキ感を感じられるような歌を作っても面白いのではないかと考えます。音域はG4からB4の長３度の音域になっています。

譜例４－３　《かくれんぼ》

　次に、わらべうた《おいもの天ぷら》について述べます。このわらべうたは、0～1歳くらいの子どもが、大人の膝に座って遊べるふれあい遊びとして創られました。トントンやポンポンといった音に合わせて、子どもの手をくすぐったりしながら遊び、親子で楽しめます。休符が効果的に含まれています。歌詞は

天ぷらを作る料理の手順が歌になれば覚えやすいのではないかと考えた、創作過程でのエピソードの結果です。この作品は最初に、乳児期の子どもと、大人の家庭でのふれあいが重視され、リズム譜がイメージされていました。例えば子どもの左腕に、大人の人差し指と中指をそろえて、「トントン」と当てて、身体表現を交えながら子どもに歌って聴かせます。音域はD4からA4の完全5度の音域になっています。

おいもを　まあ　るく　トン　トン　トン　　こむぎこ　まぶして　ポン　ポン　ポン

あぶらが　は　ねて　アッ　チッ　チッ　　おいもの　てんぷら　できあが　り

譜例４－４　《おいもの天ぷら》

　これら３つの作品に共通していることは、いずれも子どもの生活や遊び、子どもたちと一緒に楽しむ場面や子どもが楽しむことを具体的にイメージしながら創られていることです。また、わらべうた遊びの楽しさや面白さに着目していることも、共通しています。子どもの声域にも配慮されています。そして、わらべうたを考えていく際には、大人と子どものふれあいや、発達段階をふまえた子どもの音や音楽との関わりについても、考えを深めていく必要があります。

　自分自身がこれまでに親しんできたわらべうたには、どのようなものがあったでしょうか。それぞれのわらべうたには、どのような楽しさや特徴があったでしょうか。子どもたちに伝えていきたいわらべうたは何でしょうか。考えてみましょう。そして改めて、子どもの遊び、生活、歌詞や音楽の諸要素の面などとの関連から、わらべうたをとらえ直してみましょう。さらに、新しく知ったわらべうたについても、教材研究を深め、遊びを新たに創り出していく視点も大切にしましょう。これらは、子どもたちと一緒に、わらべうたを味わい、楽しんでいく際にも、重要となるものです。

引用・参考文献
1）小泉文夫（1986）『子どもの遊びとうた　わらべうたは生きている』草思社、p.91。
2）阿部直美（2015）『0 ～ 5 歳児の楽しくふれあう！わらべうたあそび120』ナツメ社。
3）近藤信子（2017）『にほんのわらべうた④楽譜と CD』福音館書店。
4）吉富功修（2022）、第 1 章　幼児の歌唱の実態と指導への提言『改訂 5 版　幼児の音楽教育法　美しい歌声をめざして』（吉富功修・三村真弓編著）、ふくろう出版、p.4。
5）同前書、p.11。
6）水﨑誠（2019）　吉富功修・三村真弓編著『改訂 4 版　幼児の音楽教育法　美しい歌声を目指して』ふくろう出版、第 2 章　子どもと歌う、p.16。

謝辞
協力してくださったゼミナール受講者の皆様に、心より感謝いたします。

第5節　子どもとその日初めての出会いを無伴奏歌唱でデザインしよう

　我が国における幼児教育の多くの現場には、ピアノや電子ピアノなど鍵盤楽器が備わっています。教室あるいは保育室に1台ずつ置かれている園もあり、子どもが歌唱活動を行う際には保育者が鍵盤楽器で伴奏をしながら歌唱する、いわゆる弾き歌いをすることが求められています。アップライトピアノは教室の壁に沿って配置されているために、保育者は子どもに背を向けてピアノを弾かざるを得ない環境です。電子ピアノを用いると子どもと対面することはできますが、よほどピアノに熟達した保育者でなければ、楽譜や鍵盤に釘付けとなり、クラス全体の様子を見たり、子ども1人ひとりの歌声を聴き分けたりすることは非常に難しいといえます。それでは、保育者はピアノを弾かなければ子どもの表現力や豊かな感性を育むことはできないのでしょうか。保育者がピアノ伴奏をすることで、保育の活動の幅が広がることは確かですが、無伴奏の歌唱だけでも子どもにとって魅力的な音楽活動を進めることができます。

1. 保育者が無伴奏で歌唱することの利点と留意点

　子どもと音楽活動をする際に無伴奏で歌唱することの最大の利点は、その日初めて子どもと会ったとしても、その子どもたちの注目を一気に集めることができることです。鍵盤楽器を用いないために、子どもと正面で向き合い、1人ひとりの表情を確認しながら歌唱することができます。子どもは保育者の表現豊かな歌声を聴くことで、これから何が始まるのだろうという期待感で溢れ、その日1日が充実したものになるでしょう。また、ピアノの伴奏の音が無い分、保育者は子どもの歌声に耳を傾けることに集中することができます。クラス全員での一斉の歌唱では、1人ひとりの声を聴き分けることは難しいですが、活動の方法を工夫することによって、音高はずれや嗄声（させい）の子どもに気づくことにつながります。

　保育者が無伴奏で歌唱する際には、自身の歌声に留意する必要があります。保育者養成校で学生の模擬保育を見ていると、わらべうたや手遊びをする場面で話し声のまま地声で歌ってしまう光景を見かけます。話し声のままでの歌唱は、たいていの場合音高が低くなり、子どもが保育者の歌声の音高に合わせて歌うことが非常に困難となります。歌唱する際には「話し声」ではなく「歌声」で歌うことを子どもに伝えるためにも、保育者自身がそのことを身につけておくことが必要です。

2. 無伴奏の歌唱による活動の例

⑴　簡単な「おへんじあそび」を例に

　本書 pp.96-97 に掲載されている「ふしづくり教育」を活用した歌唱活動を紹介します。「おへんじあそび」では、保育者が「みーなさん」と A4・G4・A4（ラソラ）の音高で歌って呼びかけ、子どもたちも「はーい」と A4・G4・A4（ラソラ）の音高で歌って返事をします。その後、「男の子」や「女の子」、「班の名前」などグループごとに呼びかけ、該当するグループの子どもたちが歌って返事をするように進めます。ここで大事なことは、保育者の呼びかけの音高・音程に対して、グループの子どもが同じ音高・音程の声で返事ができているかどうかを、保育者がしっかりと聴き取ることです。音が高すぎて子どもが歌いにくそうにしているときには、完全4度下で E4・D4・E4（ミレミ）で呼びかける方法も効果的です。子どもが歌いながら返事をすることに慣れてきたら、朝の会などお集まりの場面で、子ども1人ひとり名前を歌って呼びかけることで出席を確認する方法も考えられます。子どもの近くで微笑みながら歌うことで、子ども1人ひとりとのコミュニケーションを図ることができます。また、子どもが頭声

的発声で歌うことができているか1人ずつ把握することができます。「鳴きまね遊び」では、保育者が動物や虫の名前を歌い、子どもがその鳴き声をまねして歌います。動物の絵をボードに貼り、指示棒で絵を挿しながら歌唱することで、動物のイメージと鳴き声との結びつきを学んでいきます。最初は保育者がお題を出し、子ども全員で鳴き声を応答するように進め、慣れてきたら子どもが順番にお題を出せるように工夫してみましょう。子どもはお題を出す順番や、歌う順番が回ってくることによって集中力が増し、さらに順番を守ることによって社会的規範を自然に体得します。

⑵ 《メリーさんのひつじ》を例に

　本書p.164に掲載されている《メリーさんのひつじ》を活用した無伴奏の歌唱活動の例を紹介します。この歌は、最低音がC4で、最高音がG4と音域が非常に狭く、また、音程は長3度や短2度が出現するものの、主に長2度の音程で構成されています。4分の2拍子で曲の長さは8小節と短く、子どもにとって易しくすぐに覚えやすい歌といえます。

　まず、保育者が子どもに歌って聴かせます。一緒に口ずさむ子どももいるかもしれません。子どもの年齢にもよりますが、子どもの声域に合うように、歌い出しの音高はC♯4〜E4の範囲で始めることを意識しましょう。保育者がひととおり歌い終わった後に、保育者の歌声に合わせて子どもにも一緒に歌うように声をかけます。次に、子どもをAとBの2つのグループに分けます。1番・3番の歌詞をAグループが歌い、2番と4番の歌詞をBグループが歌います。また別の機会ではグループを入れ替えて歌うこともできるでしょう。5番は保育者が歌い、6番はクラス全員で歌います。本書p.13のコラムでは《メリーさんのひつじ》の7番〜9番の訳詞が新たに提案されています。これまではメリーさんが泣きだすという残念な結末でしたが、新たな提案では英語の原詩に忠実な心温まる歌詞が付け加えられています。7番以降の歌詞では、メリーさんとひつじの心情を考えクラスで共有することで思いやりの心を育むことが期待されます。

第6節　手作り楽器

　ここでは手作り楽器について考えてみたいと思います。

　手作り楽器は、牛乳パックやペットボトルといった生活素材や身近なモノを用いて作られる楽器です。しかし、ひとくちに手作り楽器といっても、その種類はさまざまです。輪ゴムのギターの弦を弾くことで音を出して共鳴させる弦鳴楽器、叩いて音を出す太鼓などの膜鳴楽器、ギロやカバサのように擦って音を出す楽器、マラカスやシェーカーのように振って鳴らす楽器と多岐にわたります。こうした身の回りのモノを使って作られる手作り楽器は、①子どもの発達段階によってその形を変化させることができ、②子ども自身が構想し、素材を選択し、試行錯誤して作り込むことでその手作り楽器に対する愛着や興味を高め、かつ③楽器演奏を容易に行うことができるといった大きな利点があるといえるでしょう。ひいては、④子どもの音楽への興味・関心を引き出すひとつの契機にもなります。このようなことから、子どもにとって手作り楽器が最適な教材になり得る可能性が指摘されます。

1）保育における手作り楽器の意義

　さて、手作り楽器の意義は、楽器を作ること、音を探求すること、曲を演奏することなどさまざまに考えられます。そうした多様な意義をもって行われる遊びですが、そもそも保育において手作り楽器を扱うその意義とは何なのか、考えてみたいと思います。そのために、日本における手作り楽器の始まりと、今日における手作り楽器と保育との関連を概観していきたいと思います。

　手作り楽器が日本の教育現場に取り入れられたのは、サティス・N・コールマン（Satis N. Coleman 1878-1961）の「創造的音楽　Creative Music」という思想に基づいた、大正期の奈良女子高等師範学校附属小学校での神戸伊三郎による実践が初めとされています。コールマンは、子どもには自由な表現の機会が与えられるべきで、音楽への愛好心が挫かれることなく、創造的に音楽を学べば独創的・想像的に活動でき、感受性が豊かになり、社会性を養うことができるという考えをもっていました。そして、既成の楽曲を正確に再現することを目的とした従来の音楽教育を批判し、子ども自身による作曲や手作り楽器の製作、演奏と踊りを中心とした子どもの内発性に基づいた音楽教育を試みました。同時に、コールマンの楽器づくりでは、身近にあるモノが使われ、かつ単純であることが重要視されました。単純であるために子どもが自ら楽器を作り奏でることができ、その過程のなかでその素材や音を探求し、楽器の発達の諸段階を自力で発見するようにすることで、子どもに見合った学習によって子どもを音楽の自然な進化に導くことができ、それは体験を通した基礎からの音楽理解になると考えたのです。とくに、楽器とうたを終始一貫して相関させることによって、子どもの音楽的発達（耳の鋭敏さ、聴くという習慣、音高・音程の感覚）に繋がり、論理的な思考が培われるとしています。そして、1人ではなくグループで演奏することは、公共心の発達に効力があり、協調性や社会性が養われることも見いだされています。

　こうした始まりを踏まえて、現在の保育所保育指針、幼稚園教育要領、幼保連携型認定こども園教育・保育要領を考えてみたいと思います。これらはともに、「環境を通して行う」ことを保育の基本としています。また、豊かな体験を通じて気づいたり感じたりすることができるようになることで「知識・技能の基礎」を、そうした気づきや感覚から考え、試すこと・工夫すること・表現することで「思考力・判断力・表現力等の基礎」を、そのなかで心情や意欲を養い「学びに向かう力や人間性等」を育むことを教育の柱として掲げています。音楽でいえば、とくに音楽にかかわる活動を楽しみ、音楽を表現する楽しさを味わうことを大切にしています。そして、「音楽、身体による表現、造形等に親しむことを通

じて、豊かな感性と表現力の芽生えを養う」といったことが目標にされ、「生活の中で様々な音、形、手触り、動きなどに気付いたり、感じたりするなどして楽しむ」とも述べられています。つまり、音楽を好きであるという心を大切にして、音楽の基礎的能力の土台を養い、人間性を高めることをめざしています。このように概観すると、コールマンの思想とかなり近いことがわかります。このようなことから、保育における手作り楽器の意義は以下の①～⑤にあると考えます。

①創造力・思考力を養う。
②音感受を高める。
③音探求を行うなかで想像力を開発する。
④音の出る原理や楽器の構造、扱い、音楽の楽しみを知る。
⑤他者と演奏することで、協調性や社会性を養う。

2) 手作り楽器を用いた楽器の種類とその活動

前述したように、手作りの楽器の種類はさまざまです。手作り楽器にはどのようなものがあり、どのような活動があるのでしょうか。まず、その種類について見ていきましょう。手作り楽器は大きく次の5種類に分類することができます。

(1) 叩いて音の出る楽器

太鼓、ウッドブロック、およびクラベスなどの楽器があります。音楽に合わせて叩くことで、リズム感を発達させる一手段となります。写真4－7は、太鼓とマレットです。太鼓の胴部分にはスチール製の空き缶を使い、蓋が開いている面に風船を被せて、太鼓の皮の部分を作ります。空き缶の側面はビニールテープを巻いて、装飾しています。マレットには太めのストローの先にビー玉を付けて、取れないように布を被せて紐で固定します。太鼓の胴部分にペットボトルを使ったり、太鼓の皮部分にプラスチック障子紙を用いたり、割りばしにウッドビーズをはめ込んでバチを作ったりすることで、太鼓の素材とマレットの素材の組み合わせを考え、子どもが音色の探求を行うことができます。

写真4－7　太鼓とマレット

(2) 擦って音の出る楽器

ギロやカバサなどの楽器があります。素材に溝を掘ったり、もともとあった素材の凹凸を活用することで、音色を工夫することができます。この楽器は、カエルの声やドアの開く音などに見立てることが可能で、ごっこ遊びなどでも用いることができます。写真4－8は紙コップ・クィーカです。クィーカはブラジル発祥の民族楽器で、太鼓の片面の皮の中央に垂直につけられた細い棒を湿った布で擦り合わせると独特な音を鳴らします。写真4－8の紙コップ・クィーカは、紙コップの底の中央に穴を開け、たこ糸を差し込み、たこ糸の先に色画用紙を付けてニワ

写真4－8　紙コップ・クィーカ

トリのトサカに似せています。たこ糸は竹ひごを用いてもよいです。濡れタオルやウエットティッシュなどで紙コップから出ているたこ糸を擦ると音が鳴ります。また、紙コップの底面を抑えて擦ると音が高くなり、離すと音が低くなります。このように、演奏の仕方によって音高が生まれ、リズム演奏をよ

り楽しむことができます。

(3)　振って音の出る楽器

　マラカスやシェーカーなどの楽器があります。中に入れる素材と入れ物に用いる素材を考えることで音の探求を行うことができます。写真4－9の右側はペットボトルにビー玉を入れたマラカス、左側はペットボトルに小石を入れて作ったマラカスです。音が鳴る原理が平易であることから、3歳児でも自分で中に入れる素材を工夫し、作ることができます。写真4－10のオーシャンドラムは、波が砂浜に打ち寄せる音を表現する擬音楽器です。オーシャンドラムは両面に皮が張られ、中には鉄粒が入れられています。大きさはタンブリン程度です。写真4－10は皮部分にクリアファイルを表裏ともに使用し、中には小さなビーズを入れて製作しています。このように、素材を工夫することで音を探求することができます。

写真4－9　マラカス　　写真4－10　オーシャンドラム

(4)　吹いて音の出る楽器

　ビンを鳴らす楽器や笛などの楽器があります。ビンの口をフルートのように吹き、音を鳴らすことができます。子どもには少し難しい奏法ですが、それだけに音が鳴った時の喜びは大きいでしょう。さらに、ビンの中に水を入れることで比較的容易に発音することができます。ビンの中に入れる水の量によって音高の変化を感じることができ、こうした音の特徴の変化を捉えて、子どもの音感受を高めることができます。また、子どもには難易度が高くなりますが、アルミ缶を利用して、写真4－11のように缶のプルタブを取り、テープでストローを貼りつけて吹くと笛を作ることができます。同じ笛でも素材を変えて、写真4－12のようにカメラのフィルムケースで製作すると、写真4－11の笛よりも鳴らし易い楽器になります。強く息を吹き込むと音が鳴りませんが、優しく吹くと音が鳴ります。さらに、フィルムケースに穴をあけることで音高を変化させることができます。

写真4－11　アルミ缶　　写真4－12　カメラのフィルムケース

(5)　弾いて音の出る楽器

　ギター、マンドリン、および三味線などの楽器などがあります。

　写真4－13は、固めの紙コップ、長さ45cmの角材、2cmの木材を半分に割った三角形の木材、ヒートン、10号の釣り糸、押しピンを使用して作った一本三味線です。紙コップの底に三角形の木材を貼りつけ、紙コップの側面に角材を通しています。そして、紙コップと角材が接しているところはテープを貼り、固定しています。紙コップ側の角材の先には押しピンを

写真4－13　一本三味線

刺し、もう一方の角材の先にはヒートンをねじ込み、釣り糸が取れてしまわないように押しピンに取り付け、釣り糸をヒートンに巻き付けながら弦のように張ります。この時の張り具合によって音高が変わり、さらに、釣り糸を指で押さえながら弾くことで音階を作ることが可能です。それによって、音高・

音程の感覚を育むことができます。また、音を響かせるために紙コップを使用していますが、共鳴させる素材を工夫することで音のもつ響きを聴き取る力を養うことができます。

　上に紹介したような⑴〜⑸の手作り楽器を作ることによってそれぞれ音探求を行ったり、音感受を高めたりすることができます。そしてさらに、それらを組み合わせて、グループでの遊びに広げていくことで、他の子どもとたくさん接することができ、そのなかで社会性、表現力、および創造力を養うことのできるような活動を生み出すことができます。

　例えば、手作り楽器の製作のまえに海岸での遊びがあったとしましょう。波の音を子どもたちが身近に感じる環境があったとします。それをきっかけとして、波の音を連想させる手作り楽器を作ります。そのような楽器としては、手作りオーシャンドラムや空き缶に水を入れた楽器などがあります。そのほかの楽器を作ってみても面白いです。そうして作った楽器を《うみ》のうたと一緒に使用することで1つの曲のなかでたくさんの子どもと音楽を作りあげることができ、手作り楽器製作で養われる力に加えて、表現力、創造力、社会性を養っていきたいと思います。

　ここでは、オーシャンドラムとマラカスの2種類の楽器があったとして考えます。《うみ》の曲の初めから、1小節ごとにオーシャンドラムを海の波のように鳴らし、マラカスもリズムをとりながら一緒に鳴らして、合奏をします。リズムを即興的に考えて演奏するのもよいし、オーシャンドラムの鳴らし方を変えて演奏すると拍子の捉え方が変わるでしょう。3拍子を感じながらうたを歌い、それに合わせてそれぞれに即興のリズムを入れて合奏を行うことで、互いの呼吸を感じながら、海のイメージをもちつつ音楽を創作していきたいと思います。これは、日々歌っているその曲の内容や生活経験によって楽器を考え、うたと組み合わせて使うことができ、他の曲でも汎用的に活用していくことのできる活動と考えます。

　このように、楽器作りでは、楽器を作る過程のなかで音探求をはじめ音感受、思考力、想像性を豊かにし、作った楽器を使って演奏することで音楽の基礎的能力を習得でき、音楽を他者と創造することで協調性・社会性を養い、幼児教育には欠かせない人間性の育成をめざすことができます。

主要参考文献
・石井玲子編著（2020）『実践しながら学ぶ子どもの音楽表現』保育出版社。
・小島律子、関西音楽教育実践学研究会（2013）『楽器づくりによる想像力の教育－理論と実践－』黎明書房。
・サティス・N・コールマン／丸林実千子訳（2004）『子どもと音楽創造』開成出版。
・平井健二（1981）「1920・30年代の音楽教育の動向に関する一考察－奈良女子高等師範学校附属小学校を中心に－」『音楽教育学』第11号、pp.31-32。

第5章　楽譜から読み取る音楽表現について－どのように伴奏するのか・どのように歌唱するのか－

　音楽を伝えるための手段、それが楽譜です。ふだんなにげなく見ている楽譜には作曲者のいろいろな示唆が含まれています。それは、演奏する人に「このように、こんな感じで歌って（演奏して）ほしい」という作曲者の思いを伝えているのです。

　私たちは、楽譜に何が書かれているかを読み取り、どのような表現につなげていくかを考える必要があります。この章では、「"カン（勘・感）"がすべてだ」と思われがちな音楽表現に、知識さえ知っていれば誰にでも素敵な表現ができるようなヒントを与える、「作曲家が楽譜に書いた配慮」について解説し、作曲家が求めている表現とは何か、どのように表現したらピッタリなのかを探っていきたいと思います。

　そしてそれは、どのように伴奏したり歌唱したりすることがふさわしいかを知り、学ぶことにつながっていくのです。

1.《いぬのおまわりさん》に隠された音楽的な演奏のヒント

1）音が2つあったら、必ず「前の音」が強い

　皆さんよくご存知の《いぬのおまわりさん》の前奏部です。第1拍と第3拍にスラーとスタッカートが書いてあります（譜例5－1）。

譜例5－1

　日本語でリズムを表現すると "タ〜ラッタッタッ・タ〜ラッタッタッ・タ〜ラッタッタッ・タ〜ラッタッタッ" ですね。これは "タッタッタッタッ…" を4回繰り返しているのではなく、**"タ〜ラッタッタッ…"** ですね、これに意味があります。音楽には、音が2つ並ぶと、特別の指示がない限り、「前に書いてある音のほうが強い」という暗黙の了解（音楽の約束事）があります。つまり、このスラーの書き方は「（8分音符4つがひとかたまりのうち）最初の♪にアクセントを付けて弾いて」という意味になるのです。こうすることで「ま・い・ご・の」と歌わず「**ま〜い・ご・の**」と歌えます。歌が始まって第2小節の伴奏部の第3拍（全体としては第6小節）（譜例5－2）にも、第8小節の第1拍（譜例5－3）にも同じ表記がありますが、伴奏で歌詞または曲のもっているイメージを表現してほしいと作曲者は考えていますので気を付ける必要があります。

譜例5－2　　　　　　　　　　　　　　　　　　譜例5－3

2）この曲は4拍子なのに…？

　不思議ではないですか？この曲は4拍子なのに、8分音符4つがひとかたまりの、2つのグループで書いてあります。まるで2拍子のように見えませんか。どうしてでしょう？

　もし通常の4拍子の書き方で書いてしまうと、「第3拍にあるはずの軽いアクセント」が見過ごされかねません。そこで、まるで2拍子のような表記にして、その結果第3拍にあるべきアクセントをハッキリめに演奏するように仕向けているのです。この曲は、歌詞の意味を考えて歌うととてもシリアスな歌です。でもこの「8分音符4つがひとかたまり」を大切に演奏することで、表現にコミカルさが加わり、歌詞の意味の重さから救われる感じがしますね。

3）音楽は、「長かったら短く・短かったら長く」

　第9小節のアウフタクト（＊）から第12小節の途中まで長いスラーが書いてあります（譜例5－4）。

譜例5－4

　この小節まで、短く刻む音を使って曲ができていましたが、ここに来て初めて長いスラーが出てきました。音楽的に分析すると、4つの短めの音を使って躍動的に書かれている最初の4小節（まいごの…）、次に長めの音を使って粘っこく書いてある4小節（おうち〜を…）、そして、また短めの音を使っている2小節（ニャンニャンニャンニャ〜ン…）、また長めの…（な〜いてばかりいる…）2小節、という音楽の長短の比較を使って書いていることがわかります。じつは、音楽は、“これまで長かったら次は短めに、短かったら次は長めに”という比較のバランスで書かれていることが多いのです。この曲も例外ではありません。つまりこのフレーズで大切にしたいことは、「**おうち〜をきいてもわからない・なまえ〜をきいてもわからない**」と長〜く、粘っこく歌って表現することです。

　「おうちをきいてもわからない・なまえをきいてもわからない」…、これは確かに警察沙汰です。こ

れをコミカルに表現できるようにする工夫が音符の構成によってなされているのです。「長かったら短く・短かったら長く」、大切です。

4）音の形が上を向いたら大きく、下を向いたら小さく

第13小節、第14小節を見てください。第13小節は最後の「ニャンニャ〜ン」が上向きに、第14小節の「ニャンニャ〜ン」は下向きに書かれていますね。バッハの時代から「上向きの音楽は希望や夢や神の存在を示していて、音をしだいに大きくしていき、下向きの音楽は落胆や絶望を表していて、しだいに弱く演奏するように…」といわれています。つまり、第13小節のニャンニャ〜ンは *cresc.* に、第14小節のニャンニャ〜ンは *dim.* で演奏するのです。

《いぬのおまわりさん》を例に解説しましたが、これまで説明した“音楽の暗黙の了解”はこの曲に限らず当てはまることなのです。いろいろな曲で似ている個所があれば参考にしましょう。

2．楽語の意味は、教えられたとおりでは十分ではない

世代を超えた美しい音楽には、さまざまな音楽的工夫が凝らされています。楽譜に隠された作曲家の工夫を理解して、センスのいい演奏につなげましょう。

1）「スタッカート」って、“切る？”

音楽に表情を付ける時に参考にするのが、楽譜に書いてある記号「楽語」ですね。*f* や *P*、*cresc.* や *dim.* など多くの記号が書かれています。小学校の頃からその意味を教えられて何の疑いもなく表現につなげていると思います。ここでは「スタッカート」について考えてみます。

「スタッカート」、教えられてきた意味は、“短く切る”でしたね。じつは、ハイドンやベートーヴェンの時代には丸い点だけではない5種類ほどの違った形の書かれ方があり、作曲家は違っても数種のス

おかあさん

田中ナナ　作詩
中田喜直　作曲

譜例5−5

タッカートを書き分けていた習慣があったのです。つまり「スタッカート」の意味は、"切る"だけではなさそうです。

　譜例5－5を見てください。子どもの歌に必ず登場する《おかあさん》です。この楽譜の伴奏部には、スラー（つなげて）とスタッカート（切って）という、相反する記号が同時に書かれている場所があります。この記号は「ポルタート記号」といわれるものですが、ベートーヴェンは「ポルタートの付いた音符は、特別に感情を込めて弾くことが必要である」と言ったといわれています。つまり、《おかあさん》に出てくるこの部分のスタッカートの意味するものは"切る"ではなく、**"心を込めて弾いて、歌って"**となります。

2）語尾の「スタッカート」の意味

　《おはながわらった》の楽譜の一部を見てください（譜例5－6）。2小節ごとに小さいフレーズ（「おはながわらった…」／「おはながわらった…」）ができていて、そのフレーズの最後の音にスタッカートが記されています。

譜例5－6

　音楽の暗黙の了解で、「フレーズの最後は、特別の指示がない限り、軽く」演奏します。つまり、これは明らかに"切って"を求めているのではなく、**"特別のニュアンスを付けて"**といった意味になるのです。

　では、フレーズの最後に「"特別な指示"がない曲」を紹介しましょう。《おべんとう》です。保育現場では必ずと言っていいほど使われる曲の1つです。冒頭の4小節を見てみましょう（譜例5－7）。

　楽譜どおりの音価で歌うと、フレーズのシッポを軽く歌うことが難しく感じるはずです。逆に言えば、

おべんとう

天野　蝶　作詩
一宮道子　作曲

譜例5－7

小節ごとにシッポにアクセントを付けて歌うと歌いやすいのですが、このことが、曲の躍動感や楽しさを失わせる原因になっているのです。そのために、次のように歌われているのをよく耳にします（譜例5－8）。

譜例5－8

　これは第1拍と同じように、第2拍の最初の音符に付点を付けて歌っています。こうすると結果的に"シッポを軽く"歌うことができ、自然に楽しく（または楽しそうな）表現ができるからです。もしこの《おべんとう》に、次に示す曲《おそうじ》の冒頭のようなスタッカートの指示があれば、原曲どおりのリズムでも楽しそうな表現が自然にできたはずです（譜例5－9）。

譜例5－9

　これまでの数例から、スタッカートは「切る」ばかりではなく、「いろいろな表現ができる可能性」が出てきましたね。ベートーヴェンの時代から数種類に書き分けられたスタッカートがあった意味がよく分かります。

　つまり、楽譜に書かれている記号について、これまで教わってきた一般的な意味だけで表現に繋げるには無理があります。記号が求めている「真の意味」を知り、どのように演奏表現するかを考えることが大切です。

3.「自然なこと」が大切　（言葉と音の長さは一致するように作られています）

　次の楽譜は、ベートーヴェンの歌曲《Ich liebe Dich》です（譜例5 － 10）。

譜例5－10

「例えば、"Ich" は「イッヒ」と短く発音し、「イーッヒ」と発音しません。第3小節の "am" も「アム」と短い発音です。これに対して、"liebe" は「リーベ」と長く伸ばす音を使い、"Abend" も同じです。ここでベートーヴェンは長く伸ばす言葉（長音）には長い音符（ここでは付点8分音符）を、短い言葉には短い音符（ここでは8分音符）を割り振っていることがわかります。また、これによって "liebe（リーベ）" "wie（ヴィー）" "Abend（アーベント）" といった言葉にアクセントが自然に付けられて歌われることにもなっているのです。」[1) つまり、言葉の長さと音の長さを揃えて、本来、言葉がもっているアクセントのとおりに音楽や音符にアクセントが付くように考えて曲を作ると、自然に歌いやすくなるのです。これはベートーヴェンに限らずモーツァルトの作品にもみられる配慮です。

　少し現象は違いますが、《おかあさん》にも同じような配慮があるのです。「おかーあさん（子）」に4分音符、「なーあに（母）」に8分音符が割り振られていますが、子どもが甘えて母親に呼びかける姿や、優しい微笑みとともに応える母の表情が見事に描き出されているのです。4分音符なのか、8分音符なのか、気を付けて表現するといいでしょう（譜例5－11）。

譜例5－11

4. あえて「漢字」に直そう （フレーズの長さを意識しましょう）

　《たなばたさま》の歌詞を思い浮かべてみましょう。「ささのはさらさら のきばにゆれる おほしさまきらきら きんぎんすなご」と続いていきます。幼児音楽の楽譜には、すべてがひらがな表記された詩が楽譜のそばに載っていることがよくあります。この曲も例外ではありませんが、小さい頃に、「のきば、ってなんだろう？」「きんぎんすなご、ってなんだろう？」と思ったことはありませんか？

　「漢字」で書くと一目瞭然です。「笹の葉さらさら 軒端に揺れる お星さまきらきら 金銀砂子」と書きますね。漢字を当てはめると、その情景が目の前に広がっているように感じませんか？

　もうひとつ、漢字は幾つかの文字（ひらがな）をひとまとめにして表しますね。それによって言葉に意味が生まれ、詩に流れができます。音楽でいうとフレーズです。「ささのはさらさら のきばにゆれる おほしさまきらきら きんぎんすなご」は「笹の葉さらさら 軒端に揺れる／お星さまきらきら 金銀砂子」と大きな2つのフレーズに分かれるのがわかります。こうすることで、どこを大きく歌うか（どこに思いを込めるか）、どこを控えめに歌うか、見当を付けることができるはずです。

　幼児のための教材ということでひらがな表記が多用される多くの幼児教育用楽譜を使う時、保育者は一度歌詞の意味を理解するために漢字に直して歌ってみるべきです。それが音楽にフレーズ感をもたらし、音楽の自然な流れを生み出し、それらを感じながら音楽的に歌うことができるでしょう。

　じつは、長くこの世に残っている名曲というのは、これまで述べてきたような "作曲家たちが施した音楽的な配慮" がなされているのです。

5. おわりに

　保育現場における音楽の取り扱いは、例えば何かを教える手段として利用したり、ただ単に楽しければよかったりする場合があり、「芸術としての音楽」の扱いとは、現実として違うのかもしれません。

しかし、作曲家たちは使われる場面の違いを意識して曲を作ったわけではなく、芸術作品を作ったのです。

　そこで、保育の現場に芸術的感性をもたらすためには、音楽家が演奏するうえで大切にしている知識や技術について、保育者を目指す皆さんも学習していくべきではないかと考えました。音楽家は天性の才によって音楽表現をしますが、音楽的な知識がその演奏を支えているのですから、皆さんもその知識（配慮）を使うことによって、音楽性豊かな音楽表現ができるようになると思うからです。

　近年は、楽譜編集において、作曲家が書いた意図を忠実に再現し楽譜に記す取り組みに注力されています。これは、現存する資料や学説に依っては明らかにできず不明な事柄があった場合には、それを「不明確である」「わからない」と記載するほどなのです。

　「こんな資料にこんな記述があるから、こういうふうに弾く（または歌う）べきだ！」と書くことで、作曲家に対するまたは作品に対する誠実さを尽くしているのです。"好きなように歌って楽しければいい"、それは間違っています。楽譜には音楽家の思いが込められているのです。

引用文献

1）永田雅彦（2008）「『こどものうた200』がもつ音楽的な問題点」『安田女子大学紀要』第36号、p.136。

主要参考文献

・今井顕（2003）「ソナチネアルバムの問題点　アーティキュレーションの濫用がもたらす弊害」『国立音楽大学大学院研究年報』第十五輯、pp.1-29。
・ケラー，H.／植村耕三、福田達夫共訳（1988）『フレージングとアーティキュレーション　生きた演奏のための基礎文法』音楽之友社。
・児島新（1994）『ベートーヴェン研究』春秋社。
・永田雅彦（2008）「『こどものうた200』がもつ音楽的な問題点」『安田女子大学紀要』第36号、pp.133-146。
・永田雅彦（2011）「『こどものうた200』の音楽的評価」『安田女子大学紀要』第39号、pp.171-182。
・大崎滋生（1988）「ベートーヴェンのピアノ作品と当時の楽器及び演奏法の移り変わり」『日本ピアノ教育連盟紀要』第4号、pp.61-96。
・大崎滋生（1993）『楽譜の文化史』音楽之友社。
・関孝弘／ラーゴ，M.（2006）『イタリアの日常会話から学ぶ これで納得！よくわかる音楽用語のはなし』全音楽譜出版社。

第6章　幼児前期の音楽活動

第1節　保育施設における乳児の音楽表現の事例

1. はじめに

　わが国における1・2歳児の保育ニーズの高まりは著しく、厚生労働省によると、2020年の1・2歳児の保育所利用率は50.4％と半数を超えるまでとなりました[1]。こうした状況からも、0・1・2歳児の保育の充実と質の向上はますます重要な課題となっています。

　保育者養成校の学生からは、「乳児とどのような音楽遊びをしたらよいのかわからない」といった声がよく聞かれます。遊びを考えるうえで、子どもたち自身の表現を理解することは欠かせません。ここでは、保育所の0歳児クラスでの子どもの音楽表現の事例を紹介したいと思います。まずは、これらの事例をもとに、音楽表現に関して、保育者として、子どものどのような姿を見取ればよいのか、どのように受け止めるべきなのか、考えてみてください。そのうえで、どのような音楽遊びを構成すればよいのか、そしてどのように展開したらよいのか、具体的に考えてみてください。

　以下に紹介する事例は、X保育園での観察調査に基づくものです。筆者は、0歳児クラスの保育室内で、観察者として、子どもとの関わりは、最小限にとどめて、観察を行いました。また、保育室内の様子は、2台のビデオカメラを定点に設置し記録を行いました。

2. おもちゃの音を楽しむ

　まず初めに、積み木を振って楽しむ子どもの事例を紹介します。

事例1　「積み木を振って音を楽しむ」
　　　　［リキ（1歳1か月）］

> 　リキは、胸の高さ程の棚の横に座り、一人で遊んでいる。かごの中から、立方体の積み木（中に鈴や木片が入っていて、振ると小さな音が鳴る）を両手に1つずつ取り、両手をリズミカルに何度か振って音を鳴らす。鳴らし終わると、立ち上がって、棚の上から顔をひょっこりだし、少し離れたところで観察する私の方を見て、「へへ」とにっこり笑う。
> 　リキは、その場にしばらく立っていたが、再び積み木を1つずつ両手に持ち、両手を同時に何度か振って音を鳴らす。積み木は、時折、棚の上に当たり、そこからも音が鳴る。そして振るのをやめると、再び、私の方に向かって、「へへ」と声を出して、にっこりする。

　乳児は、生後3〜4か月頃になると、握る力の発達に伴い、小さなガラガラ等を握り、振って音を出して楽しむ姿が見られるようになります。4〜6か月頃になると、自分の手足で、あるいは身近なものを使って、机や床などを叩いて、音を鳴らして楽しむようになります。

　音の鳴る玩具で遊ぶ行為や、音を鳴らして遊ぶ行為は、子どもにとって小さい頃から慣れ親しんでいる遊びのひとつといえるでしょう。保育所等の低年齢クラスにおいても、この事例のように、さまざま

な物を使って音を鳴らして遊ぶ行為は、非常によく見られます。子どもはいろいろな物や場所を使って、リズミカルに「振る」「たたく」「打ち鳴らす」等の行為を試し、鳴る音を聴き、楽しみながら、好みの音を見つけているようです。

3. 音を介して友だちと関わる

　実は、先ほど紹介した事例には、続きがあります。本項では、その続きを紹介し、音を介して友だち同士で関わる子どもたちの様子をお示ししたいと思います。

事例2 「積み木のセッション」
　　　　［リキ（1歳1か月）・サラ（1歳4か月）・アリサ（1歳4か月）］

> 　リキは棚の上にあった2つの積み木で棚の上をリズミカルに数回たたく。たたき終わると、私の方を見て、声を出して微笑む。その音に導かれるように、サラがリキの近くにやってくる。サラは、先ほどリキが使っていた積み木を、棚の上から手に取り、ゆっくりと積み木同士を合わせて3回鳴らし、その後、ゆっくりと棚の上を2回たたき、左手を振って積み木の音を耳のそばで鳴らす。鳴らし方を工夫して、さまざまな音を試して楽しんでいるようである。リキは隣で、棚を手でつかみ、体を前後にリズミカルに揺らす。サラは私の方を見て「ヒャー」と微笑む。そして、両手に持った積み木で両手同時に棚の上を2回たたいて鳴らす。リキはすぐに、2回前後に揺れる。そして2人で微笑み合う。リキは続けてリズミカルに体を揺らす。_{（譜例6-1）}
>
> 　少しして、サラが右手に持った積み木で2回棚の上をたたくと、リキはすぐに両手で棚の上をたたいて応える。サラは一歩横に進んでリキに近づき、「トーン　トーン」と言ってすぐに、両手同時に、そして左右交互に、速くリズミカルに積み木で棚の上をたたく。すると、それに合わせるように、リキは体を上下に何度も揺らす。その間、二人は、顔を見合っている。サラは一度たたくのをやめて、私を見て微笑む。そして、すぐにまた何度もリズミカルに棚の上を積み木でたたくことを繰り返す。その音は心地よく保育室内に響く。少し離れたところにいた保育者は、その様子を見て「トン　トン　トン　トン」「トン　トン　トン　トン」と言って遠くから見守る。
>
> 　サラがリズミカルに積み木をたたくことを繰り返し、棚の中にその積み木をしまってその場を離れる。すると、リキは、その積み木を手に取り、棚の上をたたく。サラはまた新たに別の積み木を持って戻ってきて、棚の上でリズミカルにたたく。その音に引き寄せられるように、アリサがやってくる。そして、かごの中から積み木を手に取り、同じように2つ持ち、リキとサラのセッションに加わる。

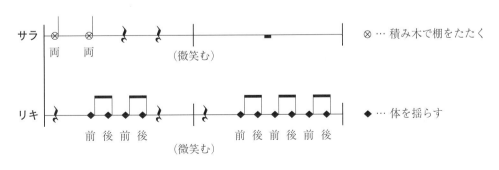

譜例6－1

　1歳を過ぎると、少しずつ友だちに関心を示す様子が見られ始めます。しかし、友だちと同じ遊びをしていても、お互いを意識しながらも個々に遊ぶ、並行遊びをすることがほとんどです。

ですが、この事例は、相手が創り出した音に、自分が創り出す音で応えたり、リズミカルに動くことで応えたり、あるいは共に表現している、大変興味深い事例です。この時期の子どもは、子ども同士だけ関わりながら遊ぶ姿は、あまり見られませんが、このように音のかけ合いを子ども同士で楽しむ姿は時折見られます。「音」は彼らにとって、重要なコミュニケーションツールであることが窺い知れます。まるで音で会話をしているかのようなやりとりです。

4. 保育者とわらべうたを楽しむ

次に、わらべうたによる遊びの事例を紹介します。

事例3 「《トウキョウト》」
[ジュナ（1歳5か月）・マリエ（1歳3か月）・ハルト（1歳5か月）]

> ジュナは座っている保育者にかけ寄り、抱きつく。保育者も「ぎゅー」と言って、ジュナを抱き締める。そして、すぐにジュナの右手を取り《トウキョウト》をしてあげる。終わると、ハルトが「ぼくも、ぼくも」と言わんばかりに、自分の左手で自分の右手の甲を何度もたたきながら、保育者の目の前に来る。保育者はハルトの右手を持ち《トウキョウト》をする。そして、次に、目の前で座って待っていたマリエの右手を取り、マリエに《トウキョウト》をしてあげる。終わるとハルトが、左手の人差し指で右手の甲を何度もつつきながら、保育者に訴える。保育者は、再びハルトに《トウキョウト》をしてあげる。その後も次々と別の子どもがやってきて、保育者は一人ずつ順番に《トウキョウト》をする。

エッケダールとマーカー（2018）が、「乳児がヒトの文化の儀式レベルに参加する最初の入場門となるのが、遊びうたと、それに関連する形式的な構造を持った遊びである」（p.242）[2]と述べるように、わらべうた遊びは、乳児にとって、人と人とのコミュニケーション形成の基盤となり得るものといえるでしょう。また、乳児のわらべうた遊びでは「ふれあい」は欠かせない重要な要素です。子ども一人ひとりと向き合い、1対1で、ふれあいを大切に、優しく、愛情をもって、丁寧に関わることを意識することが肝要です。

《トウキョウト》は、この時期の子どもが大好きなわらべうたのひとつです。この事例でも、友だちがしてもらっている姿を見て、催促するような様子や、保育者に何度も繰り返し遊んでもらおうとする姿から、そのことがわかります。このわらべうたは、手の甲を指でさわったり、手の平を掻くような動きがあったり、軽くつねったり、たたいたりと、さまざまな感触を楽しめる遊びです。最後にくすぐり遊びが待っていて、子どもは、ドキドキしながら、その時を待ちます。「かいだんのぼって」が始まると急いで走って逃げる子どももいます。子どもの表情や仕草を見ながら、テンポを変えたり、間の取り方を変えたりすることで、子どもの楽しみを支えてあげると良いでしょう。

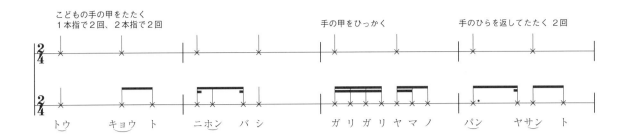

こどもの手の甲をたたく
1本指で2回、2本指で2回　　　手の甲をひっかく　　　手のひらを返してたたく 2回

トウ　キョウト　ニホン　バシ　ガリガリヤマノ　パン　ヤサント

手の甲を軽くつまむ 2回　　腕を2本指で肩の近くまで上っていく　　脇の下をくすぐる

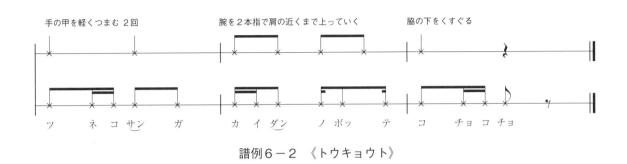

ツ　ネ　コ　サン　ガ　カ　イ　ダン　ノ　ボッ　テ　コ　チョ　コ　チョ

譜例6−2　《トウキョウト》

5．みんなでわらべうたを楽しむ

　先ほどの事例3は、子どもと保育者、1対1の関わりの事例です。まずは、ここで紹介するのは、わらべうたで複数の子どもたちが楽しむ姿を捉えた事例です。

事例4　「《うまはとしとし》」
　　　　［カズキ（1歳3か月）・レン（1歳3か月）・ミキオ（1歳3か月）・ベニ（1歳4か月）・
　　　　アリサ（1歳4か月）・エミリ（1歳2か月）］

　保育者は、床に足を伸ばして座り、その上にカズキを乗せ、数回はずませてやる。すると、ミキオは保育者が伸ばした足の先のところへやってきて座る。保育者は、《うまはとしとし》を歌い始め、カズキを腿の上ではずませる。ミキオは保育者のすねに手を置き、動きを感じて、楽しんでいる。
　歌の途中で、それぞれ別々に離れた場所にいたレン、ベニ、エミリが次々に歩いてきて、歌が終わる頃には、保育者の周りにみんな集まる。アリサは保育者のすぐ横のボールプールの縁にいたが、隣にあった長いクッションの上に移動して、クッションの上にまたがって座る。
　保育者は2回目を歌い始める。すると、すぐに、ベニが保育者のすねの上に座り、カズキと向き合って、はずませてもらうのを一緒に楽しむ。アリサは、クッションの上で、時折はずんで楽しむ。エミリは歌の途中で立ったまま両手を上げて体を左右に揺らし、音楽を感じる。ミキオは、保育者の横に立ち、足をバタバタさせながら、どこかに座りたい気持ちを表す。2回目の歌が終わると同時に、ミキオは保育者の足先に向かい、座っているベニの背中を少し押して座ろうとする。
　保育者は3回目を歌い始める。ミキオは保育者の足の上に乗ることはあきらめて、床に座る。ミキオは、ベニの背中に右手を置き、動きのリズムを感じて楽しんでいるようである。アリサは再び、クッションの上で、時折はずむ。その場を離れていたエミリも、再び戻ってきて、近くでみんなの様子を見て楽しむ。歌が終わると、保育者はクッションの上にいるアリサに、「アリサちゃん、そこでパカパカしてるよ。すごいねえ。」と声をかけ、また4回目を始める。

保育室内で、保育者がわらべうたを歌い始めると、子どもたちが自然と集まってくる光景はよく見られます。また、遠くにいても、そこでわらべうたの動きの一部を行うことで参加する子どももいます。それは、保育者が毎日、くり返し歌って遊ぶことで、そのわらべうたが子どもの心と身体になじみ、親しみのあるものとなっていることの表れと捉えられます。

ここで紹介した事例では、子どもたちはそれぞれの方法で、わらべうたを感じ、楽しんでいます。別々の楽しみ方をしていますが、《うまはとしとし》の遊びを共有し、心を通わせ合っているといえるでしょう。1対1での関わりだけでなく、みんなでわらべうたの楽しさを共有して遊ぶことができるのも、わらべうたの魅力です。

譜例6－3 《うまはとしとし》

6. おわりに

ここでは、玩具で音を鳴らして遊ぶ子どもの姿、及びわらべうたを楽しむ子どもの姿を紹介しました。

言葉の発達が未熟な乳児にとって、音を使った表現や、リズミカルな音や動きによる表現は、重要な表現ツールのひとつです。音楽表現というと、歌を歌ったり、楽器を使ったりすることだと思いがちです。しかし、乳幼児の音楽表現を捉える上では、そのような表現のみだけでなく、ここに紹介したような音を鳴らして楽しむ姿や、リズミカルに体を動かす姿、あるいは、声の抑揚や速さをさまざまに変えてリズミカルに発する姿など、素朴で未分化な表現も含めて捉えることが重要です。

わらべうたは、子どもと養育者との信頼関係を築く入り口のひとつになります。また、1対1の関わりにとどまることなく、わらべうたは保育室の空間を包み込み、皆をつなぐ力をもっています。その時間と空間、そこでの経験を共有することによって、子どもたち同士で心を通わせるきっかけにもなるのです。

ここに示した事例は、ごく一部にすぎません。0歳児クラスには、子どもが創り出すリズミカルな音にあふれています。それらの表現の中の音楽性を保育者が感じとり、保育者も音楽性をもって応え、関わっていくことを意識してみましょう。

※ここに示した事例は、先述したように、X保育園での観察調査に基づくものです。なお、これらの調査・研究については、以下の機関で倫理審査を受け、承認されています（広島大学大学院人間社会科学研究科教育学系プログラム倫理審査合同委員会（承認番号2021011）、広島大学大学院人間社会科学研究科研究倫理審査委員会（承認番号HR-ES-000220）、倉敷市立短期大学倫理委員会（受付番号2022-01））。事例3は20XX年度、事例1・2・4は、その翌年度の0歳児クラスでの調査によるものです。事例中の名前は仮名を使用しています。

ご協力いただきましたＸ保育園の先生方、園児の皆様に心より感謝申し上げます。

引用文献

1) 厚生労働省（2021）「保育所等関連状況取りまとめ（令和 3 年 4 月 1 日）」（https://www.mhlw.go.jp/content/11922000/000821949.pdf、参照 2022/6/1）
2) パトリシア・エッケダール、ビョルン・マーカー（2018）「第 11 章　乳児の発達における『音楽』と『遊び歌』：解釈」スティーヴン・マロック、コルウィン・トレヴァーセン編著、根ケ山光一、今川恭子、志村洋子、蒲谷慎介、丸山慎、羽石英里監訳（2018）『絆の音楽性』音楽之友社、p.231-250.

参考文献

・一般社団法人日本赤ちゃん学協会編　小西行郎・小西薫・志村洋子著（2017）『赤ちゃん学で理解する乳児の発達と保育　第 2 巻　運動・遊び・保育』中央法規
・日本赤ちゃん学会監修　小西行郎・志村洋子・今川恭子・酒井泰子著（2016）『乳幼児の音楽表現－赤ちゃんから始まる音環境の創造（保育士・幼稚園教諭養成課程）』中央法規

第2節　幼児をとりまく音楽的環境とうたの萌芽

「人は環境の子なり」は、世界的な音楽教育メソードのひとつである「スズキ・メソード」の創始者であり、幼児教育にも造詣が深かった、鈴木慎一（1898-1998）の言葉です。才能は生まれつきではなく、人は環境によって育てられる点を強調した同氏の哲学は、世界中の音楽教育に大きな影響を与えました。スズキ・メソードは戦後間もない頃に、信州は松本で創始されました。スズキの思想は海外でも支持されており、オクスフォード社から出版されている音楽教育の教科書にも、ダルクローズ、コダーイ、オルフと並んで、世界の四大音楽教育法のひとつとして紹介されているほどです。とくに、スズキは、母国語教育になぞらえて、より早い発達段階で、質の高い音楽的環境を構成することの重要性を述べています。

では、幼児をとりまく音楽的な環境とは、実際にどのようなことを指すのでしょうか。少し考えてみてください。音楽の習い事などの早期教育をいうのでしょうか。身近な自然との接点で遭遇する風や波の音、虫の声をいうのでしょうか。テレビや YouTube で流れる多様なジャンルの音楽、さらに街中のBGMや騒音までも、広義に音楽的環境と捉えることができるでしょうか。幼児をとりまく音楽的環境は、実に多彩で多様であることがうかがえます。

そして、あたりまえのことかもしれませんが、幼児は言葉を学ぶ以前に音で関わり合うことを会得します。乳幼児音楽教育の第一人者であるコロンビア大学のカストデロ博士は、人が初めて他者と関わる方法は、音や音楽による社会的・感情的なインタラクション、すなわち、人と人との音の関わり合いであると述べています。生まれて間もない赤ちゃんは、保護者や周囲の大人の声を感じとり、通常の会話とうたの違いを鋭敏に察知します。音楽が聞こえるとじっと音が出る方を凝視したり、しだいに音楽に合わせて手足や身体を動かしたりして音や音楽に反応するようになります。さらに「クークー」といったうたに近い声を表出します。しかし、まだこの時期の子どもは「歌う」わけではありません。うたの「萌芽」を捉えるときに、幼児が歌いだす以前の音楽的環境に着目する必要があります。

本節では、とくに3歳頃までの幼児が、家庭や地域や園における音楽的環境との接点から、しだいにうたを獲得していくうたの萌芽期に焦点をあてて、具体的な事例や筆者の研究等を踏まえて、検討を加えてみたいと思います。

1. 音楽的環境からはじまる学び

ここからは、筆者自身の娘、息子との関わりを事例としてとりあげて、家庭における音楽的環境を考察したいと思います。筆者は小学校2年生の女児と、3歳の男児を子にもち、日々音楽との関わり合いを「参与観察」しています。筆者は、音楽教育以外に、ヴァイオリン演奏も専門とするために、子どもにとって、音楽との接点が多くなることは自明の理です。具体的には、娘も息子も、0歳から日常的にヴァイオリンの生演奏を聴いたり、楽器に触れたりする機会も頻繁だったために、音楽が非常に身近な存在だったことになります。思い返せば、第1子のときには、ベートーベンの交響曲第5番《運命》の終楽章で曲に合わせて「たかいたかい」をしておりました。また第2子のときには、「寝かしつけ」の定番の音楽は、シューベルトの交響曲第9番《グレート》でした。音楽がここまで身近なことは、特殊な環境だったといえるかもしれません。しかし、筆者にとって、音や音楽と幼児との接点には、年齢の下限も無く、壁が無いことを再認識する最良の機会となりました。考えてもみれば、例えば赤ちゃんに、シェークスピアや夏目漱石を読み聴かせする保護者はいないでしょう。しかし、赤ちゃんはベートーベンもストラビンスキーも「聴く」ことができます。例え未知の音楽であっても、子どもは音が出る方に

視線を向けて、生演奏であれば演奏者の方を凝視します。6 か月から 1 歳頃には、曲に反応して、身体を動かす姿がしだいに観察されるようになります。

2．幼児が音楽を享受する姿

　1 歳を過ぎると、子どもは音楽にいっそう興味を示し、歌っている人や演奏している人を深く観察するようになります。好きな音楽もはっきりし、曲に合わせて身体を揺らしたり、曲のテンポに呼応して手足を動かしたりします。ここでも音楽的環境を提供する保護者の役割は重要になります。両親ないしは子にとって親しい大人を、文化を継承する立役者と捉えた Custodero & Johnson-Green（2003）の研究では、幼少期に両親からたくさん歌ってもらった記憶を有する保護者は、その子の世代にもよく歌うようになるという調査結果を示しています。音楽に価値を見いだし、音楽を表現する大人の存在が身近にあることが、幼児がうたを会得する萌芽期の「足場」となっていると捉えることができるでしょう。

　ふたたび我が家の 3 歳児の例を紹介します。ある日、YouTube でヴァイオリニストが超絶技巧で速度の速い楽曲を演奏している場面を見ていたときのことです。とくに子どもに聴かせるつもりなく、台所で家事をこなしつつ、テーブルにふとパソコンを置いた状態で流していた映像でしたが、息子は演奏が始まると、即座に主体的な鑑賞活動を始めていました。具体的には、映像にすぐ駆け寄り、最初の数秒は、身体や目の動きをすべて止めて画面を凝視していました。次に、手を高速で動かし始め、嬉しそうに筆者の方を見て、目が合うといっそう手の動きの速度を増して、さらに足も走るしぐさをして楽しんでいました。10 分以上の曲ですが、ずっとその活動に熱中していました。このように、幼児が音楽を享受する様は、身体全体で表出されることが特徴として見てとれます。クラシック音楽に限定せず、あらゆるジャンルの音楽と幼児の接点で見られる現象です。

3．幼児のうたの表出

　2 歳頃には、言葉の発達に応じて、幼児が保育者といっしょに歌っているつもりになる、あるいは何度も聴くうたの部分を自然に口ずさみます。うたの表出に関して、筆者の研究論文で、ある 2 歳男児の、ご家庭での観察の記録を紹介させていただきます。以下が事例です。

　ある日曜日の朝、筆者は地域の公共施設で、ヴァイオリン体験会を実施しました。そこに参加した 2 歳児は、初めてヴァイオリンに触れ、音を出す体験をしたり、演奏を聴いたり、リトミック活動に参加したり、楽しんで帰路につきました。その晩、夕ご飯の時間のことです。ベビーチェアに座ったまま、食べかけの夕食を前に、お箸を 2 本、それぞれ右手と左手に持つと、ヴァイオリンと弓のように構え、「ウィー、ウィー」と、声を発しながら動かしだしました。その後、だんだん速度が増して、さらに身体の動きも前後させていました。食事のマナーを逸脱していることには目をつぶることにして、音楽的発達の芽生えは、あらゆる日常の場面に散見されることが見てとれます。また数時間前に体験したヴァイオリンが、心を動かす経験となり、主体的な「音楽活動」に転嫁されていたことがうかがえます。その数か月後には、「どんぐりころころ」の「どん」と「こ」の箇所に、ヴァイオリンの開放弦を弾いて伴奏して（このときの開放弦の音高はメロディの音高とは無関係でしたが）遊ぶ所作が、いっそう発展している様子も観察されました。筆者が手掛けた研究では、幼児は身体の動きと、モノと、声の 3 者を一体的に表出していました。

4．音楽的発達と社会性の芽生え

　3 歳になると、園で歌われているうたを園以外の日常生活でも口ずさむことが徐々に増えます。必ず

しも全曲を正確に歌っていなくても、好きなうたを繰り返し歌い、歌詞が分からないと止まったり、逆に省略してとばしたり、即興的にアレンジも加えつつ、うたがしだいに自分のものになっていきます。上述の事例に戻りますが、我が家では小学生の姉が歌う《ドキドキドン！一年生》や《にじ》などの園以外で接するうたも、容易に覚えていっしょに歌っていました。さらに姉がヴァイオリンで演奏する、モーツアルト作曲《ロンド》という曲を聴き、曲の1部分を口ずさんだり、ロンド形式の曲の終止ごとに拍手をしたり、音楽との接点がいちだんと発展します。他にも生活のなかのさまざまな音を、オノマトペ（擬音語、擬声語、擬態語）で表現するなど、家庭、地域、園の分けへだてなく音楽的環境との接点や音楽経験が増幅していました。

　保護者としては、忙しい登園、降園時等に、娘や息子が、ふだんみんなで歌っているうたを嬉しそうに歌ってくれる様は、何よりのプレゼントになります。音楽を通して、園や学校で楽しく仲間とつながっていることが想像でき、嬉しい瞬間です。しかし、1点だけ、ここで研究者として、少し踏み込んで事象を省察したいと思います。一例として、街の横断歩道で聴かれる、視覚障害者のための信号音はご存知でしょうか。筆者の住まいの近くの横断歩道では、「ピーピー」と鳥の声を模した音ですが、1歳頃、息子は音が大きく聞こえるのか「ダダ」と真剣な表情で模倣しておりました。2歳が近づくと、しだいに「ターター」と高い音高を模するようになり、3歳では「ピヨピヨ」に変化しました。「ピーピーじゃないの」と尋ねると、「ちがうよ。だってこれは鳥さんだもん」と解説もしてくれました。確かに鳥の声ではありますが、正確には「ピーピー」に近く「ピヨピヨ」とは聞こえてきません。2歳頃の方が、音そのものを正確に再現していたと感じます。同様にセミの声も、「ツクツクボーシ」と言いだしたのは3歳を過ぎた頃です。少しまえは、音そのものを一生懸命聴いて、より鳴き声に近い模倣をしていました。周囲の大人の影響でしょうか。実際に聞こえていない音や声も、大人社会が決めた「鳴き方」に合わせて、音ではなく、言語として音を再生するように変化するタイミングが3歳頃であることを学びました。ここにも音楽性と社会性の発達が相互に連関していることが見てとれます。2歳頃までの、音そのものを先入観無く、聴いてそのまま表現できる耳の鋭敏さや感性も、どこかで残ってくれたらなと、ふと感じた瞬間でした。

参考文献

Akutsu, T.（2017）. Observable flow experience in a two-year-old Japanese child's violin playing. *Music Education Research.* 126-140. Published online: 26 Nov. 2017.

Custodero, L. & Johnson-Green, E.A.（2003）. Passing the cultural torch: Musical experience and musical parenting of infants. *Journal of research in music education*, 51, 102-115.

第7章　6つの優れた音楽教育法

第1節　ジャック＝ダルクローズのリトミックの基本的考え

1. エミール・ジャック＝ダルクローズ

　リトミックの創始者であるエミール・ジャックは、1865年7月6日にオーストリアのウィーンで、長男として生まれ、1950年7月1日にジュネーブで没しています。1871年6歳からピアノのレッスンを始め、10歳の時スイスのジュネーブに移り、12歳から18歳までジュネーブ音楽院で学びます。19歳でパリに行き、ドリーブやフォーレから音楽を、フランスを代表する王立劇団コメディ＝フランセーズでダルボーから演劇を学びます。ヨーロッパでは作曲家としても有名で、数百曲にも及ぶ歌曲・ピアノ曲・合唱曲・室内楽・劇音楽を残しています。1886年21歳の時、エミール・ジャックの初めての歌集の出版にあたり、エミール・ジャックという作曲家が他に2人いたことから他の人と混同しないように、ジュネーブの中学時代の旧友、レイモン・ヴァルクローズのはじめの1文字をVからDに変え、ダルクローズとし、名前の後に付け加えます。以後、エミール・ジャック＝ダルクローズとなり、現在ダルクローズの愛称で呼ばれるようになりました。

　1887年から1889年にかけて、作曲家アントン・ブルックナーに作曲を学ぶために生まれ故郷のウィーンに移り住みます。1889年24歳の時パリに戻り、マティス・リュシーのもとでリズムと表現の理論を2年間学びます。リュシーとの出会いは、ダルクローズに大きな影響を与え、ダルクローズはリュシーによって「身体、心、そして音楽的感動の間に存在する多くの理解の扉を開かれた」と述べています。この考え方が、のちのリトミックの根元になったといえます。

　1892年27歳で母校のジュネーブ音楽院に和声学とソルフェージュの教授として迎えられます。そこで多くの学生が器楽の技術に関しては高度なものをもっているが、音楽を感じたり表現したりすることができない、ということに疑問をもちました。それを解決するために、学生のさまざまな能力を伸ばす方法を見つけ出すことに自分の生涯を捧げました。これがリトミック教育を生み出すきっかけとなり、リトミック研究の道へとつながりました。1905年ジュネーブで、子どものクラスと教師のためのリトミックトレーニングコースを開設します。1911年にドイツのヘレラウに、1915年にはジュネーブにダルクローズ研究所を開校します。その後もイギリスのロンドン、フランスのパリ、ドイツのベルリン、アメリカのニューヨークに学校が設立されます。85歳になる直前の1950年7月1日に逝去するまで、リトミック教育の普及に尽力しました。リトミック創案からまだ100年ちょっとしかたっていませんが、今では世界各国にリトミックが普及し、音楽のみならず舞踊・体育等いろいろな分野に取り入れられ、研究されています。

2. ダルクローズのリトミック

　ダルクローズがリトミックを創案したきっかけは、彼の母校であるジュネーブ音楽院に招かれて教鞭をとった際の学生の姿からでした。ソルジェージュを学んでいる学生は理論を音ではなく法則と書物で学んでいました。ピアノの先生や声楽の先生から音符や演奏技法は教えられていましたが、聴き方につ

いては教えられていませんでした。そのために、学生の演奏は、音楽性に欠けており、表情豊かとはけっしていえませんでした。そこで、学生のためにソルフェージュのエクササイズを考案し始めました。さらにこれを幼少期に開始することの重要性と可能性を認め、子どものクラスも始めました。ここからダルクローズのリトミックの研究と実践が始まります。

ダルクローズは考案したソルフェージュのエクササイズによって、学生の耳だけではなく心で音楽を聴き取る能力を発達させることをめざしました。ここでいう「きく」というのは「聞く」ではなくもちろん「聴く」のことです。「聞く」（ヒアリング）は受動的な行為であり、自然と聞こえてくるものです。人間の耳は脳によって耳の中に入るすべての音のなかから必要なものを抜粋して聴いているといわれています。「聴く」（リスニング）は能動的な行為であり、自分で意識して聴こうとする努力が必要です。「聴く」ことは大変な集中力を必要とし、音楽を学ぶうえでとても重要なことだといえます。

ダルクローズのリトミックは3つの主要な柱からなっています。

1）リズム運動

身体運動を通して音楽のさまざまな側面や表現的な性質を全身で感じ取ります。ギリシャ語の「eu（よい）」と「rhythmos（リズム）」を融合させて「eurhythmics（よいリズム）」という名前を生み出しました。リトミックの原点ともいえるでしょう。

身体運動をするにあたって動きの3原則があります。

動きの3原則

時間（Time）	空間（Space）	エネルギー（Energy）
長い（遅い）	広い	大きい
中	中	中
短い（速い）	狭い	小さい

単純な手をたたく（クラップ）行為について検証してみましょう。4分音符をクラップするのが時間（中）です。これを基本にします。4分音符から2分音符に変化すると時間は長く（遅く）なります。4分音符の時と同じ空間ではたたききれませんので、自然に手を大きく空間を広くとってクラップするようになります。同時にエネルギーも増大し、動きが大きくなります。逆に4分音符から8分音符に変化すると時間は短く（速く）なります。4分音符の時と同じ空間でたたこうとすると無理が生じますので、自然に手と手の間隔は近くなり空間は狭くクラップするようになります。同時にエネルギーも減少し、動きが小さくてすむようになります。

これが身体運動をするにあたっての動きの3原則です。もちろん意図的に原則にそぐわない行動をすることも可能です。例えば、4分音符から2分音符に変化した時に空間を狭くエネルギーを小さくクラップして表現したり、また4分音符から8分音符に変化した時に空間を広くエネルギーを大きくクラップして表現したりすることで、音楽的効果を求めることもできます。

リズム運動における身体運動をダルクローズは筋肉運動と位置づけ、その筋肉運動における筋肉感覚を5感に続く第6の感覚と名付けました。日常のなかで、朝目が覚めて起き上がり、歯磨きをして、外に出て歩き、車が近づいたら危険を避けてよける、これらは無意識のなかで行われる自動的反応です。それをリトミックでは、耳から聞こえた音楽を脳で自分なりに感じ、その感じたものを脳から神経経路を通じて筋肉感覚に伝達し身体運動として表現する。そして、その身体運動した時の筋肉感覚を神経経路を通じて脳に伝達し、その感覚を思考し、訂正し、創造し、判断し、再度筋肉感覚へと伝達する。こ

れを繰り返すことによって身体的精神的自己コントロールが可能となってくるのです。

2）ソルフェージュ

　歌を歌うことによって、より鋭敏な聴取力を身につけることができます。中央のド（C4）からその1オクターブ上のド（C5）の間だけでソルフェージュする Do to Do ソルフェージュ（ダルクローズソルフェージュ）を考案しました。ダルクローズソルフェージュでは、移動ド唱法（調によってその調のドの音が変わり階名で歌うこと）ではなく、固定ド唱法（いつでもドの音はドと固定した音名で歌うこと）で歌います。この固定ド唱法を使用することで、鋭い相対的な音感や絶対音感に近い音感が養われることでしょう。

　Do to Do ソルフェージュのもう1つの特徴は、1オクターブという12半音のなかで歌うので、子どもから大人まで声域が限られている人にとっても歌いやすいともいえます。1オクターブ以内ですべての調について学習することができ、なおかつ音感の訓練にも活用できるダルクローズソルフェージュは画期的な学習法だといえるでしょう。

3）即興演奏

　身体運動・ピアノ・声またはその他の楽器を使用して音楽的なアイディアを即座に表現することです。リトミックのなかで最も敬遠されがちな即興演奏ですが、やはりその意味は重要なものであることは間違いありません。音楽は今でこそ歴史がありその歴史のなかでいろいろな形式が作られてきました。この音楽形式は、リトミックでは固定されたものとは考えず、自由に創造し、自分なりの想いで創り出し、表現することを楽しむことができるものなのです。また、音楽の性質やダイナミクスのような要素を深く探求することもできます。ダルクローズもそのことを主張しています。即興演奏をすることによって、メロディ・リズム・ハーモニーを自由に創造することになり音楽的感覚を発達させることができるのです。

3．ダルクローズの提唱した4つのサブジェクト

　ダルクローズはリトミックの身体運動遊びについて4つのサブジェクトを提唱しました。この4つのサブジェクトをリトミックゲームのなかに取り入れることによって音楽の本質、テンポ・ビート・リズム・フレーズ・拍子・音楽形式・アナクルーシス・クルーシス・メタクルーシス・縮小・拡大・2対3・補足リズム・複リズム・トランスフォーメーション等を実際に身体で、また筋肉感覚で確認し理解することによって学ぶことができるのです。トランスフォーメーションとは8分の6拍子と4分の3拍子、または、4分の3拍子と4分の2拍子の変換のことです。例えば、8分の6拍子で1小節8分音符6つは3つずつのまとまりとして捉えますが、4分の3拍子では、2つずつのまとまりで捉えます。このように同じリズムでも拍子が変換されることでリズムの特徴も変わることを学習するリトミックならではの学習方法です。

1）フォロー（追従）

　フォローとは、聞こえてくる音楽を理解し、聞こえたまま身体で表現することです。音楽のビート・テンポの変化に気づき、その音楽を追いかけて表現するゲームです。例えば、同じ4分音符が聞こえたとしても、スラーの時にはなめらかな表現でステップし、スタッカートの時には弾んだ感じで表現する、といったように感じたまま身体で追って表現するということです。音楽（旋律）をより深く聴くことに

よって注意し、集中するようになりますし、音楽的表現も敏感にとぎすまされた表現になります。慣れてきたらビート・テンポの他にアクセント・強弱・フレージング・アーティキュレーション・音の高低・ダイナミクス等を複雑にすることも可能です。このゲームによって、いろいろな変化に迅速かつスムーズにフォローできるようになっていくのです。

　常にこちら（先生）の音楽をフォローするだけではなく、相手（子ども・生徒）の表現や行動に対してこちらがフォローすることも必要です。例えば、歩く速さをそれぞれ自由にし、徐々に統一した速さにする、こうすることで自分の心地よい速さを表現しながらも徐々に周りに合わせていくことを学ぶことができます。また声域が狭く指示された音を出せない子どもに対して、まず子どもの出しやすい声を出させてその声の音をピアノで弾いて、無理なくそこから声域を広げていくことができます。

2）クイック・レスポンス（即時反応）

　クイック・レスポンスとは、リトミックのゲームのなかで多く出てくる活動です。2つ以上の約束がありその約束を音楽または声の指示によって提示し、それに適合する動きを即時に反応します。このゲームによって、注意力・集中力・理解力を引き出すことができます。最初は go and stop から始まります。音楽が始まったら動き、音楽がなくなったら止まる、この単純な即時反応から素直に自己表現する心を養うことができます。その先には、自己抑制力つまり我慢する力も身につくといえるでしょう。このゲームは同じ間隔で指示を提示しがちですが、それでは意味がなくなってしまいます。なぜならば、同じ間隔で指示を提示すると、指示をするタイミングが分かってしまうので集中して聴こうとしなくなるからです。そこで、指示を提示するタイミングを不規則に変更したり、規則的な流れをある程度の時間確立し、突然それを破るようにしたりすることでその効果は大きく変わります。

3）カノン

　カノンとは、あるメロディを一定の間隔で追いかけて奏することです。分かりやすくいうと輪唱のことです。合唱とは違いますが、同じメロディをただ遅れて歌うだけなのに、音の重なりが出て数人でカノンを奏すると、まるで四部合唱でも歌っているかのような響きになります。歌っていてとても心地がよい感じになります。

　リトミックでのカノンはいろいろな方法があります。その1つに、あるメロディを1小節遅れてステップする、という活動があります。現在ステップしているリズムは、1小節前の過去に奏されたものを記憶してステップしています。また、現在ステップしながら、1小節後の未来にステップするべきリズムを聴きながら記憶しているのです。つまり、一度に現在・過去・未来の時制を整理確認して表現しているのです。

　カノンの活動は単なる記憶力だけではなく、音楽のリズムを把握しながら聴く注意力、リズムをステップしながら次のリズムを記憶する集中力、聴いたリズムをそのとおりにステップする自己コントロール、リズムに即時に自分なりに反応する音楽表現力といったように、いろいろな要素を含んだ課題なのです。

4）プラスティック・アニメ

　プラスティック・アニメとは、ダルクローズの独特な音楽表現方法のことです。Plastique はバレエなどのような「優雅な動き」、anime は動画、つまり音楽をその音楽の性質を分析して音楽が分かるように動きによって表現することです。ダンスや舞踊と同じように考えられがちですが、基本的に違います。プラスティック・アニメでは、その音楽がどのようにできているか、強弱・テンポ・音高・声部・リズ

ム等を分析（アナリーゼ）することによって、音楽を目で見える表現に仕上げるのです。その作品のなかにある具体的な音楽的内容を、その人のなかにもっているリズム感や音楽的感覚を最大限に引き出して表現し、体験することによってその音楽をより深く理解することができ、またそれを見た人に音楽の聴覚からだけではない視覚からの感動を与えることができるわけです。

これらの4つのサブジェクトを経験することは、身体運動だけではなく、楽器（身体を楽器にしたボディパーカッションもあります）を使用したり、歌ったりすることによって、音楽を多面的に捉えることができ、音楽をより深く感じ理解することにもつながっていくのです。

4．人間教育としてのリトミック

今まで述べてきたリトミックは、音楽教育としてのリトミックという観点からでした。音楽大学の教授であったダルクローズが、学生の様子を見て感じたことから始まりました。音楽大学の学生であるにもかかわらず、音感があまりにもなく頭だけで理解して音楽を感じていることに疑問をもったのです。そこで、身体全体で音楽を感じることで音楽のもっているリズムを、筋肉感覚を通して体験し、音感を育てる音楽教育方法をあみだしたわけです。最後に人間教育としてのリトミックという観点から述べてみたいと思います。

前項の3．ダルクローズの提唱した4つのサブジェクトの2）クイック・レスポンス（即時反応）でも述べましたが、go and stop という活動があります。これは、音楽が始まったら go 動き、音楽が止まったら stop 動きを止める、という単純な活動です。go and stop はクイック・レスポンス（即時反応）の基本中の基本ともいえます。単純な活動ですがとても意味のある活動で、1歳児から行えます。これは、素直な心がないとできません。つまり、これができるということは、素直な心があり、指示されたことを指示されたとおりに行えるということであり、もっといえば自己抑制力・我慢する力・困難に立ち向かう力強さをも養うことができるということです。精神的な成長が経験できるのです。

音楽に合わせて自分なりに身体表現をする、指示されたとおりに即時反応する、その時に心地よさを感じることでしょう。このことを「心と身体が調和している」とリトミックでは表現します。心と身体が調和している状態の時を捉えて、認めてあげることで、自分はできる、自分はすごい、という自尊心が芽生えます。自分を認めることができる人は他尊心ももつことができるのです。自分を認めることができない人は他人を認めることは難しいでしょう。他者に愛情を感じることができる人は思いやりがあり、いろいろな物事に対して多角的に考えることができるようになります。

動物の模倣遊びや表現遊びをすると、日本人は概して周りと同じ表現をしがちです。自分だけ違うことをするよりは、みんなと同じことをすることに安心する文化だからでしょう。しかし、そこで少し違った表現をしている人を認め、その表現をみんなで模倣し、その後さっきと違った表現をしてみましょう、と声をかけるとさっきとは違ったいろいろな表現をしてくれます。子どもの無限大の可能性に驚かされます。イメージする力の想像力だけでなく、自分で創り出す創造力が豊かになり個性もより磨かれます。そして、好奇心旺盛でどんなことにもチャレンジする冒険心に満ちあふれます。いろいろな考え方や行動ができるようになるのです。

ダルクローズは、『教育の目的は、学習の終わりに子どもたちが「私は知っている」と言うのではなく、「私は体験した」と言えるようにすることである』と示しています。実際に単なる知識だけよりも体験してみて分かることがたくさんあるのです。そこには、良くも悪くも感動があるのです。感動は人に伝えたいという要求になり、そこには大きな生命力さえ感じます。保育士や幼稚園教諭になるために子ど

もの発達を勉強しても、実際に実習に行ってみるとそれ以上に発見することがたくさんあることと同じではないでしょうか。あるいは、楽譜を見たり音楽の理論をたくさん勉強したりしても、実際にピアノが弾けなければなんにもなりません。ピアノを弾くことで、それまでに学んだことが生かされ、表情豊かな表現ができるのだと思います。人間にとってとても身近である音楽、秩序があり常に変化し創造される音楽だからこそ、自然に身体に入りこみ、第6の感覚の筋肉感覚を通して表現され調和されるのです。

　日本の教育が目先の効果を求め、知識のつめこみの傾向にあることは否めません。感動体験を多く経験し、そこから何かをあきらめずにやりとげる意欲と新しいものを創りあげる創造性を伸ばし育むことが大切なのではないでしょうか。人間らしい人間を育てることが私たちの使命だと考えるからです。

第2節　オルフの音楽教育

1.　はじめに

　カール・オルフは、1895年にドイツのミュンヘンで生まれ、1982年にミュンヘンで没した作曲家で音楽教育家です。1914年に、ミュンヘン音楽アカデミーを卒業し、その後ミュンヘンなどでオペラの指揮者を務めています。オルフの主要な芸術作品には、《カルミナ・ブラーナ》(1937)に代表される舞台上演のためのカンタータ、《月》(1939)や《賢い女》(1943)に代表されるオペラがあります。これらのカンタータやオペラは、その題材をドイツ、特にバイエルンの伝承や民話、さらに中世や古代に求めています。またそれらでは、オスティナート*などの単純で直接的な技法が多用されています。管弦楽法も楽器編成も非常に特徴的です。その純粋で透明な響きはオルフ独特の世界を表現しています。このように、オルフの作曲家としてのスタートは、純粋に芸術家としてのものでした。

　現在では、カール・オルフの名声は、ドイツを代表する現代作曲家の1人であるということに加えて、「オルフ・シュールヴェルク」の作曲者、オルフ・メソードの創始者としての業績に依っています。上記のようにオルフは、最初からオルフ・メソードを構想していたわけではありません。若い頃のオルフは、有名なイサドラ・ダンカンらによって主導された「新舞踏運動」の一員であった、マリー・ウイグマンやドロシー・ギュンターらの革新的な舞踏を表現する音楽を作曲する機会を得て、それまではオーケストラ・ピットに目立たぬように位置づけられていたオーケストラを、ダンサーたちと同じ舞台上に配置したり、ダンサーたちが各種の打楽器を即興演奏したりする手法を開発しました。

　オルフの音楽教育との関わりは、ドロシー・ギュンターと共に、1924年にミュンヘンに開設した、ダンスと体操と音楽のための「ギュンター学校（Günther-Schule）」で始まりました。そこでは、ギュンターが舞踏と体操の責任者であり、オルフは音楽の責任者でした。オルフは、それまでの経験から、ダンサーにも音楽家にもリズム感が欠如していることを痛感しており、ギュンター学校では、リズム教育を重視しました。こうしたギュンター学校での実践は高い評価を得て、プロ・アマを問わず、多くのダンサーがギュンター学校を訪れました。

2.　オルフ・シュールヴェルク　子どものための音楽

　1948年に、ババリア放送局から、子どものために、かつてのギュンター学校での実践を数回に分けて放送してほしい旨の申し出が、オルフにありました。これまでのギュンター学校での実践は、成人を

＊　ある音形を繰り返し反復すること。

対象としたものであり、それらを子どものために改編する必要がありました。オルフは、ギュンター学校での実践を子どものために抜本的に改編し、その放送は、当初の数回の予定から大きく延び、5 年間も続きました。それらをまとめたものが、1950 年から 1954 年の間に出版された全 5 巻の「オルフ・シュールヴェルク　子どものための音楽（ORFF-SCHULEWELK MUSIK FÜR KINDER）」です。SCHULE は学校（school）のことであり、WELK は作品（work）のことです。したがってオルフ・シュールヴェルク（ORFF-SCHULEWELK）とは、オルフの学校教育のための作品、ということになります。「オルフ・シュールヴェルク」には、「子どものための音楽」以外にも、「JUGENDMUSIK」や「LIEDER FÜR DIE SCHULE」などがあり、その全容は膨大なものです。

1）オルフの音楽教育の特徴

⑴　個の発生は系統の発生を繰り返す、という生物学的理論を音楽教育に適用しました。

　音楽の最も原初的なあり方は、自ら創り、自ら奏で、自ら歌い、自ら踊る、という姿です。「オルフ・シュールヴェルク」には、そうした音楽の原初的な存在が示されています。またオルフは、バイエルン地方の子どもの歌を広範に採集し、それらのなかから旋律構成音を、短 3 度音程のソ・ミの 2 音から始まり→ 3 音（ミ・ソ・ラ）→ 4 音（レ・ミ・ソ・ラ）→ 5 音（ド・レ・ミ・ソ・ラ）へと展開します。この 5 音音階（ペンタ・トニック）は、バイエルン地方や多くのヨーロッパに固有なものです。

　日本のペンタ・トニックの場合には、まったく異なります。まず長 2 度音程のラ・ソの 2 音から始まり→ 3 音（ミ・ソ・ラ、あるいはソ・ラ・シ）→ 4 音（ミ・ソ・ラ・シ）→ 5 音（レ・ミ・ソ・ラ・シ）へと展開します。

　このペンタ・トニックは陽旋法のものであり、その他に、陰旋法のペンタ・トニック、琉球旋法のペンタ・トニックもあります。

　これらのペンタ・トニックにみられるように、音楽語法は、それぞれの国や文化によって非常に異なっています。オルフ・シュールヴェルクを取り入れる際には、ドイツ語とドイツのペンタ・トニックに基づいたものをそのまま導入するのではなく、それぞれの国や地域の言葉と音楽語法に基礎を置く方法での導入が必要です。

⑵　母国語を出発点とする体系的な教授法を考案しました。

　オルフ・シュールヴェルクは、ドイツ語を出発点としています。「オルフ・シュールヴェルク」には、「ことばの練習」が設定されています。日本語版では、花の名前、友だちの名前、動物や鳥の鳴き声、物売りの声、遊びの呼びかけ、などで「ことばの練習」が行われています。

　さらに、言葉による呼びかけと応答もよく用いられます。まず、明確な音高がない、話し言葉でリズムと拍節感を強調した呼びかけと応答を練習します。次に、わらべうた音階を用いた呼びかけと応答の例を示します。

　オルフにとっては、ドイツ語が母国語です。その母国語から出発し、その国の、その地域の子どもの歌からさまざまな音楽語法を構築しています。具体的には、言葉→言葉のリズム→リズム→旋律というように示すことができるでしょう。オルフ・シュールヴェルクは、多くの国の言葉に翻訳され、多くの

国で実践されています。それぞれの国の固有の言葉、それぞれの地域の固有の音楽語法に沿ったオルフ・シュールヴェルクが必要とされます。

(3) 動き

オルフ・シュールヴェルクでは、動き（Bewegung）は、特別な意味をもっています。多くの原初的な音楽では、音楽と動きは密接な関連を有しています。日本のわらべうたの多くが、遊びというかたちで動きを伴っていることからも、音楽と動きとの不可分な関連が理解できるでしょう。しかし、オルフ・シュールヴェルクでの動きは、もっと複雑です。

例えば、歩く（前に、後ろに、左に、右に、前後に、左右に、テンポやリズムの変化に合わせて）、走る（同様に）、スキップする（同様に）、音楽の拍子（2拍子、3拍子、4拍子、5拍子、7拍子）に合わせて、形式（模倣、オスティナート、ロンド、2部形式、3部形式）に合わせて、楽器を演奏しながら、鈴などを手首や足首にバンドでセットして、1人で、グループで、おおぜいで、……など多彩な動きが考えられます。

この動きに関しては、欧米と日本との文化の違いが非常に大きいと思います。欧米は騎馬民族の文化を有していますが、日本は典型的な農耕民族の文化です。欧米の踊りには、ダイナミックで足が地面から離れるものが多くあります。いわゆる舞踏です。ところが、日本の踊りには、静かで内面的なものが多く、足が地面から離れるものは多くありません。いわゆる舞踊です。これら2つの違いを、どのようにして統一するのかは、非常に困難な課題です。前述の言葉の違いに関しては、多くの実践や研究によって、かなり日本の固有の音楽への対応が進んでいますが、この動きに関しては未だに不十分です。

2) オルフ楽器群

オルフは、音楽教育のための楽器群を世界で初めて構想し、完成させました。それらはオルフ楽器群と呼ばれています。これらの楽器群は、美しい音色：純粋で透明な音色、平易な奏法：不必要な音板を取り外せる音板楽器、丈夫な楽器：子どもが扱うことを考慮して、という特徴をもっています。

まず、純粋で透明な美しい音色に関しては、《カルミナ・ブラーナ》でも述べましたが、オルフ・トーンとでもいうような特有の響きが求められています。木琴、メタロフォン、グロッケンシュピール、リコーダー、透明な音色を有する打楽器群（トライアングル、フィンガー・シンバル、鈴のついた打楽器）の使用によって表現されます。

平易な奏法を可能にしている工夫は、木琴、メタロフォン、グロッケンシュピールなどの音板楽器の各音高の音板を必要に応じて取り外し可能にしたことです。1オクターブは12半音で構成されています。この12音のなかから必要とされる2つの音を演奏することは非常に困難です。しかし、必要としない10の音板を取り外し、必要な2つの音板だけにすれば、誰でも容易に演奏できるでしょう。このような工夫は、オルフが初めて成し遂げたことであり、音楽教育にとって画期的な出来事であったと評価できます。

3) 身体楽器

オルフ・シュールヴェルクでは、体を楽器として活用しています。口笛の他に、打楽器的用法として、手拍子、ひざ打ち、足踏み、指鳴らし、の4つがあります。

手拍子は、左手を右手で打ちます。左手の打たれる位置と右手の打つ位置や指の数によって非常に陰影に富んだ表現が可能になります。指鳴らしの奏法は、これらのなかで最も困難です。親指と中指を強く押しつけて、中指を鋭く滑らせて、薬指と小指で作った空洞に打ちつけることによって、響きのある音を作ることができます。これらの身体楽器は、単独で、あるいはさまざまに組み合わせて演奏されま

す。わざわざ楽器を用いなくても、自分自身の体を用いて、多彩なアンサンブルが可能となります。

4）模倣と即興表現

　オルフ・シュールヴェルクでは、模倣があらゆる場面で活用されます。言葉の練習でも楽器の演奏でも、いわゆるまねる、という行動様式として活用されます。例えば、教師のリコーダー演奏を、拍の流れにのってまね吹きすることがあります。

　さらに、即興表現も重要です。例えば、ロンド形式の A － B － A － C － A － B － A の A の部分を全員で演奏し、B と C の部分をある子どもが即興的に演奏する場合です。この場合の演奏とは、必ずしも音板楽器やリコーダーなどでの演奏を意味するものではなく、身体楽器でも可能ですし、さまざまな動きでも可能です。

3．おわりに

　オルフ・シュールヴェルクでのこれらのさまざまな工夫は、日本の音楽科教育に大きな影響を及ぼしています。筆者が特に関心をもっているのは、岐阜県飛騨地方で実践されて大きな成果を挙げている、「ふしづくり一本道」との共通点です。「ふしづくり一本道」では、わらべうたを多用します。このことは、オルフの主張した言葉からの出発と軌を一にするものであると考えます。

　こうしたオルフや「ふしづくり一本道」の実践は、幼稚園や保育園等での遊びを取り入れた音楽教育に最適な方法であると考えます。さらに、小学校でのドレミ遊びやドレミ練習にも活用できます。

第3節　コダーイ・コンセプトに基づいた音楽指導法

1．コダーイ・ゾルターン

　コダーイ・ゾルターンは、1882 年にハンガリーのケチュケメートで生まれ、1967 年にブダペストで没した、ハンガリーを代表する作曲家であり、音楽教育家です。コダーイのコンセプトに基づいて、彼の協力者や弟子たちが構築した音楽教育法は、ハンガリー国内だけではなく、欧米や我が国に大きな影響を与えた優れた音楽教育法です。幼児期からの系統的な音楽教育の必要性を認識したコダーイは、幼稚園や保育所での音楽教育を特に重視しました。

2．コダーイ・コンセプト

　コダーイ・コンセプトとは、コダーイの音楽教育理念と音楽指導原理を指しています。コダーイの音楽教育理念は、次のようにまとめることができます。

　①音楽教育はできるだけ早い時期から始めなければならない。

　②すべての人に音楽の読み書きができるようにしなければならない。

　③自国のわらべうたを歌うことによる音楽教育が必要である。

　④幼児期には、遊びながら歌うことが特に重要である。

　わらべうたは、自国語のイントーネーションやアクセントを如実に表しているものです。自国のわらべうたを繰り返し歌うことは、自国語のマスターにつながるだけでなく、音程感やリズム感を自然に獲得することにもなります。また、1 つのわらべうたを、遊びをさまざまに変えながら何度も歌うことが大切です。多種多様な遊びを工夫することによって、子どもは飽きずに歌います。子どもにとっては遊びでありながら、実は拍節感やリズム感や音高感や音程感などの音楽の基礎である音楽的感覚を養うこ

とになるのです。遊びながら音楽の基礎を習得するというコダーイ・コンセプトに基づいた音楽指導法の特徴が、幼児期の音楽教育に適しているという理由の1つです。

3. 音楽技能の育成

コダーイ・コンセプトに基づいた音楽教育法は、就学前教育と小学校で実践され、音楽技能の育成が体系的・段階的に行われます。音楽技能の育成の際に留意すべきことは、①遊びを多くする、②いろいろなわらべうたや民謡や楽器を使う、③簡単なものから難しいものへと進む、ということです。さらに先生は、子どもに活動のルールを守らせながら、音楽の楽しみも感じさせないといけません。最初の主となる音楽的能力は、拍節感、リズム感、音高感、音程感、聴取力（識別力）、内的聴覚です。

音楽の学習は、まず自国のわらべうたを歌うことから始まります。就学前教育では遊びながら歌うことが主となります。いろいろな遊びをしながら歌うことで、飽きずにわらべうたや民謡を覚えます。この際に、歌いながら歩く、リズムをたたきながら歌うことによって、拍節感やリズム感を養います。また、大きい／小さい、速い／遅い、高い／低いなどを歌や楽器によって、あるいは身体の動作で表すことを繰り返すことによって、これらの識別が体得されます。さらに、楽音と非楽音、声種などを聴き分けることによって、聴取力を身につけます。わらべうたや民謡の旋律やリズムを記憶することは、内的聴覚の育成に結びつきます。すなわち、旋律やリズムの一部を聴いて何の曲か分かったり、サイレント・シンギング（教師の合図で声に出さずに心のなかだけで歌うこと）したりして、旋律を心のなかで（頭のなかで）認知し、再現できる能力を育成するのです。

コダーイは、**聴覚で音を捉えること**、**内的聴覚で音楽を想像・創造すること**、**楽譜から音楽を再表現すること**、を重要視していました。内的聴覚と、音楽を再表現するために必要な身体的機能を動かすことを強く結びつけるためには、就学前教育と小学校において、旋律を腕の動きで表したり、ハンドサインをしながら歌ったり、旋律の一部を隠してサイレント・シンギングしたり、交互唱やカノンをしたり、リズムオスティナートをつけながら歌ったりすることが必要なのです。

ハンドサイン

ド　　　レ　　　ミ　　　ファ　　　ソ　　　ラ　　　シ

4. コダーイ・コンセプトに基づいた音楽指導法のカリキュラム

就学前教育におけるコダーイ・コンセプトに基づいた音楽指導法のカリキュラムを、表7－1に示します。

表7－1　就学前教育の教師用指導書のカリキュラム表

		3年間の年齢別の音楽の特色		
		年少	年中	年長
用意する歌	音の数	3－5音	3－6音	3－6音
	音域	D4-B4	C4-C5	C4-D5
	一般的なテンポ	♩= 66－80	♩= 80－92	♩= 92－108

		保育士の援助、斉唱、グループ唱、だいたい同じ高さで。	保育士が独唱を励ます、友だちの助けを得る、清潔に、一緒に、歌詞をよい発音で。	グループ唱と独唱、１人だちの開始、清潔に、正しい音高とリズムの再生。旋律モティーフとリズムモティーフの応答唱。
	歌唱教材	可能であれば…16曲 できる…10曲 確実にできる…6曲	可能であれば…20曲 できる…18曲 確実にできる…10曲	可能であれば…25曲 できる…20曲 確実にできる…10曲
聴く能力の育成	高い－低いの関係	オクターブの隔たりを空間で示す。同じ曲を違う高さで再生する。	オクターブと５度の隔たりを空間で示す。同じ曲を違う高さで再生する、知っている旋律の動きを空間で示す。	知っている旋律を空間で示す（ゆっくりしたテンポで）、旋律のモティーフを示す。
	小さい－大きいの識別	会話、歌、雑音から弁別する。	小さい声－大きい声で（変化をつけて）歌う、会話する、拍手するなかから弁別し、識別する。	小さい声－大きい声と、すばやく－ゆっくりを共に練習するなかで理解し、識別する。
	旋律弁別、音楽の記憶力		知っている歌を歌詞なしで、ハミングまたは楽器によって、弁別する。	曲の最初のモティーフもしくは途中のモティーフの旋律を弁別する。
	隠された旋律、内的聴覚の能力		モティーフを小さい声、大きい声で歌う（内的聴覚）。	短い－長い旋律を隠し、テンポにのって歌の途中から一緒に歌う。
	モティーフの繰り返し	簡単な旋律の繰り返し。		グループで一緒にとぎれることなく、モティーフの繰り返しから歌詞を考え出す。
	音色の識別能力	2－3の大きい雑音、人の声、打楽器、音色の識別。	繊細な雑音と声の弁別、自然の音、雑音の識別。	あらゆる雑音と楽音と声の弁別、繊細な雑音の方向や近づく－遠ざかる距離の弁別。
	音楽の傾聴	保育士の歌を関心をもって傾聴する。	何分かの知っている歌や楽器の演奏を傾聴する、新たな歌の傾聴も要求する。	長い歌あるいは楽器の演奏で歌を紹介し、楽しんで関心をもって注意深く傾聴する。
リズム能力の育成	リズム		歌、唱え言葉でリズムを強調する。	歌のリズムの識別、歌のリズムの強調、リズムによる旋律の識別。
	テンポの識別：速い－遅いテンポ	保育士の歌に合わせて、あるいはテンポの変化する楽器遊びに合わせて、簡単な動作を模倣する。	速い－遅い会話、歌。動き：テンポの能力。	音楽の速い－遅いの識別、１人で指揮をする練習、保育士なしでテンポを取る。
動作、隊形		個別に遊びの動き、保育士や小さなグループと一緒に。	全員のグループで一緒に、同様の動作、美的遊戯の動き。	美的ないっせい動作、変化の多い隊形、遊戯の踊りの動き。
打楽器		簡単なリズム楽器を用いる。	太鼓とシンバル、トライアングルを使う。"自作の楽器"を使う。	太鼓、トライアングル、シンバルを、１人で、変化をつけて、曲に合わせて使う。

リズム応答		簡単な会話と歌で、リズムモティーフを繰り返して手拍子する。	モティーフ（4分音符）のアクセントを自由な動きで強調する、リズムと旋律の応答奏。	リズムモティーフのアクセントを強調する、自由な動きで歩行する、リズムと旋律の応答奏。
メロディ応答			モティーフを使って旋律線を展開する（名前、挨拶）。	メロディの応答の工夫（モティーフを使って）、唱え言葉や旋律、おとぎ話に自分の歌詞をつけて歌う。

（Forrai Katalin, ÉNEK AZ ÓVODÁBAN, 2004, Musica Budapest, pp.28-30 を訳出。）

　このなかで特に重視されているのは、①聴く力（速い－遅い、大きい－小さい、音が高い－低い、音色などの違いが分かる）の育成、②内的聴感（頭のなかで音楽が鳴ったり、歌えたりすること）の育成、③音楽的な記憶、です。これら3つとも、お互いに深く関わっている能力です。これらの力は、主として唱え言葉とわらべうたを歌うことによって育成されます。

　唱え言葉とわらべうたは、ほとんどが遊戯つきで歌われます。幼い子どもの場合には、指導者がひざの上で歌の拍節に合わせて揺さぶったり手遊びをしたりする遊戯が多く、年齢が上がるに伴って、身体全体を使った動作や、手をつないで輪になって歩いたり、隊形を組んで複雑に行進したり、ゲームをしたりすることが多くなります。1つの歌でいろいろな遊びや動作や行進をするので、遊びながら子どもは飽きずに繰り返し歌を歌うことになります。こうして、たくさんの歌を自然に楽しみながら覚えていき、音楽的な記憶力が養われるのです。覚えた歌は、指導者のハミングやリズム打ちによって提示され、子どもはそれが何の曲であるかを尋ねられます。さらに、指導者の合図で、歌の途中から声に出さずに心のなかで歌い、再び合図があれば、いっせいに歌いだす活動（旋律隠し）もよく行われます。これらは、音楽の記憶力と内的聴覚の発達をめざしたものであり、コダーイ・メソードで非常に重要視されている能力です。

　一方、歌いながら基本拍で歩くことも重視されています。歌に合わせて均一に基本拍で歩くことができるようになると、歌のリズムに合わせた手拍子が加わります。これらによってリズム的能力を育成していくのです。歌の旋律の高低は、腕の上げ下げで表されます。また指導者の提示するテンポの変化や、音の大小に合わせて歩いたり歌ったりさせます。これらのことによって、聴く力が育成されるのです。

5. コダーイ・コンセプトに基づいた音楽指導法のポイント

1）基本拍、アクセント、リズム

　手をつないで丸くなり、歌を歌いながら、基本拍で歩きます。その時、身体の向きが進行方向に向かって真っすぐになるようにします。横歩きはしません。次に、手を離し、歌のリズムに合わせて手拍子を打ちながら歩きます。次に2重の輪になり、それぞれ逆の方向へ回りながら、外側の円は基本拍で手拍子をしながら、内側の円はリズム打ちをしながら歩きます。次に、2重の円で向き合い、歌に合わせて、強拍の時にはお互いの両手を打ち合わせ、弱拍の時には自分のひざを打ちます。これらは、常に歌いながらするということを忘れないでください。

　均等な基本拍で、歌いながら歩くということはとても大切なことです。いろいろな歌で、さまざまな動作によって行います。うず巻き（手をつないで、先頭が円の内側をまわり、うずを巻くように歩く。うずを巻き終えたら、外側の円の手の間をくぐり抜けていき、うずを解く）や、門くぐり（2人の子どもに両手を合わせて門をつくらせ、その門の間を、その他の子どもが手をつないで、歌いながら歩く。

門が閉じてつかまった子どもが門の役を交代する）など、いろいろな隊形でします。子どもにとっては
あくまでもゲームですが、指導者は、きちんと歌うことと、テンポに気をつけてください。ゲームに興
じると子どもは速く歩きたがりますが、指導者が速度変化の意図をもっている場合を除いて、基本的に
はテンポは一定にすることが大切です。

2）大きい／小さい、速い／遅い、高い／低い

　歌いながら、指導者が声の大きさを変えます。大きく歌う時は立って、小さく歌う時には身をかがめ
て小さくなります。身体で表現をすることによって、感覚的に大小を識別させます。

　指導者は、歌を歌いながら歩き、途中で意図的に速さを変えます。随時子どもにそれをまねさせ、変
化した速さに合わせて、歩きながら歌わせます。この場合に、速さを変えるのはあくまでも指導者であっ
て、子どもに合わせてはいけません。

　指導者が、高い声、中くらいの声、低い声を出します。同時に高い声の時には跳び上がる、低い声の
時にはしゃがんでみせます。子どもにもそれをまねさせます。

　歌いながら、旋律の高低にしたがって、腕を上下させます。初期に用いるわらべうたは、2音か3音
でできていますから、高低は、高い−低い、高い−中くらい−低いとなり、多くの高さはありません。
この腕で表す高低は、旋律の記譜へとつながるものです。

　指導者が口からある音高の音を出し、それを手ですくうようにして人に渡します。渡された人は同じ
音高を保ちながら、次の人に渡します。次に、口から出したある音高の音を両手で囲って、囲うと同時
にサイレント・シンギングし、それを次の人に渡します。渡された人は同じ音高で音を出し、それを両
手で囲ってサイレント・シンギングし、次の人に渡します。短いフレーズを同じようにして、次の人に
渡します。これらはすべて同じ音高で受け渡すことが大切です。

3）内的聴覚

　たくさんのわらべうたを、それぞれいろいろな遊びや動作を伴って何回も歌って覚えたら、内的聴覚
の指導に入ります。つまり、子どもがわらべうたの旋律やリズムを記憶していないと、内的聴覚は育成
できないのです。指導者と子どもが交互に歌のフレーズを歌います。また、歌わないでリズム打ちだけ
して、慣れてきたらリズムの交互打ちをします。歌わずにリズム打ちをするためには、頭のなかで旋律
を歌っていることが必要です。また、交互唱・交互奏では、相手が演奏している時に頭のなかでそれを
歌ったり、打ったりすることになります。これが内的聴覚育成の最初の段階です。次に皆でわらべうた
を歌っている途中で、指導者が合図をしたら、子どもは、声に出さずに頭のなかで歌います。再度合図
があったら、声に出して歌います。これは簡単なようですが、合図のあと、声を出して歌った時に、全
員の声をぴったり合わせるのには、さまざまな能力が必要です。頭のなかで、正確な音高とリズムと速
さで歌が歌えていなければなりません。ここに、わらべうた遊びをしながら培った、拍節感とリズム感
と音高感と音程感が必要となるのです。

　次は記憶の問題になります。指導者が、わらべうたの冒頭部分をハミングで歌ってみせます。それが
何の歌であるか、子どもが当て、それを一緒に歌います。次に、指導者がわらべうたをリズム打ちしま
す。子どもがそのリズムを聴いて、何の歌であるか当て、みんなでその歌を一緒に歌います。曲名が分
かるということは、提示されたリズムに合わせて頭のなかには旋律が流れているということです。

4）リズムの記譜

　以上のようにして、拍節感、リズム感、音高感、音程感が体得されたら、楽譜の学習へと入っていきます。リズムの記号を教えるにも、いきなり5線譜は用いません。子どもを数人前に出し、音価（音の長さ）を身体で表現させます。立っている子どもはタ（4分音符）、手をつないでいる子どもはティティ（8分音符）、両手を挙げている子どもはスン（4分休符）を表します。並んでいる子どもを見て、リズムシラブル唱（タ、ティティ、スン）をしながら手拍子します。さらに、それをリズム譜で表します。次の段階では、リズム譜を子どもに書かせます。タに〇、ティティに△、スンにZをつけて、手拍子させます。次に、リズム譜を消し、〇と△とZだけを見て手拍子します。

5）旋律の記譜

　歌を歌いながら、5線黒板上にマグネットの黄色の符頭を置いて、歌の旋律線を表します。開始音高の符頭を線に置いたり間に置いたりして、いろいろな高さで練習します。

　5線の線や間に横長のマグネットを置いて音高を示し、それに合わせてドレミでシラブル唱します。横長のマグネットの表（緑色）で音高が示されている時は声に出して歌い、裏（赤色）で音高が示されている時にはサイレント・シンギングします。

　4分音符2つのリズムカードと、シンコペーションのリズムカードを交互に2枚ずつ並べ、そのリズムに合わせて、ラドレミの音を使って、即興的に旋律を作って歌います。

6）実際の指導例

　それでは、具体的な指導法を1つ例示してみましょう。

くまさんくまさん

遊び方

・2重円になって向き合います。

・「くまさんくまさん」：4分音符4拍分を、自分で手拍子します。

・「まわれみぎ」：拍に合わせて4回足踏みしながら、時計（右）回りに1回転します。

・「くまさんくまさん」：4拍分を、自分で手拍子します。

・「りょうてをついて」：向き合った相手と、4拍分手合わせします。

・「くまさんくまさん」：4拍分を、自分で手拍子します。

・「かたあしあげて」：その場で、4拍分片足跳びします。

・「くまさんくまさん」：4拍分を、自分で手拍子します。

・「さようなら」：向き合った相手とお辞儀をし、時計と反対（左）回りに1歩進んで次の人と向き合います。

　この遊びを何度も行い、歌を覚えたら、学習の段階に入ります。

〈リズム学習〉

・全員で4分音符（基本拍）を両手でひざ打ちしながら、歌を歌います。

・全員でリズムを手拍子しながら、歌を歌います。

・全員で歌いながら、子どもの基本拍のひざ打ちに合わせて、先生はリズムを手拍子します。

・全員で歌いながら、先生の基本拍のひざ打ちに合わせて、子どもがリズムを手拍子します。

・先生だけが歌いながら、子どもは歌なしでリズムを手拍子します。

・歌なしで、先生の基本拍のひざ打ちに合わせて、子どもがリズムを手拍子します。

・全員で、2小節ごとに、先生→子ども→先生→子どもと交互唱します。

・全員でリズムを手拍子しながら、2小節ごとに、先生→子ども→先生→子どもと交互唱をします。

・歌わずに、2小節ごとに、先生→子ども→先生→子どもと交互にリズム打ちします。

＊応用：先生→子どもを、子ども→子どもと変えたり、曲の途中で先生の合図によってチェンジさせた
　　りすることもできます。

〈旋律の記憶練習〉

・全員で、歌詞で歌います。

・2小節ごとに、先生→子ども→先生→子どもと、歌詞で交互唱します。

・2小節ごとに、先生（歌詞）→子ども（ラララ）と交互唱します。逆も練習しましょう。

・2小節ごとに、先生→子どもと、ラララで交互唱します。

・先生と子どもで2小節ごとの交互唱（歌詞）をしますが、先生は途中の2小節を時々黙ります。子ど
　もは続きを歌います。

・子ども全員で歌詞で歌いますが、先生の合図があったら、黙って頭のなかで歌います（サイレント・
　シンキング）。再度先生の合図があったら、頭のなかで歌った続きを声に出して歌います。

　いろいろな歌を上記のようなやり方で数多く歌い、旋律とリズムの記憶ができたら、先生の提示する旋律やリズムの一部を聴いて、何の曲か当てます。このようにして、コダーイ・メソードでは、遊びを通して、音楽の基礎的な能力、すなわち、聴く力、記憶する力、拍節感、リズム感、旋律感などを体得していくのです。

6. まとめ

　コダーイ・コンセプトに基づいた音楽教育では、次のようなことに留意しなくてはなりません。

　歌いながら遊ぶことは大切ですが、遊ぶだけで歌わないのなら、それは音楽教育ではありません。つまり、音楽する時にはきちんとさせなくてはならないのです。歌に合わせて歩く時は、基本拍で正確に歩かせる、リズム打ちは歌に合わせて正確に行う、などを徹底しなければ、均等な基本拍や正確なリズム感を身につけさせることはできません。また正確な音高で清潔に歌うことも大切です。子どもがふざけて怒鳴り声で歌ったり、違うピッチで歌ったりしたら、その場ですぐに中断し、直さなくてはなりません。これを徹底しないと、内的聴覚の育成はできないのです。

　質のよい音楽情報をたくさんインプットしないかぎり、内的聴覚は育ちません。また、子どもの即興的音楽表現は、内的聴覚のなかにあるものからしか生まれないのです。

第4節　モンテッソーリ教育における音楽指導法

1. マリア・モンテッソーリ

　モンテッソーリ教育の考案者であるマリア・モンテッソーリは、1870年にイタリアのキアラヴァッレで生まれ、1952年にオランダで没した、医師であり幼児教育家です。1907年に、モンテッソーリがイタリアで初めて、しかもスラム街で開設した「子どもの家」での教育実践は、荒れ果てていた子どもが落ち着きと秩序感を取り戻し、本来のよい姿に変わったとして、世界中の教育界から脚光を浴びました。モンテッソーリ教育では、自分だけの特別な目的を実現するために、「創造性」を育成することを最大のねらいとしています。教育方法の特徴として、1. 自分の興味・関心に沿って活動を選択し、自己活動すること、2. 手を使いながら深く集中することを促すモンテッソーリ教具を用いること、3. 子どもが満足感をもって活動を終えることができるよう、活動を繰り返す自由を与えること、4. 保育者は子どもが1人でできるようになるための援助者であること、などが挙げられます。

　モンテッソーリは音楽家ではありませんでしたが、音楽は人間にとって欠かすことのできない重要なものであるとして、協力者と共に自身の教育における音楽分野の充実をめざしました。彼女たちは、音や音楽を集中して「聴く」ことを出発点として、音楽の諸要素を理解したり、演奏の技術を身につけるための音楽カリキュラムを開発しました。その後、モンテッソーリの後継者らによって、モンテッソーリ教育の理念を引き継ぎながらも、遊びの要素を取り入れた音楽カリキュラムが考案されました。

2. モンテッソーリ教育における音楽分野の指導理念

　モンテッソーリ教育の音楽分野では、子どもが将来的に音楽で自由に自己表現することを目的としています。例えば、音楽理論に基づいて作曲をしたり、楽曲に対する深い解釈のもとで演奏することなどです。そのために、音楽分野では以下のような指導理念が掲げられています。

①子どもが自分の興味に沿って音楽活動を選択し、実施する姿を尊重する。グループ活動も行うが、個人活動も重視する。

②幼児期には、五感の「敏感期」（特定のことに対して特別に感受性が働く時期）があるため、教育環境にさまざまな音や音楽を「聴く」活動を導入することが重要である。

③易しいものから難しいものへと段階的に指導する。

④聴覚から取り入れた音や楽音を、固有の名称や音名に一致させ、さらにそれらを記号として理解させることが重要である。

3. モンテッソーリ教育に基づいた基礎的な音楽指導

　モンテッソーリ教育における音楽カリキュラムの内容は、リズム活動、音楽表現活動、楽器演奏、音楽創作、そして音楽鑑賞など多岐にわたります。ここでは、聴く活動から発展する音楽活動を中心に取り上げます。

1）〈静粛のレッスン〉— 静けさをつくる・静けさを体感する

　〈静粛のレッスン〉は、保育者とクラスの子ども全員が、できる限りの静けさをつくる活動です。保育者が「せいしゅく」と書いたカードを提示すると、子どもはその文字を読み、静けさをつくります。（保育者が音色のよいベルを鳴らし、〈静粛のレッスン〉を開始する場合もあります。）この活動を通して、子どもは音を集中して聴く姿勢や、身体の動き方を調整する力を身につけます。このような力が身に付

くことで、子どもは集団で歌ったり演奏したりする際に、友達の声や音をよく聴きながら自分の声や音を重ねることができるようになります。また、以下に挙げる〈雑音筒〉や〈音感ベル〉の音を注意深く聴くことや、自分の身体の動きをコントロールしながら楽器を演奏するための準備となります。

2）リスニングゲーム

以下のゲームはグループで行います。友達や保育者と共に、音に対する気付きを高めることを目的とするゲームです。

⑴　音の孤立化

リーダーはベルを持ち、それ以外の子どもは目を隠します。ベルを持った子どもが静かに移動しながらベルを鳴らします。目を隠した子どもはベルの鳴る方を指差します。移動する音を正確に指差すことができれば正解です。

⑵　音色の識別

子どもにとって身近な物をいくつか準備します（例：鍵、紙、水、文具、瓶など）。リーダーはそれらの物を用いて、それぞれの音を出します。その他の子どもは目を閉じてリーダーが作った音を聴きます。どの物で作られた音かをグループで考えます。

⑶　体の音の認識

リーダーは自分の体の一部を用いて音を鳴らします（例：手で音を出す、床の上で足を滑らす、あくびをするなど）。参加者は、リーダーが体のどの部分を動かし、何を行ったのかを当てます。

3）〈雑音筒〉― 音質を聴き分ける

〈雑音筒〉は、一方には赤、もう一方には青い蓋が付いた 2 つの箱の各々に、6 本の筒が入っている教具です。赤い箱には蓋が赤い筒、青い箱には蓋が青い筒が入っています。これらの筒の中には、ビーズや木の実などの異なる素材が入っており、小さい音から大きい音まで違う音がします。〈雑音筒〉は外見上、すべてが同一の形状という特徴をもつために、聴覚だけを用いて活動を行います。

〈雑音筒〉の基本的な活動方法は、①異なる音質を聴き分け、同じものを一致させる（写真 7－1）、②音の小さいものから大きいものへと順序立てて筒を並べる、という 2 点です。これらの活動を通して、子どもはさまざまな音を聴くことに興味をもったり、生活環境に溢れている音への気づきを高めていきます。

写真 7－1　雑音筒

4) 〈音感ベル〉

〈音感ベル〉は、C4 を基点として、1 オクターブの音域を扱う教具です。柔らかく伸びのよい音色がします。操作するためのセットと、活動の確認を行うためのセットの 2 つを 1 組として使用します。〈雑音筒〉と同じように、〈音感ベル〉もそのすべてが同じ形であるため、聴覚だけを用いて活動を行います。基礎的な活動では、ハ長調の音階構成音のみを扱います。〈音感ベル〉の基礎的な活動内容は以下のとおりです。

(1) 同じ音高を合わせる

この活動では、コントラストのある 2 つの音（例：C4 と G4）の〈音感ベル〉を用いて、同じ音高の〈音感ベル〉を一致させます。その際、〈音感ベル〉と同じ音高を母音の「O」で歌う、ピッチマッチングをします。母音を用いることは、「柔らかい声で歌う」ことに有用とされています。何度も繰り返すなかで、子どもはハ長調の音階構成音の音高感覚を形成していきます。

(2) 音高に音名を一致させる

(1)の活動を通して、子どもが音高感覚を身につけると、音高に音名を一致させる活動へと移行します。例えば、C4 の〈音感ベル〉を鳴らしながら、C4 の音高で「これはドの音です。」とチャントのように歌います。それと同時に、音名の書かれている円板を用いて、文字として音名を認識していきます。

(3) 五線譜上で音高を捉える

(2)のチャントのように歌いながら、音名の書かれている円板を五線譜の所定の位置に置きます。この活動を通して、記譜・読譜の基礎的な力を身につけます。

(4) ハ長調の音階を構成する

音高感覚を基準として、〈音感ベル〉でハ長調の音階を構成します。この活動を通して、音階として音を正確に位置づけることがめざされます。

(5) 作曲

上記(1)から(4)までのプロセスを通して、正確な音高感覚と基礎的な記譜・読譜力を身につけた後に位置するのが、作曲です（写真 7 − 2）。作曲では、〈音感ベル〉を使いながら、子どもが自分なりに五線譜に音符の円板を並べ、曲を作ります。曲が完成すると、子どもはそれを歌います。つまり、この活動は、作曲の導入的な役割を果たしていると同時に、記譜・読譜力の強化と、声で表現する力を身につけることもめざされているのです。

写真 7 − 2　作曲の一例

⑹　スケールソング・コール＆レスポンス

　これは、〈音感ベル〉を用いる歌唱活動です。スケールソングは、ハ長調の音階に、子どもの名前や挨拶言葉など、子どもに馴染み深い言葉を乗せた歌です。一方、コール＆レスポンスは、C4 と G4 など音高に差異のある 2 つの音に、「誰ですか？」「私です」など、問いと答えの言葉を乗せた歌です。これらの活動を通して、音楽的な美しい声で歌うことや、正確な音高で歌うことなどがめざされます。

第5節　マリー・シェーファーのサウンドスケープとサウンド・エデュケーション

1. マリー・シェーファーのサウンドスケープ

1）R・マリー・シェーファー

　R・マリー・シェーファー（R. Murray Schafer, 1933-2021）は、カナダのオンタリオ州サーニアで生まれた、カナダを代表する作曲家です。シェーファーはサウンドスケープ（後述）を提唱し、その考え方に基づいて音楽教育にも携わりました。その活動は世界中の都市の音環境に関する調査であり、サウンド・エデュケーション（後述）に代表される教育活動でした。

　『教室の犀』[1]においてシェーファーは、自身の音楽教育活動の重要な局面を3点挙げています。第1点は子どもの音楽的な創造性を引き出すことです。子どもたちが音色、音響、楽器の奏法などを自分で発見できるように、実験できる環境を用意して、子どもたちに問いかける重要性を、シェーファーは具体例を挙げて示しています（シェイファー 1980, pp.15-18）。第2点は音の環境に関することです。シェーファーは、音の環境を音楽作品として捉える考え方を提案し、人々がそれを創造できること、そのためにはまず、音楽作品を聴くように周囲の音を聴取する必要があること、個人の音に対する価値観を育て、好きな音や残したい音を選び、それらの音が大きな音によって聞こえなくなってしまっている場合、どのように音同士の調和を取るのかを考えていく必要性を主張しました（シェイファー 1980, pp.18-20）。第3点は諸感覚と諸芸術の関連です。シェーファーは「5歳のこどもにとっては、芸術は生活で、生活は芸術です。（中略）こどもがあそんでいるのをみて、その活動をいままでの芸術形態の領域におさまるかどうかかためしてごらんなさい。不可能です」（シェイファー 1980, p.22）と述べ、複数の感覚が働くような芸術の形態を再構成する必要性について論じています。シェーファーは、音楽を単独で学習するのは聴覚を鋭敏にするためであるというように、諸芸術を分けて学習する目的を明確にしつつも、「感覚の全面的で継続的な分離は、経験の分裂をもたらします。（中略）私はもう一度芸術総合の可能性をかんがえたいのです」（シェイファー 1980, p.23）と述べており、複数の感覚を用いて芸術の諸活動を総合的に行うことを提案しています（シェイファー 1980, pp.20-24）。これらの記述から、シェーファーの諸芸術と諸感覚の関係に対する捉え方が読み取れます。

2）サウンドスケープ

　シェーファーが提唱した「サウンドスケープ "soundscape"」とは、"landscape"（風景）からの造語で音の環境を意味し、サウンドスケープは、野外だけではなく屋内も含み、時刻や季節、場所、文化によっても異なり、多様であるとシェーファー（2009）[2]は述べています（シェーファー 2009, pp.2-3）。加えて、シェーファー（2022）[3]はサウンドスケープを「現実の環境をさす場合もあれば、特にそれがひとつの環境として考えられた場合には、音楽作品やテープ・モンタージュのような抽象的な構築物をさすこともある」（シェーファー 2022, p.570）とも定義しています。

　シェーファーは、「サウンドスケープ」を提唱することで、私たち市民が音や音楽における認識のあり方について考えるきっかけを提示しています。『世界の調律』においてシェーファーは、アメリカの作曲家であるジョン・ケージの《4分33秒》に言及しています。この楽曲においては冒頭から終わりまで、演奏者はいっさい演奏しません。聴衆はその間、周囲に生じる音を聴きます。シェーファーはこの楽曲を例に挙げて、「われわれが作品とかコンサートホールとか呼んでいる音楽の時空間上の容器を開き、その外側の新しい音の世界全体を取り入れるようにしたこと」（シェーファー 2022, p.28）を音楽の概念が拡大する要因のひとつとして説明しています。《4分33秒》は、それまでの音楽の概念を覆す

ほどのインパクトを人々に与えましたが、シェーファーもその影響を受けた 1 人でした。

シェーファーは、音楽と環境音の境界が曖昧になってきたことを、20 世紀の音楽の特徴として挙げる（シェーファー 2022, p.247）一方で、騒音公害という社会問題に関心をもち、生活環境に増え続ける騒音の問題は、人々がそれらの音を聴いていないことと関連すると主張しました（シェーファー 2022, p.25）。そして彼は、騒音公害の問題が音楽教育に起因すると考えました（シェーファー 2022, p. 247）。この課題を解決するために、人々が音を聴く対象を広げ、社会を形成している音の存在に気づくこと、音に関する環境を市民 1 人ひとりが創造していく力を秘めていることを、シェーファーは社会に向けて主張していきました。

2. サウンド・エデュケーション

サウンド・エデュケーションとは、前項までに述べたような課題に取り組むためにシェーファーが考案した教育方法です。そのために、シェーファーは音の聴取や音の探索に関する 100 の課題を『サウンド・エデュケーション』にまとめました。シェーファーは、この 100 の課題を、音を聴いたりそこから想像したりする課題、音を探したり音をつくったりする課題、音環境に関する課題に分類していますが、これらの課題を、掲載の順番に関係なく自由に行い、課題を発展させていく可能性を示唆しています（シェーファー 2009, pp.6-7）。そこで、本節では、これらの課題のなかから 1）音のリスト、2）音日記、3）紙を使った音遊びの各活動を取り上げ、幼児教育との関係や、保育者の資質の向上に活用する方法を紹介します。

1）音のリスト

『サウンド・エデュケーション』の最初の課題は音のリストです。この課題は、その場で聞こえた音をすべて書き出すことから始まります。書き出し方の指定はありません。シェーファーはまた、書き出した音を他者と共有し、各人のリストの違いに注目するように促しています。『サウンド・エデュケーション』の教示では、各人のリストが違うことに関して、互いのリストを認める重要性が明記されています（シェーファー 2009, p.11）。

次にシェーファーは、書き出した音を種類に応じて分類したり、距離や方向によって配置したりすることを勧めています。『サウンド・エデュケーション』には、分類の枠組みが複数挙げられており、自然音や機械音、人間が出す音、自分が出す音というように、音の発生源や音を発する主体を省察できる分類方法や音量の違いで並べる方法、自分を中心として聴き取った音を方向や距離にしたがって配置する方法が紹介されています。さらに、同書では、この課題の目的として、これらの分類や配置を他者と共有して、多様な聴き方を認識する重要性が示されています（シェーファー 2009, pp.12-13）。

2）音日記

次に紹介する課題は「音日記」です。この課題では、その名のとおり、音に関する日記をつけていきます。「音日記」に書く内容として、シェーファーは「珍しいと思う音、その音に対するあなたの反応、音環境全般についてのいろいろな意見、重要だと思うこと」（シェーファー 2009, p.31）を挙げており、音について自由に書くことを勧めています。

この課題は、保育者養成校・教員養成校でも試みられており（例えば、吉永 2012[4]、三橋 2022[5]）、保育者を目指す学生の音や音環境に対する意識の拡大につながることが明らかになっています。これらの保育者養成校・教員養成校における調査では、「音日記」を 1 週間程度、継続的につける課題が設定さ

れています。ぜひ皆さんも実践してみてください。自分が周囲の音の何に気づいているのか、それをどのように感じているのかなど、音や音楽に対する自分の認識の仕方が見えてくるでしょう。

『サウンド・エデュケーション』では、1人で「音日記」を書くだけでなく、他者と「音日記」を共有することが提案されています。実際に、三橋（2022）では、他者と「音日記」を共有する活動がもつ教育的効果を検討しました。その結果、保育者養成校・教員養成校の授業において、大学生が各々の「音日記」を他者と共有することで、自分が聴いていない音を想像したり、追体験したりできることが明らかになりました。加えて、音に対する他者の着眼点や考察、音の聴き方、日記の表現方法を発見することで、自分が聴きとった音以外にも周囲に音があることや、新たな聴き方を知り、音や音環境に興味をもった様子が報告されています。さらに、「音日記」に関する対話を通して他者に共感したり、他者から共感されたりする経験が得られることも明らかになりました。これらのことから、「音日記」を書いてそれを他者と共有する経験は、保育における環境構成や活動の計画等に関して、音という視点から考える機会になるといえます。

3) 紙を使った音遊び

最後に紹介する課題は「紙を使った音遊び」です。シェーファーは、『サウンド・エデュケーション』で、紙を用いた課題をいくつも提案しています。そのひとつは、音を鳴らさずに紙を隣の人に渡す課題です（シェーファー 2009, p.106）。ぜひ、この課題に挑戦してみてください。その際、耳を澄ませてみると、音を立てずに紙を渡すことが、思いの外、難しいことに気づくのではないでしょうか。

シェーファーは同書で、この課題の次に、紙を楽器に見立てて鳴らす課題を提案しています（シェーファー 2009, p.107）。また、同書の子ども向けバージョンである『音さがしの本－リトル・サウンド・エデュケーション－』（増補版）[6]には、実践例としてこの課題に基づく創作活動が示されています（シェーファー・今田 2009, p.146）。そこで、三橋（2021）[7]は、この課題を土台として、さまざまな種類の紙を用いた音楽づくりの実践を分析し、保育者を目指す学生が協働で音楽をつくる過程を明らかにしました。紙には、新聞紙や包装紙、コピー用紙等、さまざまな種類があります。種類が異なれば大きさや質感が異なるので、それらの紙から発せられる音にも差異が生じます。また、質感が異なれば、音だけでなく触感も異なるため、紙を鳴らすことで、聴覚と共に触覚も刺激を受けます。実際、三橋（2021）では、異なる種類の紙に触れて、触覚から捉えた質感と聴覚から捉えた音に基づいてイメージを膨らませて音楽をつくる様子が示されています。このことから、紙を用いて音楽をつくることで、複数の感覚を働かせて表現が創造されていくことがわかります。

さらに、大きな紙であれば1人で鳴らすだけでなく、複数の人が協働して鳴らすことが可能です。例えば、三橋（2021）は、1枚の紙を他者と引っ張ったり、叩いたりする様子を報告しています。同じ紙を引っ張り合ったり、叩いて鳴らしたりすることで、リズムを共有して一体感を得たり、1人で鳴らす場合よりも大きな音を鳴らしたりすることができます。このことから、他者と協働で紙を鳴らすことで、音楽づくりにおけるバリエーションの広がりが期待できます。

以上、紙を用いた音楽づくりでは、紙の種類の違いによる音の差異を楽しんだり、諸感覚を働かせてイメージを膨らませたり、他者と協働して活動したりすることができます。幼稚園教育要領では、素材に関わってイメージを広げたり表現したりすることや、他児との感動の共有、教師が子どもの表現を受け止めることの重要性が示されています（文部科学省 2018[8]）。保育者を目指す皆さんが紙を用いた音楽づくりを実践すれば、皆さんもこれらの重要な点を実感できます。この経験が、幼児の表現に関する援助に生かされることでしょう。

　普段はメモを取ったり、文章を読んだり、モノを包んだりする目的で使用される紙ですが、音楽をつくる材料としても多様なバリエーションと可能性をもっています。ぜひ、友人と紙を用いて音遊びや音楽づくりを楽しんでみてください。

引用文献

1）マリー・シェイファー（1980）『教室の犀』高橋悠治訳、全音楽譜出版社。

2）シェーファー, R. マリー（2009）『サウンド・エデュケーション』（新版）鳥越けい子・若尾裕・今田匡彦訳、春秋社。

3）シェーファー, R. マリー（2022）『新装版 世界の調律－サウンドスケープとはなにか－』鳥越けい子・小川博司・庄野泰子・田中直子・若尾裕訳、平凡社。

4）吉永早苗（2012）「大学生による『一週間の音日記』－保育・小学校教諭を目指す学生の『聴くこと』に対する意識を高める試み－」『音楽学習研究』8、pp.23-34。

5）三橋さゆり（2022）「『音日記』の共有がもつ教育的効果－学生の認識過程の分析を通して－」『教材学研究』33、pp.39-50。

6）シェーファー, R. マリー・今田匡彦（2009）『音さがしの本－リトル・サウンド・エデュケーション－』（増補版）春秋社。

7）三橋さゆり（2021）「音楽づくりにおけるアイデアの発想に関する理論的枠組み－保育を学ぶ学生による協働場面の分析を通して－」『日本教科教育学会誌』44（1）、pp.51-64。

8）文部科学省（2018）『幼稚園教育要領解説』フレーベル館。

第6節 「ふしづくりの教育」の活用

　「ふしづくりの教育」は、岐阜県古川小学校において、昭和41（1966）年4月から53（1978）年3月までの12年間実践された優れた音楽教育です。その素晴らしい実践は多くの注目を集め、昭和48（1973）年には2,002名、昭和49（1974）年には2,898名の参観者が全国から集まりました。

　その特徴は、以下です。

　1．精細なカリキュラムがある（30段階・102ステップ）、2．子どもの短いフレーズの独唱や発表の機会を確保している（小学校第1学年のある授業では、「ふしづくり」の活動の16分弱の間に、全員が1回以上短いフレーズを歌唱した）、3．反復を多用している（名前呼びあそび、鳴きまねあそび等）、4．子どもが授業の進行に関わる（4曲程度の教科書教材の既習曲を歌う場合には、指揮も伴奏も子ども、曲順も子どもが告げる）、5．グループ活動の重視（既習曲の歌唱では指揮と伴奏はそれぞれのグループが担当する、グループの対抗でのリズムあてあそび等）、6．教師の発言時間は非常に少ない（前記の授業の場合、3分45秒：7.7％）、7．教科書教材は必ず学習するが教科書を開くことはほとんど無い（聴覚重視）、8．これらはすべて、音楽専科ではない学級担任教師集団によって作りあげられました。

　この「ふしづくりの教育」を幼児音楽教育に活用することによって、大きな成果を挙げることが可能です。上記の特徴のうち、2．子どもの短いフレーズの独唱の機会の確保、3．反復の多用、7．聴覚の重視、の3点に注目します。すべて、「わらべうた」のふしを用います。すべて、「たんたんたんうん（○○○Ｖ）」の基本リズムにのって行います。教師は、E4A4・E4G4・E4A4・Ｖ（♩♩♩𝄽）の伴奏をキーボードで演奏してもよいでしょう。ハンドカスタで基本リズムを打ってもよいでしょう。

1.「おへんじあそび」

譜例7－1

　譜例7－1のように、教師が歌いかけ、それに対して子どもが歌って返事します。最初は「男の子」「女の子」のように多人数で返事します。次には、誕生月ごとに呼びかけて、当該の子どもが返事します。最後には、1人ずつ全員の名前を呼びかけて、各自が返事します。返事の音高はすべてA4・G4・A4（ラソラ）です。1人ずつの返事がとても重要です。その歌声を、子ども自身が聴き、教師が聴き、他の子どもも聴くからです。聴くことによって、聴覚力・音楽性が陶冶されます。名前の呼びかけに正しい音高で返事できなかった子には、再度呼びかけます。それ以上呼びかけてはいけません。その子どもに過度のストレスを与えるからです。教師はそれぞれの子の歌声の状態を的確に認識しておきます。

2.「名前呼びあそび」

譜例 7 − 2

　譜例 7 − 2 のように、花、果物、動物、鳥、虫などの名前を歌います。このとき次の 2 点に留意して
ください。第 1 点は、まず花についてだけ歌い、次に果物についてだけ歌うというようにしてください。
第 2 点は音高についてです。日本語の自然なイントネーションを生かして歌います。花の絵か写真を用
意して、まず先生がその名前を歌います。それに続いて子ども全員が歌います。次にそのなかから自分
の好きな花を、1 人ずつが歌います。それを全員で反復します。基本リズムにのって途切れなく歌って
ください。「すーきなおはな」の箇所を、「すーきなくだもの」のように言い換えます。名前が次々にで
てくるように、絵や写真を準備します。

　この例だけでも、譜例 7 − 2、7 − 3 ともに 4 人、計 8 人の子どもが独唱しています。このように、
できるだけ短い時間に、できるだけ多くの子どもが独唱できる場を設定します。楽しく、遊び感覚で、
基本リズムにのって、手際よく進めましょう。

3.「鳴きまねあそび」

譜例 7 − 3

　譜例 7 − 3 のように、鳥や動物や虫の名前を歌い、その鳴き声をまねして歌います。基本リズムにのっ
て途切れなく進めます。最初は、先生と一緒に歌います。慣れたら、2 組に分かれて、一方が名前を歌い、
他方がその鳴き声を歌います。あらかじめ歌う順番を決めておきます。1 人が名前を歌い、全員が鳴き
声をまねしてもいいでしょう。対象となる鳥や動物や虫の絵や写真を準備しておくといいでしょう。

　この活動を手際よく行うことによって、子どもの集中力が高まり、自分の声や友だちの声を注意深く
聴き、順番を守るようになり、クラスの凝集力と親和力が強くなります。先生にも大きなメリットがあ
ります。歌の伴奏に捉われることなく子どもの 1 人ひとりの歌声の実態を正確に把握できるのです。こ
のように、先生にとって、最少の負担で、最大の効果を生む方法が「ふしづくりの教育」なのです。ぜ
ひ、試みてください。より関心のある方は、yoshito@hiroshima-u.ac.jp までご連絡下さい。

主要参考文献

・チョクシー，L.エイブラムソン，R.ガレスピー，A.ウッズ，D.／板野和彦訳（1994）『音楽教育メソードの比較』全音楽譜出版社。

・星野圭朗（1979）『オルフ・シュールヴェルク　理論とその実際　日本語を出発点として』全音楽譜出版社。

・ジャック＝ダルクローズ，E.／板野平訳（1975）『リズムと音楽と教育』全音楽譜出版社。

・ケラー，ヴィルヘルム＆ロイシュ，フリッツ／橋本清司訳（1971）『ORFF−SCHULWERK　子どものための音楽　解説』音楽之友社。

・マルタン，F.ほか／板野平訳（1977）『作曲家・リトミック創設者　エミール・ジャック＝ダルクローズ』全音楽譜出版社。

・ミード，V. H.／神原雅之、板野和彦、山下薫子訳（2006）『ダルクローズ・アプローチによる子どものための音楽授業』ふくろう出版。

・日本ダルクローズ音楽教育学会編（2003）『リトミック研究の現在』開成出版。

・Pajor Márta ／ Szirmai Monika 訳、三村真弓校閲（2009）「ハンガリーの音楽教育−コダーイ・コンセプト−」『音楽教育学』第 39 巻、第 2 号、pp.32-36。

・Pajor Márta ／ Szirmai Monika 訳、三村真弓校閲（2009）「コダーイ・コンセプトに基づいた音楽指導」『音楽教育学』第 39 巻、第 2 号、pp.37-38。

・ハンドゥレスパー，E.／石丸由理訳（2002）『リトミック教育のための原理と指針　ダルクローズのリトミック』ドレミ楽譜出版社 。

・三村真弓、吉富功修、伊藤真、井本美穂（2014）「岐阜県古川小学校における「ふしづくりの教育」の音楽教育及び人間教育としての意義−昭和 40 年代後半の音楽科授業の実際に注目して−」『音楽学習研究』第 10 巻、pp.61-72。

・藤尾かの子（2017）「M.モンテッソーリの音楽教育観の変遷」『モンテッソーリ教育』第 49 号、pp.83-99。

・Maccheroni, A.M.（1955）*Psicomusica: orecchio, occhio, voce, mano*, n.p.

・Miller, J.K.（1981）"The Montessori Music Curriculum for Children up to Six Years of Age," Ph.D. dissertation, Case Western Reserve University, pp.84-89.

第 8 章　初心者のためのキーボード・ハーモニー −コード進行と伴奏づけ−

「J-POP をピアノで弾いてみたい！」「かっこいい伴奏ってどうやってつけるの？」「ジャズっぽい響きを覚えたい！」こう思ったことはありませんか。そのためにはコードを意識することです。

本章では幼稚園教諭、保育士をめざす皆さんが、読んですぐに理解し、演奏できることを目標にします。

第 1 節ではコードについて基礎的なことを学び、第 2 節では実際にスリー・コード（主要 3 和音）で簡単な伴奏づけを行います。第 3 節では応用編として、ジャズやポピュラーによく使われる、「おしゃれなコードづけ」に挑戦します。洗練されたコードの美しさを感じながら演奏してください。

第 1 節　コードのしくみ

音階の ドレミファソラシ は、それぞれ
CDEFGAB と英語読みします。

譜例 8 − 1

これらの音の上にそれぞれ和音をつけていくと譜例 8 − 2 のようになります。

譜例 8 − 2

「第 15 章　楽典　第 9 節　和声」を見てください。長 3 和音、短 3 和音、減 3 和音、増 3 和音があります。これら 4 種類の和音にはそれぞれ次のようなコードをつけることができます。

　　長 3 和音　□

　　短 3 和音　□m　（マイナー）

　　減 3 和音　□m^{-5}　（フラット・ファイブ）

　　増 3 和音　□aug　（オーギュメント）

□の部分にはそれぞれ**根音（ルート）**にあたる音を**英語読み**して入れます。譜例 8 − 2 の各和音の最も下の音が根音（ルート）になりますが、譜例 8 − 1 に書いてある各音の英語読みと同じことが分かりますね。

例えば、

ドミソ の和音—根音にあたるドの英語読みは C です。ドミソは長 3 和音なので後ろに何もつかず、C
　　　　がその和音のコード・ネームになります。

[レファラ]の和音—短3和音なので後ろに小文字のm（マイナー）をつけます。根音はレで英語読みしてDとなり、後ろに小文字のmをつけ、Dmとなります。

どうですか？パターンで覚えれば理解しやすくなると思います。

「第15章　楽典　第6節」で学ぶ音程がとても重要ですので十分理解しておきましょう。

また長3和音に第7音を加えた**属7の和音**もよく使われます。譜例8−2でGとG7を並べて書いていますが、[ソシレ]がG、[ソシレファ]がG7です。

属7の和音は□7（セブン）と読みます。本章では属7の和音（G7）を中心に伴奏づけを行いますので、ぜひ覚えてください。

第2節　3つのコードで伴奏しよう

「第15章　楽典　第9節　和声」で学ぶ主要3和音は**スリー・コード**と呼ぶこともあります。ハ長調のスリー・コードは、C[ドミソ]、F[ファラド]、G[ソシレ]です。

子どもの歌の伴奏はほとんどの場合スリー・コードで演奏することができます。それでは伴奏をつけてみましょう。ただここで注意することがあります。ピアノで伴奏する時、コードをそのまま演奏すると左手の伴奏があっちこっちに移動してとても弾きづらくなります。こんな時は転回形を使うと便利です。転回形も「第9節　和声」のところで勉強します。

ここで、ハ長調の曲に出てくるGのコードをすべてG7に置き換えてみましょう。[シレソ]→[シファソ]G7は、ポピュラー音楽などで最も多用されるコードです。音色が少しポップスっぽく聞こえるかもしれません。G7は[ソシレファ]の和音ですが、音が4つあるために第5音のレを省略して[シファソ]とします。

Gのコードは半終止といって必ず基本形のソシレを使わなければならない場合もあります。初心者には難しいので、今のところすべてG7を使いましょう。

ハ長調の曲のなかにC、F、G7のコードがあったらすぐに反応できるようにトレーニングしておきましょう。どうですか？これなら何とかできそうですね。

譜例8−3　ハ長調のスリー・コード

それではコード・ネームを見ながら、実際によく使われる子どもの歌を伴奏してみます。

最初に、C[ドミソ]とG7[シファソ]の2つのコードだけで伴奏してみましょう。

左手1の親指で弾くソはどちらのコードにもある音（[ドミソ]と[シファソ]）で**共通音**なので、指の位置をしっかり固定しておけばコードの変化に慌てることなく楽に弾けます。

かえるの合唱

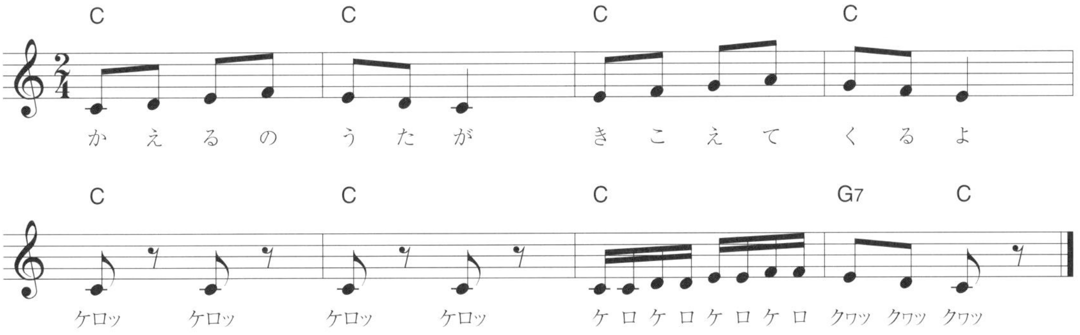

譜例8－4

メリーさんのひつじ

譜例8－5

次に、C ドミソ 、F ドファラ 、G7 シファソ のスリー・コードで伴奏できる曲を弾いてみましょう。
　左手のコードを弾く時、コード同士の**共通音**をあらかじめマークしておくと非常に弾きやすくなります。これは今後いろいろなコードを勉強した時にも役立ちますので覚えておきましょう。

共通音ド (5の小指)　　共通音ファ (2の人差し指)　　共通音ソ (1の親指)

譜例8－6　共通音

チューリップ

譜例8－7

思い出のアルバム

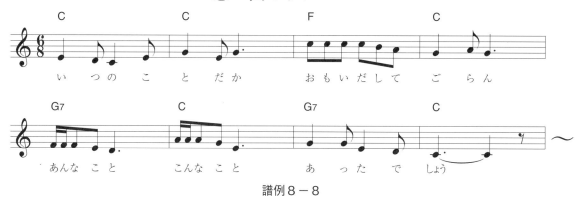

いつの こと だか　おもいだして ごらん
あんな こと　こんな こと　あった で しょう

譜例8－8

ここまでハ長調を中心に見てきましたが、子どもの歌には子どもの声域に合った調がいくつかあります。スリー・コードで演奏できる曲もたくさんありますので練習してみましょう。本書第Ⅱ部にある曲集も参考にしてください。

譜例8－9　子どもの歌によく使われる調とスリー・コード

第3節　おしゃれなコードづけ（ジャズやポピュラーによく使われるコード）

第1節、第2節で基礎的な伴奏づけができるようになりました。

第3節ではコードについて少しだけ専門的な説明を加えていきます。

おしゃれなコードといわれる響きでは、**代理コード**や**借用和音**、ドミナント・モーションやトゥー・ファイブなどを効果的に使います。最初は難しく感じますが、子どもの歌にもたくさん使われていて、パターンで覚えると分かりやすくなります。ぜひ覚えてしまいましょう。

ここでは第2節（譜例8－8）の《思い出のアルバム》にいろいろなコードをつけてみました。コードのつけ方で曲の表情が変化するので、演奏しながらいろいろな伴奏づけを試してみましょう。

1. 代理コード

あるメロディを（例えばハ長調を）、ずっとハ長調と考えて伴奏づけすれば、スリー・コードでほぼ伴奏することが可能です。

ハ長調の代理コードについて考えてみましょう。譜例8－2を参照してください。音階の3番目と6番目にそれぞれEm、Amがありますね。これらはCの代理コードで、Cの代わりに使うことができます。同様に、音階の2番目にDmがあります。これはFの代理コードでFの代わりに使うことができます。

C → Am ラドミ、Em ミソシ

F → Dm レファラ

譜例 8 − 10 の《思い出のアルバム》を見てください。

下段（スリー・コードによる伴奏づけ）の C → C → F → C が、上段の C → Em → F → C となります。2 小節目に、C の代理コードの Em が入りました。

思い出のアルバム

譜例 8 −10　思い出のアルバムー1（代理コードを使って）

次にサザンオールスターズの《いとしのエリー》を分析しましょう。

いとしのエリー

© 1979 by BURNING PUBLISHERS CO., LTD. & FUJIPACIFIC MUSIC INC.

譜例 8 −11

まず下段のスリー・コードで伴奏づけすれば、F → G7 → C → C となるところ、上段のコードを弾くと、Dm → G7 → Em → Am となり、代理コードで、おしゃれな響きが得られました。このコード進行は、ジャズやポピュラーでもとてもよく使われます。《いとしのエリー》が人々に愛されている理由の 1 つはここです。

またポピュラー音楽では □7（セブン）など、7 が多用されます。

Dm7 → G7 → Em7 → Am7 を、それぞれ レファラド、ソシレファ、ミソシレ、ラドミソ のように、基本形で弾いてみてください。7th によって、もっとおしゃれな響きになりましたね。

皆さんは、「子どもの歌を伴奏できるようになりたいのに、そんなことが必要なの？」と思うかもしれません。答えは「イエス」です。

作曲者の桑田佳佑氏は当時楽譜が書けなかったそうです。楽譜が書けない初心者なら、簡単なコードづけでいいのでしょうか？

いいえ、彼の心の中にはきっとスリー・コードだけでは語れない熱い響きがあったと思います。それを探して探してピッタリ合ったコードがこの代理コードでした。

皆さんも自分は初心者だからと遠慮して、スリー・コードをマスターしただけで満足しているかもしれません。もちろんそれも大切ですが、もし少しでもポップスなどに興味があったら、ぜひおしゃれなコードにもチャレンジしてください。自分の好きなアーティストの曲が、思いがけず複雑なコードを知るきっかけとなるかもしれません。

2. 借用和音

ハ長調のメロディの一部分を、他の調（例えばト長調）から借りてきたコードで伴奏すると、そこだ

けト長調の響きが加わり、伴奏に変化を与えます。ある調から借りてくる和音ということから、これらの和音を**借用和音**と呼びます。小さな転調ともいえますね。

メロディに対してどんな借用和音がつくかということの詳細を知るには、専門的に和声を学ぶ必要がありますが、ここでは次のドミナント・モーションのところで、キーボード・ハーモニーとして最低限覚えてほしいハ長調の借用和音について解説します。

3. ドミナント・モーション（Dominant Motion）

トニック：V7 → I　　ヘ長調：V7 → I　　イ短調：V7 → I　　ニ短調：V7 → I

譜例8−12　ハ長調のいろいろな借用和音

譜例8−12のように、V7→Ⅰに行くことを、**ドミナント・モーション**（ドミナントからトニックに進む動きのこと）と呼びます。各調の**属7の和音**は、ここでは**基本形**で弾きましょう。ドミナントやトニックは「第15章　楽典　第9節　和声」で勉強します。

譜例8−12の各調のトニックを見て気がついたことはありませんか？

ト長調：G

ヘ長調：F

イ短調：Am

ニ短調：Dm

そうです。トニックのコードはその調の主和音です。

借用和音を入れる時、ハ長調の曲のなかでG、F、Am、Dm の4つのコードが含まれる箇所に注目しましょう。そのコードが各調の主和音になり、借りてくる調（借用和音）が決定します。その箇所が見つかったら借用和音を入れてみましょう。

借用和音は主和音の1つ手前に入れるのがコツです。

思い出のアルバム

い　つ　の　こ　と　だ　か　　　おもいだして　ご　ら　ん

譜例8−13　思い出のアルバム−2（ドミナント・モーションを使って）

下段がスリー・コードの伴奏です。3小節目がFなので、1つ手前のCのコードを借用和音のC7（ドミソ♭シ）にすると、C7→Fでヘ長調のドミナント・モーションができました。CがC7に変化しただけで豊かな響きが得られましたね。

同じメロディが、**代理コードを使った場合**（譜例8−10）と、**ドミナント・モーションを使った場合**（譜例8−13）では変化することが分かりました。最終的にどちらのコードを選ぶかはその人の好みでよいのですが、このように、同じメロディでもコードのつけ方でまったく違った印象を与えることがあります。

あくしゅでこんにちは

譜例8－14

　上段4～5小節、6～7小節が借用和音、つまりドミナント・モーションです。

　5小節目のFはヘ長調の借用和音が入るので、手前の4小節目にC7を入れてC7→Fとなります。C7［ドミソ♭シ］の♭シの音がヘ長調の響きを作って、音色が豊かになりました。

　7小節目のG7は7thですがト長調と考え、手前の6小節目にD7を入れてD7→Gとなります。D7［レ♯ファラド］の♯ファの音がト長調の響きを作って、音色が豊かになりました。

4．トゥー・ファイブ（Two Five）

　譜例8－14の10～11小節目下段のドミナント・モーションに気がつきましたか？

　そうです、G7→Cですね。そのG7を2つに分割します。

　つまりトゥー・ファイブとは、ドミナント・モーションのG7がDmとG7に分割したものと考えればよいのです。

　　　G7 → C

　　　Dm　G7 → C

　譜例8－2の音階の2番目にDm、5番目にG7がありますね。その2と5を英語読みしてトゥー・ファイブ（Two Five）と呼びます。

思い出のアルバム

譜例8－15　思い出のアルバム－3（トゥー・ファイブを使って）

　下段1小節目のG7を、上段のようにDmとG7に分割します。Dmが入ったことによって、G7が後ろにずれますが、1小節に2つのコードが入り、表情豊かな伴奏になりました。

5．まとめ

　《たきび》、《思い出のアルバム》、《キラキラ星》を、代理コード、借用和音、ドミナント・モーション、トゥー・ファイブを使って編曲（アレンジ）し、コードの分析（アナリーゼ）をしてみましょう。

たきび

譜例 8 - 16

♪《たきび》コードの分析（①は小節番号）

①上段 Dm → G7 は トゥー・ファイブ で下段 1、2 小節の G7 を分割
④上段 C7 はヘ長調の 借用和音 、 ドミナント・モーション で F へ
⑥上段 Em、Am は下段 C の 代理コード
⑦上段 Dm → G7 は トゥー・ファイブ で下段 G7 を分割

思い出のアルバム

譜例 8 - 17　思い出のアルバム— 4

♪《思い出のアルバム》- 4　コードの分析（②は小節番号）

②上段 Em は下段 C の 代理コード
④上段 Em、Am は下段 C の 代理コード
⑤上段 Dm → G7 は トゥー・ファイブ で下段 G7 を分割
⑥上段 Em、Am は下段 C の 代理コード
⑦上段 Dm → G7 は トゥー・ファイブ で下段 G7 を分割

　これまでさまざまなコード進行を学んできました。実際に響きの面白さが分かり、音を自由に扱えるようになるにはまだ少し時間がかかるかもしれません。

　最初はくどいと思うほど実験的に、代理コード、借用和音、ドミナント・モーション、トゥー・ファイブを入れてみてください。偶然うまくコードが入ると、そこだけ違った美しい響きが得られて、もっといろいろなコードを試してみたくなります。そこからが専門的な理論の勉強のスタートです。

　皆さんが将来幼稚園教諭や保育士になって、子どもの歌をスリー・コードで上手に伴奏できることはもちろんですが、そこにあなたしか弾けないキラッと光ったコードを 1 つ入れてほしいと思います。子どもたちの目もきっとキラッと輝くことでしょう。

　最後に《キラキラ星》の編曲（アレンジ）と簡単な分析（アナリーゼ）を掲載します。譜例 8 - 18 の下段はスリー・コードの伴奏です。

　難しいかもしれませんがゆっくり練習して、1 つでも 2 つでも好きな響き（コード）を見つけてください。そしていつかそのコードを使って伴奏できたら、とてもすてきなことだと思います。

　好きな音楽を分析して、理論的、機能的に理解することは、これからのあなたの演奏をきっと豊かなものにすることでしょう。

譜例 8 - 10、11、13 ～ 18 の編曲　近藤裕子

キラキラ星

譜例 8 −18

♪《キラキラ星》コードの分析（①は小節番号）

①上段 Em は下段 C の 代理コード
②上段 Dm は下段 F の 代理コード 　　　上段 Em は下段 C の 代理コード 　　　上段 A7 はニ短調の 借用和音 　 ドミナント・モーション で Dm へ
③上段 Dm → G7 は トゥー・ファイブ で下段 G7 を分割 　　　上段 Am は下段 C の 代理コード
④上段 Dm → G7 は トゥー・ファイブ で下段 G7 を分割
⑤上段 Em は下段 C の 代理コード 、　上段 Dm → G7 は トゥー・ファイブ で下段 G7 を分割
⑥上段 Am は下段 C の 代理コード 、　上段 Dm → G7 は トゥー・ファイブ で下段 G7 を分割
⑦上段 Em は下段 C の 代理コード 、　A7 はニ短調の 借用和音 　 ドミナント・モーション で Dm へ
⑧上段 Am は下段 C の 代理コード 、　上段 Dm → G7 は トゥー・ファイブ で下段 G7 を分割
⑨上段 Am、Em は下段 C の 代理コード
⑩上段 Dm は下段 F の 代理コード 　　　上段 Em は下段 C の 代理コード 　　　上段 A7 はニ短調の 借用和音 　 ドミナント・モーション で Dm へ
⑪上段 Dm → G7 は トゥー・ファイブ で下段 G7 を分割 　　　上段 Am は下段 C の 代理コード
⑫上段 Dm → G7 は トゥー・ファイブ で下段 G7 を分割

第9章　日本における幼児音楽教育の変遷－明治期から昭和期まで－

第1節　歴史を振り返る意義

　就学前教育を考える時、大人から子どもへ文化を伝えるのか、それとも子どものなかに文化を認めそれを守り育てるのか、という問題が浮上してきます。つまり就学前教育の歴史は、この両極の間を、振り子のように行ったり来たりしてきた過程といえます。そこで、過去の歴史的な変遷を追うことは、現在および未来の就学前教育における幼児音楽教育を考えるうえで、重要な意味をもつと考えます。

　日本に幼稚園が創設された明治期以来、幼稚園および託児所・保育園における幼児音楽教育は、唱歌・遊戯・唱歌遊戯・表情遊戯・律動遊戯・音楽・リズム・音楽リズム・表現などという名称のもとに、常に保育内容の一部分を担ってきました。しかし、その目的・方法・教材は、時代と共にかなりの変遷を遂げています。本章では、各時代ごとの特徴を把握することによって、幼児音楽教育の変遷の方向性を明らかにし、さらに、それが現在の就学前教育における幼児音楽教育とどのように関連するのかを考えたいと思います。

第2節　第1期：明治前期（明治9年〜31年）

　日本での本格的な幼稚園の歴史は、明治9年、東京女子師範学校附属幼稚園の開設によって始まりました。草創期幼稚園では、欧米のフレーベル式幼稚園を模し、恩物*を用いた板ならべ、箸ならべ、豆細工、珠つなぎ、紙織り、紙刺し、紙きり、縫取りなどの手技を中心とした保育が行われました。各保育項目は、30 〜 40分に細分された時間のなかでいっせいに教授されました。主な保育内容として、種々の恩物がそれぞれ独立した1項目として多数設けられ、他に唱歌、談話、体操、遊技などがありました。音楽教育は、唱歌として単独で、あるいは遊戯を伴った形でほぼ毎日行われました。

　草創期学校教育における唱歌教育の目的は、子どもの身体的な発達や精神に与える効用、あるいは発音を正すことなどでした。幼稚園に唱歌教育が取り入れられたのも同じ目的によりますが、一方で、欧米のフレーベル式幼稚園で唱歌や遊戯が欠かせないものであったために、日本でも当然のこととして採用されたともいえます。明治14年頃からは、この当初の目的の他に、「徳性の涵養」という道徳面での目的が加わります。これは、明治政府が、中央集権国家の確立のために、儒教的な思想を国民に浸透させようとしたためです。このように、中央集権国家確立の手段としての役割を担うことによって、唱歌教育はようやく独自の存在価値を認められたといえます。

　草創期幼稚園における唱歌教授法の特徴は、①問答法を用いて、歌詞の意味を子どもに説明する、②歌をフレーズに分けて、教師が範唱した後に、子どもに復唱させて覚えさせる、③歌詞の意味を理解させるために直観教授法として実物や絵などを見せる、④箏・胡弓・洋琴（ダルシマーあるいはピアノ）・風琴（オルガンあるいはアコーディオン）などの楽器を唱歌に伴って使用する、というものでした。④

＊　Gabe の訳。神からの贈り物の意。フレーベルの考案した幼児のための球、積木、板、棒などの教具。

以外は、ペスタロッチ主義的唱歌教授法の影響ですが、段階的に"教え込む"という性格の強いものであったために、後に子どもの発達段階や心情を考慮しないものとして批判の対象となりました。

　草創期の幼稚園の唯一の唱歌教材は『保育唱歌』です。歌詞は、保母が作詞をしたり、欧米のフレーベル式幼稚園で行われている唱歌教材の漢文調の訳詩から題意をくみ取って替え歌にしたり、万葉集などの古典から選んだりしました。したがってそれらの歌詞は、日常使用している言葉とは大きく異なり、子どもの心情に深く訴えるものではありませんでした。それらの難解な歌詞に、宮内省式部寮*の人々が曲をつけました。旋律は雅楽調で子どもの生活のなかの音楽とは遠くかけ離れ、ゆったりとしたリズムや緩やかなテンポも活動的な子どもの本質とは合わないものでした。曲の音域は平均1オクターブ半近くもあり、7度や9度の跳躍進行も含まれ、1音節を1呼吸で歌えないなど、子どもの歌としてはまったくふさわしくなかったといえます。古来から子どもの日常生活のなかで親しまれ、伝承されてきた歌は、わらべうたです。では、なぜわらべうたが幼稚園や小学校に取り入れられなかったのでしょうか。本来日本の音楽には、雅と俗の区別がありました。江戸時代の士農工商の身分制度のなかでは、雅楽は宮中の音楽、能楽は武士の音楽、わらべうたや民謡や三味線音楽などは庶民の音楽でした。明治時代になって、学校教育が始まると、わらべうたや民謡や三味線音楽などは野卑で俗な音楽とされ、学校や幼稚園で用いられる唱歌教材から排除されてしまったのです。

　草創期の幼稚園遊戯は、外国の幼稚園教育関連の書物に記載されていた遊戯を参考にしていました。こうした遊戯の実例は、フレーベル著『母の歌と愛撫の歌』に原典があり、歌詞の題材や内容を象徴するような動きが多く、雅楽調の旋律に合わせて優雅に舞うようなものもみられました。草創期の遊戯は、子どもの自由な表現や活動を引き出すものではなく、非常に教授的で形式ばったものでした。

　明治20年代に入ると実際の子どもの姿が注目され始め、一部の幼児教育者によって幼稚園草創期の形式的な恩物中心主義に対する批判が起きてきます。実際の保育の方法や内容はなかなか改良されませんでしたが、随意遊戯（自由遊び）が取り入れられていく兆しがみえました。この時代の唱歌教育の目的は草創期と変りませんが、唱歌教授法に関しては、従来のものに加えて、幼児の声域に合った高さへ移調して歌うことをすすめたり、怒声を避け美しい声で歌わせることをすすめたりするようになりました。

　明治20年に、文部省音楽取調掛から『幼稚園唱歌集』が出版されました。この唱歌集の緒言には、「幼徳ヲ涵養シ、幼智ヲ開發センガ為」に用いるべき唱歌であることが明記されています。したがって、教訓的な歌詞内容の唱歌が多く含まれています。歌詞は子どもには難解な文語体を使用しており、また『保育唱歌』ほどではないものの、いぜんとしてかなり広い音域の曲が多く、子どもの声域を考慮しているとはいえません。この唱歌集には、《蝶々》《霞か雲か》などの他に、教訓的な歌詞がついた《数へ歌》が含まれています。この後、民間からさまざまな唱歌集が出版されるようになりました。唱歌教材に関しては、従来の格調高い文語体の歌詞が子どもの唱歌として不適切であるという見解が述べられるようになり、言文一致唱歌運動の芽生えがみられます。しかし、まだこの時代では、歌詞は難解でなくかつ俗でないものが望ましいと思われており、完全な口語体の歌詞を使用することには抵抗があったようです。しかし、日本人の作曲した曲だけを載せた民間の唱歌集は、子どもの視点に立ち、わらべうた遊びに似た遊戯を取り入れ、歌詞内容にも教授的な部分がまったくありません。また、歌いにくい音程はできるだけ避け、半音程の占める割合も少なくなっています。

　以上のように、明治前期幼稚園における音楽教育は、難解な文語体の歌詞や雅楽調の旋律および外国曲の旋律を用いた唱歌を歌い、形式ばった象徴的な遊戯を付随することからスタートしました。歌詞内

---

*　宮中の儀式を司った役所。このなかに雅楽を専門とする世襲の集団があった。

容には超国家的・儒教的・教訓的なものが多く、唱歌が手段として歌われたことが推察されます。20年代に入ると、歌詞は口語体ではないものの幾分分かりやすくなり、遊戯も伝統的なわらべうた遊びに近いものが一部で行われるようになりました。歌詞内容には、いぜんとして教訓的なものが多く、また軍国主義的なものもみられるようになりましたが、教授的内容をもたない純粋な遊び歌も増えました。音域や音程は、草創期の唱歌に比べると、いくらか歌いやすいものになってきました。これは、子どもが歌うということを意識して、日本人による作詞作曲が行われるようになってきたためです。しかし、作曲技術の水準が低いために、旋律やリズムなどが単純で音楽的な魅力に欠ける傾向にありました。

第3節　第2期：明治後期（明治32年〜45年）

　明治20年代に幼稚園が全国各地に開設されていき、幼稚園相互の交流が盛んになり、幼児教育に対する関心の高まりから保育研究組織が結成されるなか、明治32年に「幼稚園保育及設備規程」が制定され、幼稚園の保育内容や設備などに関して、国として初めての規準が設けられました。このなかで、幼児保育の項目は、遊嬉（遊戯）、唱歌、談話、手技の4つにまとめられました。遊嬉は、随意遊嬉（自由遊び）と共同遊嬉に分けられ、唱歌に伴った遊戯は共同遊嬉となりました。草創期幼稚園で重要な地位を占めていた種々の恩物は、手技としてまとめられ、単なる1項目にすぎなくなりました。また、自由遊びが公的に認められるようになったことは、従来の形式に縛られた保母主導型の保育から、いくらか子ども中心の自由な保育へ変化する兆しであったと思われます。明治後期は、アメリカの児童中心主義の影響を受けた幼児教育者が、子どもの視点に立った保育の必要性を主張し始めた時期でした。

　唱歌の目的は、「平易ナル歌曲ヲ歌ハシメ聴器、発声器及呼吸器ヲ練習シテ其発育ヲ助ケ心情ヲ快活純美ナラシメ徳性涵養ノ資トス」と規定されました。これは、従来の身体的・精神的・道徳的な面からみた目的と変りません。唱歌教授法は、実物教授によって歌詞の意味を知らせ、フレーズに分けて歌唱指導し、唱歌の内容や種類に適した遊戯を付して子どもの理解と興味を増し、発音や発声に注意するというもので、従来とほぼ同じです。明治前期には楽器の使用が奨励されましたが、後期になると楽器は単なる伴奏にすぎないことを指摘し、新しい唱歌を教授する際には楽器に頼らず保育者の声によって教えることをすすめる意見もみられました。

　明治後期には、児童中心主義の視点から、唱歌教材論もより具体的になってきます。新たに主張された点は、曲に関しては、①大人の感情に適した旋律は子どもには不適切である、②音楽的価値がどこにあるかを察して選択する、③平易で模倣しやすいこと、④音域は狭いものが望ましく、レ（D4）からレ（D5）ぐらいが適切である、⑤広い跳躍進行を避けること、⑥半音は少ない方がよい、⑦同一フレーズの反復が必要である、⑧拍子は4分の4拍子や4分の2拍子のものがよく、その次に8分の6拍子がよい、⑨勇壮活発な曲は子どもの活動性に適しており、他には優雅で快活なものがよく、悲哀なものは必要ない、などがあげられました。歌詞については、①子どもの言葉を用いること、②歌詞内容は子どもの経験内で理解できるものが適切であり、形式的で道徳上の抽象的真理を歌ったものや大人の美感を表したものは不適切であること、③同じ言葉を反復すること、などの意見がありました。

　明治後期には、日本人の作詞作曲による多くの唱歌集が出版され、言文一致唱歌も主流になってきました。特に、瀧廉太郎も作曲者の1人であった『幼稚園唱歌』（明治34年）は、明治時代の最も優れた幼稚園用唱歌集の1つであり、彼の作曲した《お正月》や《水あそび》は今でも歌われています。

　後期の唱歌集には、日清・日露戦争の影響もあって、歌詞内容に軍国主義的な内容のものが若干みられるようになりましたが、小学校の唱歌教材のように積極的に戦争を美化するような内容はありません

でした。また、教授的な内容をもたない遊び歌に属する唱歌はいっそう多くなり、幼稚園用唱歌集のなかに定着したといえます。

　以上のように、形式的で格調の高さを重んじた明治前期から、子ども中心の視点を重視する後期になって、大人にとって望ましい格調高い唱歌教材から、子どもの能力や特性に適合した唱歌教材、子どもの心情にふさわしい唱歌教材へと変化していきました。

第4節　第3期：大正期（大正2年〜15年）

　明治期終わり頃から日本に導入され始めた新教育思想は、従来の学校教育における教師から児童への一方的な知識教授を批判し、大正期から昭和初期にかけて、児童中心主義の立場に立ち、経験を通した自律的な学習をめざしました。幼稚園においても、明治後期にはすでに一部で子ども中心の視点に立った保育への兆しがみられ始めましたが、大正期になるといっそうその傾向は強くなり、一般的に自由遊びや戸外保育が多く取り入れられ、自由保育が主流となりました。しかし、いぜんとして恩物を使用する園もあり、さまざまな保育内容と保育方法がみられました。

　幼稚園における唱歌の目的には、明治期と同じく、身体的・精神的・道徳的な目的が掲げられています。方法論に関しては、談話や遊戯との連携をすすめて保育項目間の密接な関係を重視しています。唱歌教材の歌詞および歌詞内容や旋律に対する選択規準については、明治後期と変りませんが、特に季節を考慮した教材選択の傾向がみられます。

　唱歌教材は、大正期に数多く出版されています。代表的な唱歌集には、『大正幼年唱歌』（大正4〜7年）や『新作幼稚園唱歌』（大正7年）などがあります。大正前期のこれらの唱歌集には短調やわらべうた風の唱歌もわずかに含まれてはいますが、ほとんどが単純な旋律と決まりきったリズムのいわゆる唱歌調の歌です。歌詞はすべて口語体で作られ、歌詞内容には軍国主義的なものや教育的なものが若干含まれてはいましたが、子どもの生活に密着した題材が圧倒的に多くなっています。また大正後期には、赤い鳥童謡運動の影響から、幼稚園でも童謡が歌われましたが、数的にはそう多くなかったようです。なぜなら、子どもにとって望ましい唱歌教材は明るく健康的なものという考えが深く浸透しており、本来子どものために生まれた童謡が叙情的でセンチメンタルな性格をもっていたために、幼稚園では全面的には受け入れられにくかったからです。

　大正期の保育項目で、重要な地位を占めたものは遊戯です。遊戯は、自由遊戯（自由遊び）・表情遊戯・模倣遊戯（ごっこ遊び）・律動遊戯（律動的遊戯）・玩具遊戯・競争遊戯に分けられますが、音楽教育に関係するものは、表情遊戯と律動遊戯です。表情遊戯は、明治期から行われた共同遊戯・唱歌遊戯であり、唱歌の歌詞内容に適した動作をつけることによって、子どもにより具体的に歌詞内容を理解させるためのものでした。大正期に生まれた律動遊戯は、リズミカルな音楽や唱歌を伴って全身的な運動を行うもので、身体的な目的をもっていました。大正期から昭和前期にかけての幼児音楽教育の特色は、この律動遊戯の普及でした。この律動遊戯を研究し普及させた代表的な人は土川五郎です。従来の表情遊戯に対する土川の批判は、①表情的動作が萎縮している、②活動量が不足している、③運動感覚を忘れている、④表情が主知的すぎる、⑤歌詞と曲とが不適合である、などです。この批判に基づいて彼がめざした律動遊戯とは、①子どもの心と体とに適合したもので、子どもの遊びと動作を基礎としたもの、②世界に共通するものに国民性を織り込んだもの、③リズムと音と動作が一致しているもの、④基本筋肉を動かし全身を使った大きな動作で、体育方面に利益があるもの、などというものでした。この律動遊戯は全国に広まりましたが、広がると共にしだいに見せるためのものと化してしまいました。したがって、

土川の理想にもかかわらず、その動作は歌詞に捉われた複雑な振りを伴い、子どもの心情を自由に表現するものではありませんでした。

第5節　第4期：昭和前期（昭和2年～20年）

　昭和期に入ると、国家主義がいっそう色濃くなり、わが国は急速に軍国主義へと走りだしました。昭和6年には満州事変、7年には上海事変、12年には日支事変が勃発し、16年には大東亜戦争へ突入して、社会情勢はいっきに悪化し、暗くなっていきました。

　しかし、昭和初期の幼児教育界では国家主義の影響はそれほどなく、一般的には大正期の自由保育の風潮が続きました。実際の保育方法は多岐にわたりましたが、そのなかで、大正期から自由保育を提唱し、わが国の幼児教育界の指導的立場にあった倉橋惣三は、東京女子高等師範学校附属幼稚園で系統的誘導保育を試みました。これは、子どもの興味や生活を中心に主題を定め、この主題によって各保育項目の内容を統合し、多角的に保育していこうとする教育方法です。あくまでも子どもの自発的な活動を尊重しながら、その活動に中心を与え、系統づけるように誘導が行われます。このように、大正期の自由な流れを受け継いだ昭和初期では、子どもの遊びを中心としながらも自由に放任するのではなく、そのなかから教育的な成果をあげようとする傾向がありました。つまり、これは遊びを通した教育であり、現今の就学前教育の原点をこの時期にみることができるといえるでしょう。

　大正15年に「幼稚園令」が公布され、保育項目は「遊戯、唱歌、観察、談話、手技等」となりましたが、昭和初期の唱歌はやはり遊戯と密接な関係にあり、実際の保育のなかでは分離しないで唱歌遊戯として扱う園もありました。

　唱歌としては、幼稚園用唱歌集の唱歌や童謡などが歌われました。代表的な唱歌集には『ヱホンシャウカ』春の巻・夏の巻・秋の巻・冬の巻（昭和7年）があります。音域はファ（F4）からレ（D5）までの6度のものが4割、オクターブのものが5割、9度のものが1割を占め、子どもの声域をかなり考慮しています。拍子は、ほとんどが4分の2拍子で、4分の4拍子と4分の3拍子が少数入っています。曲の長さも8小節や12小節が多く、長くても16小節までにしてあり、子どもが疲労しないように配慮してあります。調に関しては、子どもを明るく愉快に生活させるのには短調はふさわしくないとして、短調の曲は1曲だけしか採用されていません。旋律に関しては、大正期の幼稚園唱歌集よりも、音楽的に優れたものが多くみられます。また歌詞に関しては、感傷的なものや教訓的なものを避け、明るい明朗な内容のものが多くみられます。このように昭和前期には、よりいっそう子どもの視点に立った教材作りがなされました。これには、大正期に隆盛を極めた童謡運動の影響も大きいといえます。

　大正後期から昭和初期にかけての日本の音楽教育界は、芸術教育運動の影響を大きく受けました。小学校教育においては、歌唱・鑑賞・器楽・児童作曲などの研究と実践が盛んになり、唱歌科から音楽科へ移行するための理論的な基盤が作られました。昭和初期になると、幼稚園にもこの傾向がみられます。レコードやラジオの普及とも相まって、芸術教育としての鑑賞教育の必要性が一部で述べられたり、大正期に始められた器楽合奏がよりいっそう盛んに行われました。レコードやラジオは鑑賞に使われるだけでなく、遊戯の伴奏にも多く使われました。またラジオで幼児向けの「うたのおけいこ」の番組が始まったことで、放送される歌の是非について議論がかわされたりもしました。ラジオで放送される歌は、幼稚園で歌われる唱歌よりもやや複雑で音域も広く、子どもが歌うには難しいものもありましたが、子どもには人気があり、それを幼稚園で歌わせるかどうかが問題になりました。倉橋は、これに関して、教育性とか歌いやすさを追求した幼稚園の唱歌が、音楽的魅力の点でラジオの歌に及ばないのではないか

とも言っています。これは、現在の就学前教育で歌われる歌とマスメディアで流れる多様な音楽との問題に通じるものがあります。

　また、音楽的発達からみた幼児期の聴覚力開発の必要性も論じられるようになり、一部の園では、「音の聴きわけ遊び」などによって、子どもがゲームのなかでおもしろく遊んでいる間に自然に耳の訓練ができるように工夫されました。幼稚園のなかには本格的な音感教育に力を入れる園もありましたが、一般的には小学校以上で行われるような発声練習や音感教育には否定的でした。しかし、決して放任したわけではなく、正しい歌い方にまで導く必要性は十分に認識されていました。

　遊戯に関しては、ダルクローズのリトミックが日本にも紹介され、小林宗作らによって普及されました。小林の提唱した「綜合リズム教育」は、リトミックによって音楽教育ばかりでなく全人教育にも寄与しようとするものでした。これに対して倉橋は、リトミックの音楽教育上の価値と幼児教育上の価値とは別の問題で、あまりセンシブルな教育をすることは幼児教育として望ましくない、とも述べています。しかし、このリトミックの流行は、戦後の就学前教育における音楽リズムの隆盛につながっていきます。

　一方、大正期に盛んになった表情遊戯や律動遊戯は、見せるための遊戯になってしまったと批判を受けました。この他にも、情操性を目的として芸術的美的に振りつけたために耽美風になったとか、歌詞どおりに細かく振りがつきすぎているとかの反省もありました。これらに対して昭和前期には、動作をすべて保育者が決めるのではなく、ある程度の自由性をもたせるという傾向が現われてきました。遊戯を行うまえに実物を見せて実感させたり、お話や絵本で想像させイメージをもたせたうえで、子どもに自由に表現させるとか、子どもが興味をもって喜んで遊戯できるように臨機応変に動作を変化させてゲーム性を高めるなど、現場の保育者によるさまざまな改良がなされていきました。

　このように、昭和初期は、子ども中心の考え方に立った、幼稚園にふさわしい音楽教育というものが意識されだした時期だといえます。倉橋は、幼稚園での音楽教育は子どもの音的表現活動を主とするべきであり、何か体で表現したいという子どもの欲を、歌あるいは遊戯で自然に表現させる、それにほんの一歩の指導を与えて、子どものもっているものをさらに引き出して発達させるべきだとしました。

　さて、昭和12年頃から国家主義は幼稚園にもしだいに浸透していき、国家のために有用な人材を育てるためにしつけや保健体育が重視されるようになってきました。学校教育におけるほどの積極性はなかったにしても、会集の時に戦争関係の話をしたり、軍国主義の歌を歌ったりなど、幼児教育にも戦争の影響が及んできました。しかし、児童中心主義の考え方は根本的には変らず、強烈な国家統制は幼児教育にはそれほど徹底しなかったといえます。

　昭和16年に国民学校令が施行されると、芸能科音楽の新しい目標の1つとして「音に対する教育」が定められました。これは、敵の飛行機や潜水艦の出す音を的確に把握するために、また機械の出す音によって故障に気づくために鋭敏なる聴覚の訓練が必要とされたからです。音感教育は幼年期から必要であるということが認識されたために、幼児教育でも耳の訓練が広く行われるようになりました。しかしそれは、学校教育で行われた絶対音感教育のように徹底したものではなく、昭和前期に一部の園で試み始められた「音の聴きわけ遊び」のように、できるだけ多くの音に接するために、音による遊びを数多く取り入れようとするものでした。また童話のなかでお話の進行に合わせてリズムを叩いたり体を動かしたりする試みもなされ、子どもに興味をもたせながら自然にリズム感が身につくような方法が工夫されました。このような幼児期からの耳の訓練の必要性が一般に認められるようになったことは、戦後の幼児教育における音感教育ブームへとつながっていきます。

第6節　第5期：昭和後期（昭和21年〜63年）

昭和20年の終戦直後は、尊皇思想や国家主義および軍国主義などに関するものを教育現場から一掃するために、それらに関係した事がらが排除されました。音楽関係では、軍国主義をたたえた歌や飛行機・軍隊・兵隊などに関する歌、および《君が代》が禁止されました。また、民主主義の風潮に影響され、自由保育がよりいっそう多くの園で取り入れられるようになりました。

昭和23年には「保育要領」が刊行され、従来の保育5項目が、「楽しい幼児の経験」と銘打って12項目に増加しました。音楽教育関係では、リズムと音楽が独立した項目となっています。

昭和31年には「幼稚園教育要領」が実施され、幼稚園教育には小学校教育の前段階として、小学校との一貫性が求められました。これに伴って、12項目あった保育内容は6つの領域になり、領域別に発達の特性が述べられ、それに沿うような指導計画を作成することが示されました。これらによって、学校教育における教科主義的な考えが幼稚園にも入ってきました。音楽教育関係では、音楽とリズムが統合され、音楽リズムという領域になりました。

昭和39年には「幼稚園教育要領」が改訂、告示、施行されました。そのなかで、小学校的ではない幼稚園本来の教育をめざすという基本方針が述べられ、ねらいを含んだ子どもの活動が中心とされました。6領域は以前と変わりません。

このように、音楽リズムという領域になってから、教科としての音楽教育の考え方が就学前教育に浸透してきたといえます。音楽的能力は幼児期でなければ身につかないといった考え方によって、リトミックや音感教育が幼稚園教育のなかで盛んになりました。また、戦前に萌芽がみられた鑑賞や器楽も一般に普及し、総合的な音楽教育が行われるようになりました。

このような傾向のなかで、小学校のような、あるいは小学校よりも偏った音楽教育が行われる例もありました。音楽活動のプロセスよりも、音楽教育の成果という結果を追い求める傾向があったことは否定できません。子どもを自由に活動させ経験させるなかで自らいろいろなことを学ばせるのではなく、保育者から子どもへの一方的な音楽文化の伝達が行われたといえます。はたして、それによって、子ども1人ひとりの音楽的な感性や創造力や表現力を養うことができたのでしょうか。就学前教育に貢献する音楽教育というよりも、音楽のための音楽教育だったといえるのかもしれません。

第7節　歴史から現在を考える

以上のように、明治期から昭和期までの就学前教育における幼児音楽教育の変遷をたどってきました。日本の就学前教育における幼児音楽教育は、身体的・精神的・言語発達的・道徳的手段としての音楽教育から、見せる表現のための音楽教育、生活や遊びに密着した音楽教育、戦争に寄与する音楽教育、音楽のための音楽教育、音楽活動を通した自己表現へと変遷してきました。それにつれて、歌詞内容の重視から、表情遊戯・律動遊戯の重視、子どもの実態の重視、聴覚訓練の重視、リトミックや音楽的能力の早期開発の重視、自由な音楽活動の重視へと変わってきました。ここでこれらの歴史の変遷を踏まえて、就学前教育における幼児音楽教育の現在と未来を今一度考える必要があると思われます。

平成元年度の幼稚園教育要領改訂では「遊びを通しての指導」が提唱され、音楽リズムの領域が表現の一部へと変わりました。それに伴って、音楽は独立した領域として教授されるものではなく、整えられた環境のもとで、園での遊びや生活のなかで子どもが気づいたことや感じたことを表現するために必要なものとなりました。すなわち、明治期の手段としての音楽教育や昭和後期の音楽のための音楽教育

から、音楽を通した表現活動へと変わったといえます。この表現という言葉が漠然とした概念であるために、さまざまな解釈がなされ実践が試みられました。そこで問題になるのは、文化としての音楽です。子どもの自由な表現活動を尊重し保障することはもちろん非常に大切なことです。しかし、表現活動を質的に高め、音楽的に発展させていく必要はないのでしょうか。音楽は子どもが自己を表現する手立てであるともいえますが、その手立てが低い水準では、表現の質も低いままなのではないでしょうか。また、表現の前提として、豊かな感受性を育てることも重要であると思われます。

　現今の就学前教育は、その思想的背景に倉橋惣三の幼児教育思想があるともいわれています。生活や遊びを通しての教育を主張した倉橋は、「幼児教育の文化性」という講演のなかで、教育に２つの目的を見いだしています。第１は、文化へ子どもを到達させること、第２は、文化へ至る健全な発展性を子どもに与えること、すなわち子どもの生活が文化へ発展することを可能にする基盤を作るということです。子どもを文化へ到達させるまえに、まず子どもの生活を豊かにし、その生活のなかで文化に対する価値を発見させていくこと、つまり第２の目的こそが幼稚園の使命であるのです。生活のなかで子どもが美への興味に目覚めた時、子どもの内から起こる欲求を認めて伸ばしていかなければならないのです。むやみに文化へ到達させたり、文化を与えたりすればいいのではなく、生活から文化へ発展していくことそのものを尊重するということです。生活から文化へ至る過程は、子どものなかの文化に対する価値観の成長度に即していなければなりません。文化に対する価値観が成長していないのに、子どもを無理に文化へ引っ張りあげることはできないのです。以上が、倉橋の論です。

　過去から現在への幼児音楽教育の変遷の方向をみて明らかなことは、子どもの視点に立つことの重要性です。子どもの視点に立つということは、文化としての音楽を子どもに一方的に押しつけるということではなく、子どもの内にある音楽を認めることを意味します。しかし、幼児教育という立場にある以上、保育者はそれをそのまま見守るのではなく発展させていくことが重要なのです。倉橋が述べたように、就学前教育で担うべきことは、子どもが将来文化としての音楽へ到達することを可能にするような土台作りであるといえます。そのためには、まず、子どもが生活や遊びのなかで豊富な音楽経験が味わえるように、環境を整えなければなりません。これらの経験を通して、豊かな感受性が養われなくてはならないのです。表現のまえには受容が必要です。歌唱・鑑賞・器楽などの音楽活動を通して文化を受容することによって、子どもの表現がより豊かになっていくのです。ただし、その音楽活動は、子どもの発達や心情を考慮に入れて、あくまでも児童中心主義の立場に立って指導されなければなりません。保育者が一方的に教授するのではなく、子どもにとって生活の一部、遊びの１つとしての音楽活動が望ましいのです。そのうえで、子どもの自由な活動のなかからある程度目的をもった音楽的表現活動が引き出されるように、さらなる環境の設定や保育者の誘導が必要となります。このために、子どもの発達を理解し、子どもの実態を観察して心の中を洞察することが、保育者に求められます。さらに、その子どもの音楽的表現を充実させ、発展させることがめざされなければなりません。これを可能にするには、保育者が音楽的な技能や豊かな感性を有していることが重要となります。優れた音楽的能力や感性を有した保育者が援助することによって、幼児の音楽的表現が豊かになります。こうして発展した音楽的表現活動を通して、文化としての音楽に対する価値観が子どもに養われていくのです。就学前の音楽教育と就学後の音楽教育とは本質的には違うものであることを十分に理解したうえで、子どもの生活のなかで豊かな感受性と音楽に対する価値観を育むことが大切です。

主要参考文献

・フレーベル会編（明治 34 〜昭和 19 年）『婦人と子ども　幼児の教育』第 1 巻、第 1 号〜第 44 巻、第 11 号、フレーベル館。

・京阪神聯合保育会編（明治 31 〜昭和 2 年）『京阪神聯合保育会雑誌』創刊号〜第 50 号、京阪神聯合保育会。

・文部省（昭和 54 年）『幼稚園教育百年史』ひかりのくに。

・森上史朗他（平成元年）『幼稚園教育要領解説』フレーベル館。

・日本保育学会（昭和 43 〜 50 年）『日本幼児保育史』第 1 〜 6 巻、フレーベル館。

・岡田正章監修（昭和 52 年）『明治保育文献集　全 9 巻』日本らいぶらり。

・岡田正章監修（昭和 53 年）『大正・昭和保育文献集　全 15 巻』日本らいぶらり。

第10章　特別な支援を必要とする幼児と共にある音楽教育

　我が国での保育において、特別な支援を必要とする子どもたちへの支援は、幼児教育を実践する現場においてなおいっそう求められています。「幼稚園教育要領」、「幼保連携型認定こども園教育・保育要領」では、「障害のある幼児（園児）などへの指導に当たっては、集団の中で生活することを通して全体的な発達を促していくことに配慮し、適切な環境の下で、障害のある子どもが他の子どもとの生活を通して共に成長できるよう、特別支援学校などの助言又は援助を活用しつつ、個々の幼児（園児）の障害の状態などに応じた指導内容や指導方法の工夫を組織的かつ計画的に行うものとする。」ことが示されています。「保育所保育指針」でも子どもの状況に応じた適切な保育について示されています。

　近年、保育現場において、気になる子どもたち・特別な支援を必要とする子どもたちへの対応について幼児教育に携わる方々が指導への困り感をもたれることもあるようです。障害によっては早期には不確定な診断であることも多く、支援内容や支援体制、専門機関によるサポート体制も自治体の支援には違いが見られます。1歳6か月や3歳の健康検査の結果なども参考にして、地域の保健所・保健センターや子育て支援センターなどを利用して適切な支援をしていくことが大切です。

　保育の現場では、自然の音や生活音、わらべうたや子どものうたなどたくさんの音・音楽に包まれています。その音や音楽を活用することで子どもたちの成長を促すことができます。音や音楽には不思議な力があると感じます。楽しい音を発見するとワクワクして音遊びが始まります。指や手、身体を使う表現活動で身体のさまざまな動きを体験します。静かでゆっくりとした音楽に気持ちが落ち着き、元気のよい音楽にあわせて自然と体が動きはじめ、仲間と楽しい時間を過ごすこともできます。心を豊かにしてくれる音楽の力は障害のある子どもに役立つことがたくさんあります。

　本章では障害の特性と障害のある子どもの実態と音楽活動の関連性を知り、特別な支援を必要とする子どもにとっての音楽活動を通した効果的な支援の在り方について理解を深めていきましょう。

第1節　障害の特性と音楽活動

　障害の有無にかかわらず、音楽活動の指導において1人ひとりの子どもの実態を把握することは大切です。改正障害者基本法（平成23年8月5日公布）では、障害を「身体障害、知的障害、精神障害（発達障害を含む）その他の心身の機能の障害」としています。障害のある子どもとの音楽活動をする場合に障害の特性を知っておくことは、発達を支援するために必要な指導の観点です。ここでは、それらの障害の概要と音楽の関連を検討していきましょう。

1. 障害の特性と音楽の関連性

1）身体障害

　身体機能の一部に不自由があり、日常生活の制約がある状態の障害です。「視覚障害」「聴覚障害」「肢体不自由」「言語障害」「内部障害」などが、あげられます。

　情緒の安定や自己表現を高める音楽の提供が大切です。視覚障害や聴覚障害に対しては、音の響きを

空間の中で感じさせたり、音の振動を楽器に触れさせたりして、触覚へのアプローチをしていきます。肢体が不自由な場合には身体機能の向上を促す歌唱や器楽演奏を活用することができます。言語障害では発声や歌唱での楽しい活動から発音の習得を促すこともできます。

【A ちゃんとの音楽】

子どもの療育施設でのエピソードです。肢体不自由のある A ちゃんは、四肢麻痺があり車椅子に乗っていました。太鼓の音に驚いて自分の思いとは関係なく、身体を緊張させる場面も多くありましたが、表情はにこやかでした。さまざまな音に興味津々でした。太鼓の打面を手やバチで打つことは難しかったので、タンブリンにいろいろな硬さのボールを落として音を表現しました。ボールを持った手はなかなか思いどおりには開かないのですが、支援を少しずつ減らしていくと自分のタイミングで手を開きボールを落として鳴らした音に大喜びでした。A ちゃんが自分で音が鳴らせた瞬間に、筆者は胸がいっぱいになりました。A ちゃんの鳴らす音に合わせて、みんながジャンプをして楽しみました。それから A ちゃんはバチでの演奏にもチャレンジしていきました。

2）知的障害

日常生活で読み書き計算などを行う際の知的行動に支障のある状態の障害で、精神遅滞とも表されます。知的機能や適応機能に基づいて判断され、重症度により軽度、中等度、重度、最重度に分類されます。発達期（18 歳未満）において知的行動の遅滞が明らかであり、適応行動に困難さが見られます。

社会性を高められるようコミュニケーション能力や認知能力を育て、運動能力の発達を促進させるためにさまざまな音楽活動が展開されます。また ADL（日常生活動作）を向上させることにもつなげていくために、音・音楽を使ってさまざまな感覚を刺激していきます。

【3 人グループでの活動】

知的障害の特別支援学校小学部 1 年生の音楽活動でのエピソードです。ペンタトニック（5 音音階）を作れるザイロフォーン（木琴）を使って合奏をしました。始まりの音は、1 人の子どもの同じ音の連打からでした。次に 2 音を演奏する子どもが現れ、その 2 音の呼びかけと応答をするもう 1 人との 2 音の演奏が始まりました。リズムや旋律が反復したり変化したりしました。そこから、伴奏付きのアンサンブルとなりました。その演奏は、自分の音を表現しながら、お互いの音や呼吸を意識しながら強くなったり弱くなったりしました。自由な自己表現を保障し、コミュニケーションを自然に展開できる音・音楽となりました。満足そうな子どもたちの表情が忘れられません。

3）精神障害

脳および心の機能や気質の障害によって起きる精神疾患によって、日常生活に制約がある状態の障害です。発達障害支援法により「自閉症スペクトラム ASD」「学習障害 LD」「注意欠陥多動性障害 ADHD」などの発達障害も含まれます。認知、社会性、コミュニケーションなどに課題が見られるとともに感覚や運動にも苦手さが見られることがあります。さまざまな感覚情報を統合することが子どもたちの発達に必要となってきます。

音楽によるコミュニケーションを展開するなかで、音・音楽の刺激をさまざまな感覚[*1]で感じ、情

---

*1　ここでの感覚としては、視覚・聴覚・嗅覚・味覚・触覚に加えて、自分の身体の傾き・スピード・回転を感じる感覚の前庭覚、自分の身体の位置・動き・力の入れ具合を感じる固有覚という感覚も含まれます。それらの感覚の情報を統合させていく過程が大切です。

動を発散させたり、表現力を向上させたりしていきます。歌唱、器楽演奏、身体表現などの音楽活動は、運動能力や呼吸能力の向上を促していきます。自分や友だちの発した声や楽器の音に気づき自己意識や他者意識につなげることもできます。

　また、音の提供には配慮が必要です。聴覚に過敏さを示す子どもがいます。音色や音量などにはさまざまな聞こえ方があり、快であるのか不快であるのかを子どもの反応から判断していくことが大切です。

【嫌いだったメロディ】

　S保育園の発達支援教室の音楽あそびの活動でのエピソードです。それは《アンパンマンマーチ》が聞こえた瞬間でした。教室からとびだして行った子どもがいました。ある時は《サザエさん》が聞こえてきたら、ステレオのスイッチを切った子どももいました。みんながよく知っている《アンパンマン》や《サザエさん》は、子どもの好きな音楽だと勝手に決めつけていたのです。その子どもたちにとっては、その場にいられないほど嫌いなメロディだったようです。教室に戻ってきてはくれましたが、先にその情報を知っていれば、子どもに不快な思いをさせなかったのにと反省しました。子どもの情報を他の先生たちと共有しておくことが大切でした。

【見通しをもたせる】

　音楽活動全体の見通しをもたせることが大切です。話すだけでは活動内容が伝わらないことが多く、視覚的な支援が必要です。活動のプログラムはパターン化して明確にしておくことも大切です。自分で見通しをもち主体的に参加できるようになってきます。活動全体の流れがわかること、活動の内容は何なのかを絵カードなどで示して見通しをもたせると、落ち着いて参加することができる場合もあります。活動ごとにカードを作り、活動が終わったらそのカードを"おしまいBOX"に入れます。活動に集中できる時間が増えてきます。音・音楽は始まりと終わりがわかり、活動の枠組みを明確にしてくれる特性をもっています。枠組みがわかると、安心して活動に取り組むことができます。

　また、誰にでも優しい支援としてのユニバーサルデザイン（UD）*2も環境での配慮として取り入れてみましょう。子どもの周りに情報が多くならないようにして、余計な刺激を与えないことも大切です。

2. 音楽の特性を活かした保育の可能性

　音楽の特性は、歌唱、器楽演奏、身体表現などを楽しむだけではなく、障害を支援するのに有効な点が多くあり、発達の課題へのアプローチをすることができます。それは、障害のある子どもだけでなく、健常な子どもにとっても同じように成長を促していく活動となります。

1）身体感覚を刺激します。

　器楽演奏では、演奏された音を聴覚で受容し、演奏する身体全体の運動を固有覚で受容し、太鼓の打面の振動を触覚で受容することによって、身体感覚を刺激します。身体全体を刺激するいろいろな音楽活動は、感覚の過敏さや鈍感さの軽減へつなげていくことができます。

---

*2　ユニバーサルデザイン（UD）……「障害者の権利に関する条約」においては、「ユニバーサルデザイン」とは、調整または特別な設計を必要とすることなく、最大限可能な範囲ですべての人が使用することができる製品、環境、計画及びサービスの設計とされています。ここでは、特別な支援を必要とする子どもたちを含む子どもたち全員が参加でき、理解を深めることができる環境を整えたり、指導を工夫したりすることです。

2) 身体運動を引き出します。

うたを歌うと呼吸とともに身体の運動となります。音楽のリズムやメロディに合わせ視覚・聴覚・触覚・前庭覚などの感覚を使い自然に体を動かしていきます。

3) 自己表現力を高めます。

自分の音を出すことで、主体的に表現する経験を重ね、表現の可能性を学びます。子どもたち同士の関わりのなかで、模倣したり、即興的に音づくりをしたりしながら、さまざまな表現を身につけていきます。

4) コミュニケーションにつなげられる活動があります。

演奏を一緒にすることで音楽を通して非言語的なコミュニケーション*3 が展開されます。他者を意識することでコミュニケーション力を高めます。

5) 認知的な興味を引き出します。

カウントしたり、楽器の演奏法を覚えたり、楽譜を見たりすることで認知力を高めます。オノマトペ*4 の歌詞は、楽しく発声や発語を促します。

6) 気持ちを発散させます。

思いっきり声を出したり、楽器を力強く演奏したり、身体いっぱいに表現することで情動を発散することができます。

7) 気持ちを落ち着けることができます。

ゆったりとした音楽や自分の好きな音楽に合わせて深呼吸することで、気持ちをリラックスさせることができます。

8) 社会性を拡げていきます。

友だちと一緒に演奏をすることで、他者を思いやった活動を体験します。演奏のルールも学ぶことで、社会でのルールにも気づいていくことができます。

9) 多様性を感じることができます。

子どもたち1人ひとりの表現を認めてあげることは、自己承認をしていく過程を育てます。そして、友だちの表現に気づき、感じることで、他者を受け入れる素地を育んでいきます。障害のある子どもを特別と思うのではなく、1人ひとりの個性として認め合うことができます。

---

*3 非言語的コミュニケーションとは、言語に依らないコミュニケーションをいい、ノンバーバル・コミュニケーションとも呼ばれています。お互いの音を聞きあって相手に合わせることや、視線などで合図を送るなど言語以外のさまざまな方法でのコミュニケーションを指します。

*4 オノマトペとは、音、声、動作、状態などを音声化して示す方法のこと。擬音語、擬声語、擬態語の3種類があります。「ドンドン」「ケロケロ」「ノロノロ」「ツルツル」など。

第2節　音楽療法的アプローチとしての音楽教育

　音楽療法とは、「音楽の持つ生理的、心理的、社会的働きを用いて、心身の障害の回復、機能の維持改善、生活の質の向上、行動の変容などに向けて音楽を意図的、計画的に使用すること」と一般社団法人日本音楽療法学会では定義されています。音楽療法の目的として、子どもの発達支援、健康維持・介護予防、病気・事故後のリハビリテーション、学習支援、リラクセーション、認知症の症状の緩和、痛みの緩和、心のケアなどが挙げられています。また、音楽療法の活動は、よりよい生活の質の向上（QOL の向上）につながるといわれ、音楽と人とのかかわりによって、孤立を防ぎ、人との交流を促し、子どもの心身の発達、社会性の発達、問題行動の減少、介護予防、言語や身体のリハビリ、コミュニケーションの発達や回復、心の安定、精神的な成長などの効果があげられています。障害のある子どもへの音楽活動は、音楽療法とアプローチが似ています。それは、どちらも音・音楽を使っての活動だからです。活動のねらいとしても、音楽の特性を生かすという点からも共通点が見えてきます。

　障害のある子どもの指導で困り感にばかり目を向けるのではなく、その子のできることからアプローチをしていくことも大切です。子どもの好きなことや得意なことを見つけてあげることで自信をつけていく子どももいます。音楽療法の定義にある「変容」は、子どもの良いところを発見し、大切に育てていくことでもあります。

第3節　ともに感じ合える保育の音楽活動「気づく・感じる・響き合う・つながり合う」

　音・音楽があることに気づくことから始まります。音に気づくことができれば、他者に気づくことができる第1歩です。保育者も子どもに気づくことから始まります。音・音楽を感じて、楽曲を生かして響き合いつながり合う環境の設定をしていくとよいでしょう。子どもをしっかりと受け止め、見つめることから始めましょう。「あなたは、あなたでいい」と音・音楽の空間の中で子どもたちとともに感じ合いながら、それぞれの子どもの音楽表現を保障してあげましょう。

　そのためには、子どもの発するさまざまなニーズに気づく保育士であることが大切です。気づくためのヒントを考えてみましょう。

① 「子どもの呼吸に気づく。」
　　速いのか遅いのか、強いのか弱いのか、深いのか浅いのか、子どもの呼吸のテンポに気づくことが大切です。
② 「子どもの表現する音・音楽を受け止める。」
　　子どもが表現する1音1音を大切にしましょう。子どもが自己表現した音を受け止めてあげることは、自己承認、自己肯定を高めてあげることにつながります。
③ 「会話のように音楽を楽しむ。」
　　音や音楽がことばを代替してくれます。発語のない子どもが音をことばの代わりに表現できる場面があります。
④ 「子どもの好きな音楽を知る。」
　　好きな音楽だけでなく、嫌いな音や音楽に気づいてあげましょう。子どもにとって楽しい音・音楽、好きな音・音楽を見つけてあげることで子どもの世界を感じてあげましょう。
⑤ 「粘り強く子どもと向き合うことができる。」
　　1回では、うまくいかない活動もありますが、子どもは待ってくれています。必ず、子どもの感

じている世界と出会いましょう。そのためには、リズムを変えたり、楽器を変えたり、子どもの声や動きを模倣したりして、いろいろな音や音楽で仕掛けをしてみましょう。子どもが振り返ってくれたら、もう大丈夫です。

⑥ 「さまざまな音や音楽を創意工夫する。」

　　即興的な表現が役に立ちます。音楽に必要な声や楽器演奏のスキルも必要です。音楽的な技能を磨きましょう。

⑦ 「保育士が楽しんでいる姿を見せる。」

　　子どもたちは、表情豊かで笑顔いっぱいの先生が大好きです。そこから、一緒に音楽が始まります。音・音楽に合わせた表現力・演技力も必要でしょう。

【気づき・感じる】

　知的障害特別支援学校小学部の音楽活動や自立活動*5での体験です。教室の中を歩き回って活動にまったく関心を示さずに参加しようとしないコミュニケーションに課題の感じられるBちゃんに背中を向けてメタロフォン（鉄琴）で即興的に演奏をしていると、Bちゃんが近寄ってきてメタロフォンの鍵盤に触れました。音の響きの変化を手で感じているようでした。Bちゃんの手が置かれた鍵盤を連打したり、音を止めたりすると視線を合わせることができました。空間に響いた音に気づき、手に響いた音を感じ、演奏している人を感じ、音楽でコミュニケーションできた瞬間でした。

　身体に麻痺のあるCちゃんは、バチを保育者と一緒に持ってフロアータムをたたき始めました。はじめは小刻みなバチの動きで小さな音を出しました。少しずつ手を上にあげながら、打ち下ろしてたたいていた時に、思わず出た大きな太鼓の音に驚き、体も音に反応して緊張して固まっていました。フーっと呼吸をして力を抜き、もう1度、体全体を使って思いっきり音を鳴らしました。身体の動きと音の関係に気づき、音の違いを感じた場面でした。Cちゃんは、自ら積極的に手を伸ばして自分の好きな音楽に太鼓のリズムやツリーチャイムなどの楽器を合わせて楽しめるようになっていきました。

【響き合う・つながり合う】

　特別支援学校訪問教育*6K病院内学級でのエピソードです。視覚障害と知的障害のあるDちゃんが思わず出した声を呼びかけにして、Dちゃんの友だちのEちゃんが山びこのように応えました。自分の出した声への反応だと気づいたDちゃんは友だちとの山びこごっこを楽しみました。数名の子どもたちも集まりはじめ、さまざまな響きの声のアンサンブルとなり、打楽器や笛、キーボードを加えた即興演奏が始まりました。Dちゃんは友だちとの音の交流を通して、見えない音に気づき、空間に広がる音を感じていました。子どもたちの自由な音が響き合い、いくつもの音をつなげることができました。繰り返されるリズムやメロディをもとにした即興オリジナルソングができあがりました。子どもたちみんながつながり合った時間となりました。次の日には、また次なる新しい曲ができあがっていました。そのなかの1曲が学級のクラスソングとなり、朝の会や帰りの会で歌われていました。友だちと音でコミュニケーションしながら一緒に作り上げる活動となりました。

　クラスソング　朝の会のうた《おへんじソング》（譜例10－1）♪♪♪♪のリズムを楽しんでいた子どもたちのリズムに合わせて、リズムを名前に変えて呼びかけてみました。その名前のリズ

---

*5　障害による学習上または生活上の困難を克服し自立を図るために特別支援教育に特別に設けられた指導領域。

*6　障害が重度・重複していて支援学校等に通学困難な児童生徒に対し、教員が家庭、児童福祉施設、医療機関等を訪問して行う教育の形態。

譜例10－1

譜例10－2

ムと「おはよう」の歌詞を組み合わせて《おへんじソング》となりました（譜例 10 － 2）。「おはよう」の歌詞のフレーズで、子どもたち同士でタッチをして挨拶をしました。タッチのリズムは、子どもたちがいろいろなリズムをアレンジして楽しみました。手拍子やハンドドラムなどの楽器でも楽しみました。しばらくした時、発語のなかった D ちゃんの「おはよう」が聞こえてきました。それは、明瞭な発音ではありませんでしたが、ゆっくりとしたテンポで発声されました。D ちゃんは、周りの子どもたちから、たくさんのタッチをしてもらいました。《おへんじソング》のアレンジバージョン《げんきソング》もできました。名前と「おはよう」がつながって、少し速めに歌詞を歌う健康観察も兼ねた朝の会のうたになりました。子どもたちの作る音楽から子どもたちの表現力の成長が感じられるものとなりました。障害のあるなしではなく、ともに育ってくれた子どもたちでした。

　障害のある子どもに対してその障害を早期に把握して、発達に応じた必要な支援を行うことは、その子どもの将来の自立や社会参加に大きな影響があります。共生社会（誰もが相互に人格と個性を尊重し支え合い、人々の多様な在り方を相互に認め合える参加型の社会）の形成に向けて、子どもたちが出会い、同じ場を共有し、子ども同士がつながっていくことが大切です。音楽での活動は、その場面をたくさん作ることができます。保育士が音・音楽を心から感じて、1 人ひとりの子どもたちに寄り添う音楽活動を展開してみましょう。

主要参考文献

・文部科学省初等中等教育局特別支援教育課（2022）「障害のある子供の教育支援の手引き～子供たち 1 人 1 人の教育的ニーズを踏まえた学びの充実に向けて」ジアース教育新社。
・土田玲子監修・柿崎次子著（2016）「感覚統合を活かして子どもを伸ばす！音楽療法」明治図書。
・野呂文行・高橋雅恵監修・永冨大輔・原口英之編著（2022）「保育者ができる 気になる行動を示す幼児支援」学苑社。

第11章　園長・保育者養成者からの提言

第1節　園長からの提言

1. 保育者の音楽指導の姿勢「師を求める」

　私どもの保育園は絵画・造形と音楽活動を保育の柱にして60年以上保育実践をしております。音楽指導の実践・研究にあたり、飛騨音楽研究会の中村好明先生に来ていただいて音楽指導の研究が始まったのは今から40年以上も前です。中村先生はその頃、古川小学校の「ふしづくり一本道」の実践で広く全国に名を知られた先生でした。本園では中村先生のご指導のもと、年数回の園内研修を行い、また数年に一度の公開保育を行ってきました。現在、本園は多くの方からその実践を評価していただいているのですが、それはひとえに中村好明先生のご指導によるものと思います。

1）師と友がいないと

　さて、そのような保育園に成長していくなかでの日々の実践を支えるものは何かというと、それは「師と友」、だと思います。中村先生という師に出会い、先生のお話を聴き、先生の指導理論を実践していくなかで子どもの変化を肌で感じ、その方法の確かさを実感することはとても大きなことですが、併せて、共に歩む同僚がいたからこそ保育園の実践が続いたのだと思います。立派な指導理論があっても、それを実践する私の間違いを細かく指導指摘してくださる方がいないと本当の実践にはなりませんし、1人では保育に行き詰った時に歩む元気をなくしてしまいます。

　中村先生という素晴らしい師と保育士仲間の集団があり、その中で実践が続けられ、いつの間にかこの保育実践のなかで0歳から5歳までの指導表がだんだんと形になっていきました。

2）自己を省みることの大切さ

　中村先生には毎年数回のご指導を頂いていたのですが、平成16年に公開保育を行ってからしばらくお呼びしませんでした。これは公開保育の後の疲れと先生のお歳がご高齢になられたことなどによりますし、また、私たちの実践が形として割合はっきりしてきたということが自分たちでやっていけるという自信となったからだと思います。

　毎日の実践のなかでマニュアルがあるということはとても心強いことです。しかし自分たちだけで毎日の実践を行っていくうちに、私たちはどうも形だけにとらわれていってしまったように思います。例えば「カード遊び」というのがあります。これは「○○○♪」のリズムを学ぶ基礎となる活動なのですが、カード遊びの本質を考えることなく音楽教育はカード遊びをすれば良いのだという錯覚にいつの間にか陥ったり、1つひとつのねらいをはっきりさせないままに活動するなど、方法のみにとらわれて本質を考えることが無くなっているように感じました。これは大きな危機だと思います。形（マニュアル）は大切なのですが、形（マニュアル）は本質ではありません。そのことを毎日の忙しさが忘れさせてしまいます。

　これではいけないとしばらく前から中村先生の御子息にご指導をお願いしています。やはり我々はき

ちんとした指導者がいないと、ついつい自分勝手で独りよがりの実践を行ってしまうような気がします。そうならないためにも常に厳しく温かく見守ってくださる先生の存在が大切だと心から思います。そしてその先生が示してくださった道を同僚・友人と共に歩む時に日々の保育実践に関わる園児職員を含めたすべての人々の人生が輝くのではないでしょうか。

　私たちが大切にすることは、先人が示してくださった道を行けば良いのだという確信と、自分はいつ独りよがりの実践に陥るか分からないという危機感だと思います。その2つをもって生きていく時に、先生が本当の師となり同僚が本当の友となるのだと思います。

2. 「3つの資質・能力」を総合的に育む幼児期の音楽指導

　平成29年の幼稚園教育要領等の改訂で示された『幼児期において育みたい資質・能力（「知識及び技能の基礎」「思考力、判断力、表現力等の基礎」「学びに向かう力、人間性等」）』（以下、3つの資質・能力）は、個別に取りだして身につけさせるものではなく、遊びを通しての総合的な指導を行うなかで、一体的に育んでいくことが重要であるとされています。

1) 幼児期の特徴

　幼児にとって、ものやこととの出合いは初めてのことばかりです。そのために、大人が気にも留めないようなものやことにも大きな関心を寄せます。全身の諸感覚を総動員させてその対象に関わっていこうとし、自分にとって必要な学びを自ら獲得していきます。つまり、3つの資質・能力の「学びに向かう力」が起点となることで、保育者の予想を遙かに超えた学びを獲得していくことができるのです。また、幼児は月齢などにより発達の差が大きいために、そのことにも留意する必要があります。

2) 子どもの有能さを引きだす

　子どもはみな有能な存在です。保育者の役割は、自分が知っていることを教え込むことではなく、子どもが本来もっている力を引きだすことにあります。そのために、まずは、子どもたちの興味・関心をくすぐり、対象に関わりたくなるよう支援することが大切です。

　例えば、保育者集団でハンドベル演奏をしたとします。子どもたちは、その素敵な音色に思わず静かに聴き入り、「やってみたい」と憧れをもつでしょう。そして、5歳児ぐらいになると、「どうやったらこんなきれいな音がでるかな」と声をかけるだけで、保育者がハンドベルを振る様子をよく見て、まねようとします。振り方を教えずとも、子どもたちなりに試し、友だち同士で聴き合ったり、コツに気づいたり、教え合ったりすることを楽しみながら、素敵な音色の響かせ方を探り、技能を身につけていこうとします。このとき、保育者は個々のよさにしっかりと目を向けながら、「手首をうまく使えているね」「ちょうどいい強さで振っているからきれいな音だね」などと具体的に認め、ときにはクラス集団の場で紹介し、学びを広げるとよいでしょう。保育者が子どもの有能さを信じ、子どもなりの学びの獲得過程を大切にすることで、子どもは自分の有能さに自信をもったり、友だちのよさをも自分のものにしようと、さらに意欲をもって取り組もうとしたりするはずです。そして、今日の「楽しかった」という充実感が、次の「学びに向かう力」につながり、「友だちと一緒にやりたい」「○○の曲を演奏してみたい」「お家の人に聴かせたい」と、音楽の楽しさを他者と共有しようとするようになります。ぜひ、保護者や地域の人材も積極的に活用しながら、子どもたちの有能さを引きだす音楽指導に取り組んでみてください。

3）行事のあり方を見直す

　音楽会や生活発表会などの行事に向けての活動が始まると、練習が厳しくて泣いて嫌がり、園に行きたがらないという残念な状況をよく耳にします。これは、保育者が保護者からの評価を意識してしまうことで目的が変わり、高度なことを求め過ぎたり、繰り返しの技能の特訓になったりした結果です。

　行事の指導については、幼稚園教育要領等に、『行事は生活に変化や潤いを与え、幼児が主体的に楽しく活動できるようにすること』『適切なものを精選し、幼児の負担にならないようにすること』が記載されています。今一度、「学びに向かう力」が起点となり、3つの資質・能力を総合的に育んでいけるような行事となっているか見直す必要がありそうです。

3．子どもたちの豊かな音楽活動のために

　幼稚園は、それぞれの園のカリキュラムのもと教育されています。そして、小学校の各教科とは異なり、5領域「健康、人間関係、環境、言葉、表現」が相互に関連をもちながら展開されなければなりません。また、子どもたちが主体的に活動できるよう環境を計画的に構成する必要があります。幼稚園の音楽活動を取りあげてみても、そこには、5領域が相互に絡まり合っています。そのことを踏まえて子どもたちの豊かな音楽活動を経験させるためには、どのような「環境を通しての教育」、「教師の役割」、「子どもたちの主体性と教師の意図性のバランス」が必要か考えてみたいと思います。

1）環境を通しての教育

　4歳児の秋、「感じたことや考えたことを自分なりに表現して楽しむ」という「ねらい」のもと、「手づくり楽器（マラカス）を作って演奏する」という活動を内容とした場合を考えてみましょう。環境の構成としては、作る素材の種類、用具、数量、配置等々が子どもたちの主体性をかき立てる材料としてふさわしいものになっている必要があります。ある子どもは、プラスティック容器にどんぐりの実を入れてマラカスを作りました。そのマラカスにビニールテープやマジックを使って模様づけしました。子どもたちは、それぞれのイメージをかき立てて、自分なりのマラカスを作って振って遊びます。教師が音楽を流すと、自然に曲に合わせてマラカスを振って遊びます。自分なりに表現して楽しむことができれば、次々にアイデアが浮かんできて、「次はギターを作りたい」、「ドラムを作りたい」というようにどんどん豊かな発想が展開していきます。そこに、子どもたちの主体性を引きだすにふさわしい環境があったからこそです。

2）教師の役割

　教師の役割はさまざまですが、特に①活動の理解者、②共同作業者・共鳴する者、③憧れを形成するモデル、④遊びの援助者、⑤精神的安定の拠り所、という5つの役割があげられます。教師自身も重要な人的環境です。教師の言動や態度が子どもたちの心や態度を育てるモデルとなります。音楽活動においても、教師自らが感性を磨き子どもたちへの人的環境として豊かな感性をもった環境であることが大切です。

3）子どもたちの主体性と教師の意図性のバランス（うた作りを通して）

　5歳児のある年の作品展のテーマは、「宇宙」でした。彗星、火星、土星等々をグループや個人で製作し、保護者の方にも披露しました。作品展に向けて、盛りあがっていく子どもたちから「宇宙のうたを作りたい」という言葉があがりました。製作の過程でうたを作るという思ってもいなかった活動となりまし

た。子どもたちが歌詞を考えて担任教諭が作曲しました。宇宙のうたまで自分たちで作ったという満足感が、作品展での達成感をより強いものにしたように感じます。作品展の製作物を解体し手放すときに「このうたがあるものね」「それをずっと覚えておけばいいものね」と納得して作品とはさよならできました。作品がなくなって以降も、より心のこもった歌い方をするようになりました。

　園での楽しい活動のなかで自然な流れでできたうた、子どもたちの大好きなうたなら自ずと思いを込めて大切に歌うようです。この事例からは、子どもたちの主体性と教師の意図性がバランスよく展開されており、このプロセスは子どもたちにとってとても豊かな経験となりました。子どもたちにとって忘れることのない思い出のうたとなったことでしょう。このような教育活動こそ豊かな音楽活動へと繋がるのだと思います。

第2節　保育者養成者からの提言

1. 遊びを考える

1) 声で遊ぶ

　音楽活動というと何を思い浮かべますか？うたを歌う、音楽に合わせて体を動かす、楽器を奏でる……などでしょうか。うたは歌うけれど、他の音楽活動は取り入れるのが難しい、と先生方から聴きます。挨拶のうたや季節のうた、行事のうたを歌うことは立派な音楽活動です。まずはそのことを自覚して頂きたいと思います。

　そのときに大切にしてほしいのは、保育者である先生方自身が「うたを味わって歌う」ということです。それはそのうたを通して、子どもたちに何を感じてほしいのかを考えることにつながります。その他に考えてほしいこと、それは「声」です。先生方がお話をされるときの「声」です。

　今まで誰かの声を聴いて「いい声だな」と思ったことはありますか？それは誰でしたか？そしてどんな声でしたか？通る声？優しい声？聴き取りやすい声？低い声？安らぐ声？

　どんな声でしたか？私は、ラジオから聞こえてくる声を「いい声」と思ったことがあります。それは、低くて深みのある声でした。

　声は1人ひとり違います。そして、1人のなかにいろいろな声があります。さて、自分の声はどのような声なのでしょうか。高いですか？低いですか？はっきりした声ですか？ささやくような声ですか？分析してみましょう。

　高い、低い、太い、細い、やわらかい、つよい、……。ここに音色を感じることができます。声も音。声も音楽の1つと考えて、考えや気持ちを伝えるだけでなく、声で音をあらわす面白さを味わい、声で遊ぶという視点をもってもらえたらと思います。声は素敵な楽器です。世界に1つしかないその声で遊びましょう。それでは、どのようにして声で遊ぶのでしょうか。

　挨拶を例に考えてみましょう。

　「おはようございます。」といつものように言ってみましょう。次に強く言ったり、弱く言ったりしてみましょう。どんな感じがしますか？

　今度は速く言ったり、遅く言ったりします。音楽の要素である、強弱やテンポを変えて言ってみたのです。音の高さを変えて言うと、また違った感じが楽しめますね。

　自分のなかに、たくさんの音色があることに気づきましたか？毎日の挨拶をどのような声でするかを考えるだけでも、音に対する意識が変化していくと思います。

　この他にどのようなことが考えられるか、さらに次の項で検討しましょう。

2) オノマトペで遊ぶ

うたを歌っているときでも、遊んでいるときでも、お話をしているときでも、子どもたちの動きが、ふと止まることがあります。それは、救急車の音が聞こえてきたときです。動きが止まり、耳を澄ます姿が見られます。

皆さん、救急車の音を、何と表現しますか……？多くの方が「ピーポー　ピーポー」と答えると思います。

私たちは、音を言葉にして表します。それらを「オノマトペ」といいます。オノマトペは、音だけでなく、感情や状態などを表すときにも使います。普段の会話のなかで、私たちはオノマトペをよく使っています。

目を閉じてどんな音がするか、周りの音に耳を傾けてみましょう。エアコンの音、車の音、台車の音、ドアを開閉する音、鳥の鳴き声、虫の音、風の音……生活音や自然のなかにある音が聞こえてきます。それらの音をオノマトペで表現すると、どのような言葉になるでしょうか。

雨の音で考えてみましょう。

ポツ　ポツ　ポツ　ポツ

ザァー　ザァー

雨の降り方が想像できると思います。他にも多くの音が浮かんできませんか？風の音も混ざってくると、さらに多くの音が聞こえてきそうですね。声に出してオノマトペを言ってみましょう。語感を楽しんでください。

オノマトペがイメージできたところでオノマトペを変化させて遊んでみたいと思います。

①濁点、半濁点を付けたり、取ったり、変えたりする

先のポツポツ、とザァーを例に説明します。

ポツポツの　゜（半濁点）を　゛（濁点）に変えて言ってみましょう。

ポツ　ポツ　ポツ　ポツ

ボツ　ボツ　ボツ　ボツ

どんな感じがしますか？

ザァーの　゛（濁点）を取ってみると、サァーになります。

これはどうですか？何の音のように感じますか？

表記では　゛や゜だけの違いです。声に出してみると、音の響きやニュアンスがかなり違うことが分かります。

②話す速さ、声の強弱や高さを変える

前項で、挨拶で遊ぶお話をしました。その音のもつキャラクターやニュアンスをしっかり楽しんだ後に、速さ、強弱、声の高さを変えてみると、新たな発見があるかもしれません。

それではもう一度、ザァー　ザァーと言ってみましょう。

ザァーと言うとき、手を動かしたくなりませんか？ザァーと降っている雨の様子を動きで表したくなりませんか？もし、声に合わせて動くとしたらどのような動きになるでしょうか。

オノマトペから身体表現へとつながる面白さがあります。表現の広がりがあるのです。

ビューンと言いながら両手を動かし、風の様子を伝えてくれた子どもがいます。また、ガオーと言い

ながら、こちらへ近づいてくる怪獣（子ども）もいます。模倣活動では、オノマトペを言いながら動く姿をよく見かけます。子どもたちは、オノマトペと動きでよく遊んでいます。

また、子どもの歌には、多くのオノマトペが使われています。《山の音楽家》《あわてんぼうのサンタクロース》は、オノマトペを楽しむにはとても良い歌です。楽器の音を表すオノマトペで作られている《ペンとひきゃヒュー》もすてきな曲です。

3）身体

音楽を聴いて、体のどこかを、動かしていることはありませんか？

頭を動かしていたり、足で床を叩いていたり、手で膝を叩いていたり……。子どもたちも自然に手を叩いていたり、体を揺らしたりしています。

これらの動きは、音楽の拍（ビート）に合わせて動いています。拍は、歩いたり、手拍子をしたりして感じることができます。

それでは、手を叩いてみましょう。手を叩く、ということは、手のひらと手のひらが接触していますか？それは、手のひら全体ですか？手のひらの一部ですか？また、指はどうですか？指と指が触れ合っていますか？指と手のひらが接触していますか？どの部分と、どの部分が触れ合うことによって音が出ているのか感じてみましょう。そのとき、手のひらにかかる圧はどの位でしょうか？

また、手首、前腕、ひじ、上腕、肩、胸、腹、背中、腰、脚の付け根、腿、膝、ふくらはぎ、足首、足指、足の裏など……細部、そして体全体を感じてみます。体は広い感じがしますか？狭い感じがしますか？開いた感じがしますか？閉じている感じがしますか？

からだの感覚に注意を向けて手を叩くと音が変わります。からだを意識したときと意識しないときの、音の違いを聴いてみましょう。

更に、強弱を変えて、手を叩いてみましょう。強く叩くときと弱く叩くときの違いは何でしょう？音の違い、からだの感覚の違いを感じてみましょう。

音が強いときのからだの様子を言葉にすると、大きくなった感じや広がった感じ、開いた感じ、などでしょうか……。人によって感じ方、言葉での表現もさまざまです。先に述べた言葉と違うかもしれません。まずは、自分で感じることが大切です。音が弱いときのからだの様子を表すと、どんな言葉になりますか？

ここまで、強弱を変えて、手を叩きました。今度は、速さを変えてみましょう。速く叩くときと遅く叩くときの違いは何でしょう？違いを感じるには、速さに差をつけることです。少しだけ速くしたり、少しだけ遅くしたりするのではなく、はっきりと速い・遅いが感じられるくらいに、速さを変えます。速さを変えたときの違いを感じてみましょう。

次に、速さを変えて歩いてみましょう。速く歩いたり、ゆっくり歩いたりします。そのときのからだの感覚に注意を向けます。

音楽に合わせて動くとき、このようなからだの感覚に注目し、言葉に頼らず、身体を通して伝えてほしいと思います。

歌やピアノに合わせて歩いてみてください。オーケストラなど、ピアノ以外の楽器の曲に合わせて動くのも楽しいと思います。どんなふうに歩くと、その曲と合っている感じがしますか？元気に？しずかに？はずむように……？

音楽に合わせて動くのは、拍だけでなく、速さや強弱、ニュアンスなどを感じ取って動いています。子どもたちと動くまえに、保育者自身が音楽を感じて動いてみることが大切です。動いて感じたことを

身体で伝えましょう。そして、子どもたちと一緒に動き、身体でのコミュニケーションを楽しんでください。

2. 保育者を志す学生に必要な体験とは

1）小さな成功体験・感動体験を積み重ねる

保育者養成者として学生と接するなかで、学生自身の音楽に関わる感動体験や成功体験の乏しさを実感することがあります。それに伴い、音楽に対して苦手意識を抱いている学生も少なくはありません。その要因は、それぞれが通っていた学校の特色や出会ってきた教師、家庭環境など、さまざま挙げられるでしょう。このような学生の実態があるけれども、保育者を志す者として、音楽の楽しさを自ら体験して知ったり、音楽に対する感性を磨いたりすることは、子どもの豊かな感性を養うことにつながる非常に大切なことであると考えます。とはいえ、音楽の苦手な学生にとって、短期間での音楽技能の習得は決して簡単なものではありませんし、合唱コンクールに揃って出場し苦楽を共有できるような時間もありません。そのような特別なことではなく、ふだんの生活のなかで、小さな感動体験や成功体験を積み重ねていくことが、学生自身の感性、ひいては保育観を育てていくことに結びついていくと感じているのです。

2）保育者を志す学生に必要な学び

筆者がなぜそのように感じているのかというと、幼児教育科の学生を対象とした講義のなかで、学生自身の日々の学修記録から、小さな体験が彼らにとっては大きな感動であり学びであるということを知ったからです。その事例の一部を紹介します。

4月20日の講義内容

○オリエンテーション、「ふしづくりの教育」の概要、名前呼びあそび・お返事あそび・あたまとりあそびの実際、《おどりの好きなウンパッパ》の歌唱

Aさんの学修記録（4月20日）

○みんなの前で歌うことの恥ずかしさはあったけれど、すべての活動において、本当に楽しかった。学んでいるのだけれども苦ではない学び方のおかげで、音楽は苦手意識があったけれど、今日でなくなった気がする。

Bさんの学修記録（4月20日）

○先生から褒められることは大学生でも嬉しいと思った。だから、子どもはもっと嬉しいと思う。そんな先生になりたい。

Cさんの学修記録（4月20日）

○《おどりの好きなウンパッパ》は楽しいだけでなく、1つひとつに保育者の意図が隠れていることが分かった。次回からその意図を考えながら楽しみたい。

事例3名の学生以外の学修記録にも、共通して音楽活動を肯定的に捉えた内容が書かれていました。この講義では決して特別なことはしていません。けれども、意識して行ったことは次の3点です。①1人ひとりの自己決定の場があること、②1人の表現を複数で共有すること、③決して失敗を恐れずにどのような表現も認め合う風土を全員で作ることです。「認められるって嬉しいな。」「恥ずかしいけれど歌ってよかったな。」という想いも、音楽の小さな成功体験の1つです。学生自身がそのような想いを抱くことができるということは、将来出会うであろう子どもの小さな成功を一緒に喜ぶことのできる感性を育てているということでもあります。保育者を志す者にとって大切なことは、認められたり励ま

されたり、あるいは誰かを認めたり励ましたりしながら小さな体験を積み重ねていくことで、子どもの心に寄り添う豊かな感性を育てていくことではないでしょうか。このような感性は、例えば美しいものを見て美しいと感じる感覚に似ています。それらは、ピアノが上手に弾けること以上に極めて大切な保育者がもっておくべきものなのです。

3. 歌唱指導の際にもつべき視点

1)「大きな声で」、「元気よく歌いましょう」の影響

　幼児教育に限らず、小学校や中学校を含めた教育現場における音楽教育では、「大きな声で」、「元気よく歌いましょう」という声掛けは慣例化しているといえるでしょう。特に思春期の生徒を対象とする中学校の音楽科教育では歌唱に意欲を示さない生徒が増える傾向にありますから、一定の声量を確保するためにも、このような指導言が頻繁に用いられます。しかし、この指導言は、保育現場において保育者の意図とは異なる結果をもたらすことがあるということを理解しておかなければなりません。

　保育現場での歌唱の実態を明らかにするために、ある調査を行いました。調査対象となる園児たちには、その園の園歌を 3 回続けて歌ってもらったのですが、クラス担任の先生に、第 1 回は「いつものように」、第 2 回は「大きく元気な声で」、第 3 回は「にこにこ笑顔で優しい声で」という声掛けを添えてもらいました。

　まず、第 1 回の歌唱でも園児はある程度の声量を保ちつつ歌っていました。もちろん音高の不正確な幼児、歌詞を間違えている幼児もいましたが、全体としての声量が著しく乏しかったわけではありません。音楽的技能の差はありましたが、約 81 パーセントの園児が一般的な意味での歌声で歌っていました。しかし、第 2 回の歌唱で園児の歌声は激変しました。先生による「大きく元気な声で」という声掛けの結果、園児の歌声は、声量は大きくなったのですが、音色はつぶれ、音高も著しく外れた、いわゆる「どなり声」になってしまったのです。第 2 回の歌唱時にどなり声で歌った園児は、全体の半数を超えています。最終的に、「にこにこ笑顔で優しい声で」という指示の後に実施された第 3 回の歌唱では、

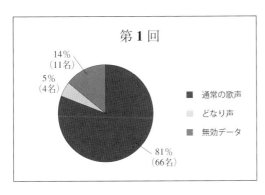

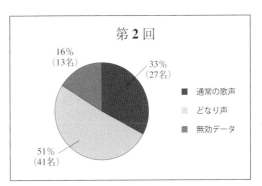

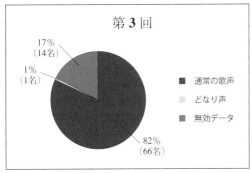

図11-1　歌声に関する調査の結果

再び8割程度の園児が通常の歌声で歌うようになりました*。

　以上の調査結果から明らかになるのは、「大きな声で」、「元気よく」という指導言は、「声量を増やしつつ生き生きとした表現をしてほしい」、というこちらの意図とは裏腹に、どちらかといえばスポーツ的な、エネルギーの発散を目的とする「どなり声」を生み出ししてしまう、ということです。もちろん、歌唱にはさまざまなスタイルがあってしかるべきで、エネルギーの発散のような歌唱にもそれなりの教育的価値を見いだすこともできるでしょう。しかし、例えば卒園式や発表会等での音楽経験を想定した場合に、音高・音程や音色を無視したどなり声はふさわしくありません。

　そして何より問題なのは、保育者が意図せずどなり声を容認してしまっているケースが決して少なくないということです。割れんばかりの大きな声で歌唱する姿は、元気で健康的な子どもの成長を象徴しているようにもみえますから、どなり声を助長する保育者がいることも理解できます。しかし、ここで考えなければならないのは、「子どもにどのような音楽経験を提供すべきなのか、そしてそのための音楽活動にふさわしい歌声はどんなものなのか」ということです。保育者は、「大きな声で」、「元気よく」といった慣例的な指導言を無批判に用いるのではなく、幼児に提供すべき音楽経験にふさわしい歌声を導くような、適切な指導言を模索しなければならないのです。

4.　保育者が子どもの表現を価値づける

1)　はじめに

　一般に「音楽」というと、既存の歌を歌ったり楽器を演奏したりする活動をイメージする方が多いのではないかと思いますが、本節では少し違った視点から、音そのものを探求する活動について紹介したいと思います。また、子どもたちが音そのものを探求するために、保育者がどのような役割を担っているかについても考えてみましょう。

2)　マラカスづくりの事例紹介

(1)　概要と準備

　こども園でマラカスづくりをした際の事例を紹介します。保育者を志すみなさんのなかには、音楽や造形関連の授業で楽器をつくった経験がある方も多いのではないでしょうか。マラカスづくりにはさまざまな方法がありますが、今回は、2つの紙コップを用い、中に好きな材料を入れ、紙コップの口と口を合わせてテープでつなげるという方法で制作しました。こういった形のマラカスづくり自体は特に珍しくないかもしれませんが、今回紹介する事例は、子どもたち1人ひとりが、音に非常にこだわって制作した点がユニークであるといえます。

　まず子どもたちは、こども園の近くにある小さな森で材料集めをしました。季節が秋だったので、どんぐり、まつぼっくり、木の枝、つる、さまざまな大きさや形の葉っぱなど、たくさんの材料が集まり

＊　この調査は、広島大学附属三原幼稚園の園児と先生方の協力のもと実施されました。年少1クラス20名、年中1クラス29名、年長2クラス39名、計4クラス88名の園児を対象に、1人ひとりにICレコーダーをセットし、クラス単位での歌唱時の園児の歌声を1人ずつ録音しました。録音の不備があったものを除いた結果、有効データは81名分となりました。この調査では、声量が著しく大きく、音色がつぶれ、かつ音高が外れている歌声をどなり声、それ以外の測定可能な歌声を通常の歌声と定義し、16小節からなる園歌を2小節単位で評価しました。さらに16小節中10小節以上をどなり声で歌っている園児の歌唱を「どなり声」の歌唱、10小節以上をどなり声でない声で歌っている園児の歌唱を「通常の歌声」での歌唱とし、上述した結果を導いています。なお、どなり声での歌唱部分と通常の歌声での歌唱部分の割合が等しい場合や、測定不可な部分（聴き取れない、あるいは笑っていて歌唱とはみなされない等）の割合が多い場合は、「無効データ」としています。

ました。保育者は、子どもたちが自分で拾ったもの以外にも、マラカスづくりの材料として選べるように、つるが絡まった木の実や大きなまつぼっくりなどを、袋いっぱいに持ち帰りました。

(2)　保育者の仕掛け

　マラカスづくりの活動に入るまえに、保育者は、葉っぱを例にしてさまざまな音を示しました。葉っぱを 1 枚だけ入れたり、粉々にして入れたり、葉柄の部分だけを入れるなどして、葉っぱという同じ材料からでも、さまざまな音がつくれることを示しました。子どもたちには、「お友だちと似た音をつくってもいいし、違う音をつくってもいいよ。」「自分が面白いなと思う音を探してみようね。」と声をかけました。子どもたちは、その言葉を受け止め、思い思いの材料で制作を始めました。すぐにテープでつなぎ合わせるのではなく、どの材料をどの程度入れるか、何度も音を確かめながら制作をしていた姿が印象的です。

(3)　子どもたちがつくった音

　子どもたちは、自分が納得いく音がつくれたら、保育者に音を紹介しにきてくれました。さまざまな大きさの実を入れ、「違う音を入れたの。」と教えてくれた A ちゃん、長いつるをぎゅうぎゅうに詰め込んだ C くん、珍しい形のぶつぶつが付いた太い木の枝を一本だけ入れ、「面白い音発見したよ！」と教えてくれた M くん、落ち葉を粉々にして入れ、「パリパリの落ち葉をくずくずにしたの。」と教えてくれた R ちゃん、どんぐりの殻を割って実だけを入れた R くん、長い時間集中して、まつぼっくりの種（羽のようになっている薄い部分）をコップいっぱいに集めて入れた M ちゃんなど、創意に満ちたさまざまなマラカスができました。

(4)　活動の広がり

　さらに、コップの振り方によって音が変わるということに、自発的に気がついた子どももいました。A ちゃんは、紙コップを同じ向きに重ねて「こうしたら音がちっちゃい。」と教えてくれました。また、H ちゃんは、「縦に振るとこんな音で、横に振るとこんな音。」と教えてくれ、その後しばらくして、「斜めに振っても音が違ったよ！」と教えてくれました。

　友だちといっしょに音を鳴らした子どももいます。R ちゃんは M ちゃんに「いっしょにやろう！」と声をかけ、2 人はどちらからともなく、振り方を模倣するような形で音の重なりを楽しんでいました。

3)　まとめ

　みんなでいっせいに声を揃えて歌うことや、合奏をすることのなかでしか得られない一体感や音体験もあります。しかし、子どもたち 1 人ひとりがもつ多様な感じ方に寄り添い、その感性を伸ばすこともとても大切です。保育者には、子どもたちのこだわりや発見を言葉にして認め、価値づける役割があると考えます。

　今回の活動も、一般的なマラカスづくりの活動でしたら、単に音が鳴る材料を紙コップに入れ、口と口をつなぎ合わせたら完成かもしれません。しかし、保育者が音に着目して、「○○を入れているからかな。珍しい音だね。」「○○ちゃんの音と似ているけど、少し違う音がするね。」などの声かけをすることで、子どもたちの意識が音へと向き、さらなる音楽的な探求へと結びつきます。

　保育者は、子どもたちの感性を支援するための重要な「人環境」であることを心に留めて、日ごろの保育・教育に臨んでほしいと思います。

5．子どもの主体的な音遊びと保育者の音楽観

　保育では子どもの主体的な遊びが大切ですが、子どもと音との関わりも例外ではありません。子どもの主体的な音遊びを考えるうえでは、保育者の音楽観（音楽の捉え方）を問う必要があると考えます。

　問い直すべき音楽観の例として、筆者のエピソードを2つ紹介します。第1に、「良い音」についてです。筆者には、自分が出した音を「良い音」だと思った経験が多々あります。その瞬間はとても嬉しいものでしたが、他者（指導者）から「違う」と否定されたことも往々にしてありました。音楽では、ジャンルに応じた「良い音」に沿うように、指導者の指示に従ったり、真似たりすることがあります。しかし、個人の価値観は多様であり、そこから生じる「やってみたい」という意欲もさまざまです。そのため、画一的な再現を前提とする音楽観にとらわれると、音に対する主体性は損なわれてしまうのではないかと考えます。第2に、楽曲を演奏する際に、指導者から「どのように演奏したいのか」と問われた経験です。筆者は楽器で音を出すことは好きでしたが、指定された楽曲に良さを見いだしていないことが多々あり、前述した問いが腑に落ちないこともありました。楽曲の再現においては、思いや意図が伴うことを良しとする風潮があります。また、教育現場では、子どもたちがいっせいに同じ楽曲を演奏することが多いです。しかし、価値観が多様であることを踏まえると、楽曲が絶対的な存在となり、「すべての子どもが楽曲に価値を見いだし、再現に対する意欲や意図をもっている」ことが前提となると、子どもの主体性は見落とされてしまうのではないかと考えます。

　2つのエピソードに共通しているのは、楽曲の再現を前提とした音楽観の存在ではないでしょうか。その後、筆者は徐々に、他者に良しとされるであろう音の出し方を察し、迎合するようになりました。すると、他者からは承認を得られたものの、自分にとっての「良い音」ではないことが少なからずありました。この違和感を、筆者は「音楽では当たりまえ」と受け入れていましたが、音楽表現における主体性を探求するうえでは、問い直すべき音楽観であったと考えます。特定の楽曲やジャンルの作法に終始するのではなく、個人の価値観を尊重できるように音との関わりを設けることは、子どもの主体的な音遊びへとつながると考えます。

1）保育者としての音楽観を問う

　筆者の2つのエピソードのように、固定化された音楽観を当たりまえのごとく受け入れると、子どもの可能性を制限してしまいかねません。皆さんは、固定化された音楽観にとらわれていないでしょうか。例えば、よく耳にする「自分は音楽が苦手だ」という言葉の裏には、「音楽とはこうあるべき」という固定化された意識の存在が考えられます。しかし、既存の楽曲を「上手に」再現することのみが、音楽ではありません。ピアノ、発表会、マーチング、生活のうた等、保育にまつわる音楽のイメージも、子どもの主体的な遊びとなっているか否か問い直し、ときには既存の音楽観を打破することも必要でしょう。

　保育者の音楽観は柔軟であることが望ましいです。具体的には、身の回りの音を柔軟に捉え、「目の前の子どもたちと音を使って何ができるか」という視点をもつことが重要であると考えます。私たちの身の回りには、楽音に限らず、たくさんの音があふれています。音との出逢い、音に対する好みや価値観は多様であり、音の種類や音楽のジャンル等による優劣はありません。子ども1人ひとりの音との関わりを尊び、一緒に何ができるかを考えることは、保育者にとって重要なスキルです。「大人にとって良い音楽かどうか」という評価軸で教え込むのではなく、子どもから生まれるその場その時の音楽を受け止め、支えることのできる保育者は、かけがえのない存在です。子どもたちは、日々音と出逢い、興味に応じて音を出しています。「やってみたい」という主体性を起点として音を探る行為は、即興的

な音楽であり、主体的な音遊びに他なりません。また、子ども 1 人ひとりにとっても、保育者にとっても「良い音」は異なります。保育では、何らかの基準に基づく「良い音」を教え込むのではなく、子ども 1 人ひとりが「良い音」を探求する時間、それを通して他者と関わる時間が重要ではないでしょうか。

2)「やってみたい」の可能性

　「やってみたい」を起点として自由に音を探る行為は、主体的な音遊びの根幹をなします。子どもと音との出逢い、それに伴う素朴な音楽的行為（自分の声で遊ぶ、身近なものを叩く等）をありのままに受け止め、支えることは、保育者として優先されるべき音楽スキルであるといえるでしょう。

　「やってみたい」と思える物事との出逢いは、私たちに「自分にはこんなことができる」「こんな世界もある」という体験をもたらします。「やってみたい」との出逢いは、自分の新たな可能性との出逢いなのです。

　可能性にあふれる子どもたちと一緒にどのようなことができるでしょうか。これから出会う 1 人ひとりの子どもと一緒に考えてみましょう。子どもの感性、表現、創造性の先には、大人にとっての意外性もあり得ます。保育に限らず、音楽への固定観念を見つめ直すことで、人間と音楽とのより良い関わりが拓けるかもしれません。

第12章　小学校音楽科教師からの幼児音楽教育への提言−音楽科教育の現状と課題を交えて−

第1節　はじめに−本章の目的−

　子どもは、幼稚園や保育園等を卒園すると、小学校へ入学することになります。小学校の音楽教育は、学習指導要領[1]によって国語科や算数科などとともに「音楽科」として位置づけられています。このことは、幼稚園での音楽教育が保育内容「表現」の1領域として扱われていることとは異なり、小学校での音楽教育は国語教育や算数教育などと同等の地位を与えられていることを示しています。つまり、日本の小学校教育では、教科の1つとして音楽科が設置され、子どもに対する体系的な音楽学習の機会が小学校第1学年から第6学年までのすべての学年にわたって組み込まれています。

　小学校で行われる音楽科授業の時数は、どのくらいなのでしょうか。平成29年に告示された新学習指導要領では、音楽科の授業時数は6か年間で通算358時間と定められています。これによって各小学校では、週あたり1〜2時間程度の音楽科授業が行われることになります。この音楽科授業の時数（358時間）は、図画工作科も同じです。主要教科といわれている国語科（1461時間）、算数科（1011時間）などと比べるとかなり少ない時数だといえます。したがって、音楽科は教科としての地位を与えられてはいるものの、その扱われ方は主要教科と同等ではない、とみることもできます。

　さて、当然のことですが、小学校の音楽科教育が望ましい成果をあげるためには、小学校における授業実践の向上や学習環境整備の充実などが不可欠です。しかし、幼稚園や保育園等の音楽教育と小学校音楽科教育との双方の良好な連携を築くこと、言い換えれば、子どもの音楽的成長を幼稚園・保育園等から小学校までという長期的視野で捉えることも重要なことだと考えられます。なぜなら、現在、ほとんどの子どもが、幼稚園・保育園等での音楽教育を経験して小学校に入学してくるからです。つまり、子どもにとっては、幼稚園・保育園等において行う音楽活動から、公的な教育機関における音楽教育が実質的に始まっているといえます。子どもの音楽的成長が《幼・保から小へ》と途切れることなく望ましいものになるためにも、幼稚園・保育園等の音楽教育から小学校の音楽科教育への移行は、スムーズに行われるべきでしょう。

　筆者は、15年の間、小学校の音楽専科教師として勤務してきました。日々音楽科授業を実践しながら、上述した小学校と幼稚園・保育園等との連携の必要性を強く感じてきました。できれば近い将来、《保・幼・小》が一体となった音楽教育プログラムの本格的な開発が完成することを願っています。このことが実現すれば、日本の子どもの音楽的成長は、さらに確固たるものになるでしょう。そのためにも、小学校側は幼稚園・保育園等の音楽教育について、幼稚園・保育園等の側は小学校の音楽科教育について、それぞれがお互いに目を向け合い、ともに学び合うことが必要になってくると思われます。

　そこで第2節では、小学校音楽科教育がめざすものを具体的な子ども像で述べます。第3節では、小学校音楽科教育の現状と課題について言及します。読者に分かりやすく理解していただくために、筆者は、小学校音楽科教師としての経験に基づいて、小学校音楽科教育が長年抱えている問題を率直にお伝えするつもりです。そして第4節では、小学校音楽科教師の視点から幼児音楽教育への提言をしたいと思います。

第2節　小学校音楽科教育がめざすもの

　小学校の音楽科教育は、何をめざしているのでしょうか。学習指導要領には、音楽科の目標が「表現及び鑑賞の活動を通して、音楽的な見方・考え方を働かせ、生活や社会の中の音や音楽と豊かに関わる資質・能力を次のとおり育成することを目指す。（1）曲想と音楽の構造などとの関わりについて理解するとともに、表したい音楽表現をするために必要な技能を身に付けるようにする。（2）音楽表現を工夫することや、音楽を味わって聴くことができるようにする。（3）音楽活動の楽しさを体験することを通して、音楽を愛好する心情と音楽に対する感性を育むとともに、音楽に親しむ態度を養い、豊かな情操を培う」と示されています。

　つまり、音楽科教育は、すべての子どもが主体的に音楽学習を行い、音楽のよさを味わい、さらに音楽活動による感動体験を重ねながら、それらを通して音楽を愛好する心情を育むこと、および人間的成長を遂げていくこと、を実現できる教育[2]であると考えられます。

　多くの子どもは、元来、音楽が大好きです。過去に音楽教育関係者の間では、「音楽は好きだけど、音楽の授業は嫌い」という子どもの声がしばしば取り上げられたこともありましたが、筆者の実感では、子どもは音楽の授業も大好きです。筆者は、小学校に勤めていた時、全校規模の合唱祭を企画し、それを毎年行ってきました。つまり、音楽活動による感動体験を全校の子どもが共有できる場面を、意図的計画的に設けてきました。そこでは、子どもが、体中で音楽の喜びを感じながら、しかも洗練された歌声で合唱する姿をたびたび見ることができました。しかしその一方で、音楽科は十分に成果をあげているとはいえない大きな課題もいくつか抱えています。次の節では、その課題について述べたいと思います。

第3節　小学校音楽科教育の課題

1．歌唱指導に関して

　筆者は、ここ数年、ご高齢のご婦人方に合唱指導をしています。日本において明治時代から親しまれている文部省唱歌や歌曲を、そのご婦人方は、非常に鮮明に記憶しておられ、実に楽しそうに味わいながら次々と歌唱されます。筆者が「これらの歌は、いつ歌えるようになりましたか」と尋ねると、彼女たちは、これらの歌を「学校の授業で習った」と言われました。このことから、心に沁みる数々の名曲を国民に教え広めてきたという音楽科教育の成果の1コマがうかがえます。音楽科は、1世紀以上にわたり、多くの国民に、さまざまな歌や名曲を紹介し、歌う・奏でる・聴く、さらに時には創る喜びを授けつつ、日本の音楽文化の向上に寄与してきているわけです。

　また最近は、「歌声のひびく学校づくり」という学校目標を掲げ、合唱活動を中心に据えた、学校再生の取り組みに力を入れている中学校[3]もみられます。学校教育のなかで、合唱活動が重要視されていることは、学校音楽文化の充実・発展という点において非常に望ましいことです。

2．歌唱力育成に関して

　しかしその反面、音楽教育における歌唱指導には、未解決のまま残されている重大な課題が存在している、と指摘できます。その課題とは、望ましい歌唱力を子どもにどう保障していくかというものです。この視点から、音楽科が抱える歌唱力育成という課題について考えていきましょう。

　村尾の著書『「調子外れ」を治す』[4]の表紙には、「クラスに2人か3人は、調子外れの子どもがいる。

音楽教師はそういう事実を知っていながら、何もしてこなかった。子どもたちが傷ついて歌わなくなってしまうかもしれないことを何よりもおそれるからだ‥‥」という痛烈な指摘があります。音楽教師であった筆者は、この言に、これまでの筆者自身の音楽教師生活の足跡を、すべて否定されたかのような衝撃さえ感じたものです。「調子外れ」とは「音高はずれ」とも称される、いわゆる「音痴」のことです。おそらく、この村尾の指摘は見えざる真実を言い当てていると思います。いったいどのくらいの音楽教師たちがこの指摘に胸を張って反論できるでしょうか。

　クラスに2、3人ということは、10クラス規模の学校の場合には、学校全体で20人から30人という人数になります。「音高はずれ」で歌う子どもへの歌唱学習が十分に施されないまま、音楽科授業での歌唱学習はもちろんのこと、学校行事での「校歌斉唱」や「君が代斉唱」が慣習的に行われているのです。この実態は、学校における歌唱活動の現状を端的に示すものです。このような子どもは、どのような思いを胸に秘めて歌唱学習や行事での斉唱に参加しているのでしょうか。米国の著名な音楽教育研究者であるフィリップスは、「すべての幼少の子どもは、歌うことを愛している」と言っています。さらにフィリップスは、「幼い頃は歌唱を愛していたにも関わらず、一部の子どもは、成長するにつれてそうではなくなっていく」とも言っています[5]。子どもが歌唱を愛せなくなっていくこの過程を、それは子どもの自己責任であると片づけることは、私たちにはけっしてできないはずです。この過程は、まさに我々に突きつけられた重大な課題であると受け止められるべきでしょう。

　さらに合唱活動の際に、不正確な音高での歌唱に陥る子どもの人数は、斉唱時の比ではないことは疑う余地もありません。筆者らの調査によれば、第6学年の場合、斉唱時に正確な音高で歌唱していると認められる子どもは、男子91.7％（33/36人）女子100％（38/38人）、2部合唱の上声部（主旋律）担当時に正確な音高で歌唱していると認められる子どもは、男子33.3％（12/36人）女子57.9％（22/38人）、2部合唱の下声部担当時に正確な音高で歌唱していると認められる子どもは、男子22.2％（8/36人）女子39.5％（15/38人）でした[6]。この結果は、斉唱ではほとんどの子どもが正確な音高で歌唱できるものの、合唱では正確な音高で歌唱できなくなる子どもが非常に多いことを示しています。

　学校における歌唱・合唱活動は、この現実的問題を抱えながら、子どもと教師との双方に多大な苦悩を背負わせたまま行われているのです。日本の代表的な児童合唱の指導者である渡辺[7]は、「‥‥日本人の場合、合唱することに慣れていないので、低・中学年等でいきなり合唱すると、特にアルトを覚えるのに苦労し、せっかく歌えるようになったのに、両声部を合わせると他のパートにつりこまれてしまい、焦るし先生には注意されるしで、合唱がすっかり嫌いになっていくようです」と言っています。

　筆者は、この歌唱・合唱指導に関する問題の重大さが多くの教育関係者に広く認識されねばならないと考えています。フィリップスは、「歌唱は、学習された行動、すなわち精神運動的スキルである」し、「歌唱における発声の方法は、驚くほど複雑な仕組み」であり、「歌唱技術は、学習の結果として得ることのできる所産」であると言っています[8]。歌唱・合唱が未熟な子どもへの適切な音楽学習が音楽科授業で保障されないとするならば、さらにそのような子どもにとって音楽科授業が唯一の音楽学習の機会であるとするならば、子どもには望ましい歌唱技術を手に入れるすべはないということになってしまいます。

　子どもへの望ましい歌唱指導はどうあるべきか。このことも小学校音楽科の大きな課題なのです。現在、「音高はずれ」で歌唱する子どもを改善に導く指導法に決定的なものはない、というのが現状です。しかし本書全体のねらいの1つは、この歌唱に関する課題へのアプローチにあります。本書が、この課題の解決につながる有益なヒントを読者に提供できるものになればと思います。

3．音楽科授業の成立と音楽活動に対する態度の育成に関して

　もう1つ、音楽科教師の立場から読者に伝えたい重要な問題があります。それは、音楽科授業の成立に関することです。音楽科授業のイメージといえば、音楽室で子どもが、明るく和やかな雰囲気で、生き生きと歌を歌ったり、楽器を演奏したりしている様子を思い浮かべる人も多いでしょう。実は、そういう授業が営まれているとすれば、それは教師のそれまでの取り組みの成果なのです。もっといえば、多くのさまざまな子どもを相手に、望ましい授業の雰囲気を作り出せるところに、音楽科教師の力量が問われる[9]のです。

　音楽科の授業は、他教科と比して、授業の成立という点において非常に脆弱な性質を有しています。音楽科授業は、①学習の対象が音という抽象的で一過性のものであること、②学習活動は、子ども間の音楽能力や学習意欲の差にかかわらず、クラスの子ども全員で同一課題を同時に行う（全員で歌う・演奏する・聴く）ことが多いこと、および③表現活動が多いこと、などが特徴です。つまり、音楽科授業が音に関する学習であるがゆえに、子どもには高い集中力とその持続が求められます。しかし学習の対象となる音はそれ以外の不要な音（私語や雑音）に妨害されやすく、子どもが音楽学習に集中できなくなる状況が容易に生じやすいといえます。また、経験の浅い教師の場合には、自律しきれていない多数の子どもを抱えながら、全員にいっせいに歌わせたり、聴かせたりすることは容易なことではありません。さらに、音楽活動に対する自信の欠如に陥っている子どもがクラスのなかにいるとすれば、その子どもに音楽表現活動を強いることには大きな困難を伴うものです。したがって、教師が、これらの音楽科授業の特徴を十分に理解せず、同時に音楽科授業成立のための力量を備えていないとすれば、授業の成立は遅かれ早かれ必然的に危うくなるのです。ここでさらに難しいことは、音楽科授業では和やかで豊かな音楽教室の雰囲気や学習活動も求められるので、教師が威圧的嫌悪的な手法だけによって短絡的に授業を営むことは極力避けなければなりません。教師には、子どもが平常心で音楽表現を行えるように、子どもに安心感や安堵感を与えられるような環境づくりも欠かせないのです。「音楽科授業を円滑に成立させるにはどのような指導方法が有効か」について、音楽科教師は日夜考え続けていると言っても過言ではありません。

　また、音楽科教育を通して、音楽活動に対する積極的かつ誠実な態度（以下、音楽活動に対する態度）を子どもに養うことも、とても大切です。音楽活動に対する態度とは、音楽の授業を真摯に受ける心構え、仲間と共に共同で音楽活動を行うためのモラル、よりよい音環境をつくり合う必要性、および楽器の取り扱い方や音楽室の使用の仕方などを正しく理解し、それらを実行できる力である、と考えられます。もし仮に子どもに基礎的な音楽能力を育成することができたとしても、音楽活動に対する態度が備わっていなければ、子どもに生涯にわたって音楽を愛好する心情を抱かせることも、彼らの人間的成長を促進することもけっして達成できないでしょう。また、昨今の混沌とした社会状況、例えば個人主義的な生き方の増加や治安の悪化などの重大な社会問題に対して、その改善に少しでも音楽科が寄与できるとすれば、音楽科は時代に適応した音楽活動に対する態度の育成について、常に問い続ける必要があります。したがって、音楽科教育では、子どもが真の音楽愛好家に育つように、さらに21世紀をたくましく生きていく人間に成長できるように、音楽活動に対する態度を養わせることも重要視されねばならないのです。

第4節　小学校音楽科教師からの幼児音楽教育への提言

　さて、ここまで、小学校音楽科の現状と課題を、日々授業を実践している教師の立場から率直に述べてきました。筆者は、幼稚園・保育園等の音楽教育に携わる人たちに、これまで述べてきた小学校音楽科の現状と課題を知っていただくだけでも、十分有益であると思います。もちろん、音楽教育は、発達段階に応じて、それに合致した内容と方法で行われればよいわけで、幼稚園・保育園等には独自の特性があり、同様に、小学校にも独自の特性があるはずです。しかし、今、幼稚園・保育園等で行っている音楽活動が、どのように小学校音楽科へつながっていき、どのような影響を及ぼすのか、という視点ももっていただければ、子どもの音楽的成長は、さらによいものになると考えます。

　そういった点から、前節で述べた現状を少し振り返りながら、幼稚園・保育園等の音楽教育に提言したいと思います。

　歌唱指導の適切な在り方については、本書の重要なコンセプトにもなっています。小学校でみられる「音高はずれ」の子どもには、いくつかの特徴があり、パターンがあります。①とても低い声でつぶやくように歌う子ども：歌唱経験が非常に少ない子どもであると思われます。②落ち着きなく歌う子ども：歌うことに専念できにくい子どもであると思われます。③情意面でコンプレックスをもっている子ども：過去に冷ややかな言葉や視線を浴びた経験から、自信の欠如に陥っている子どもであると思われます。④地声を張り上げて歌う子ども：適切な歌声を出すことに対する意識が欠如した子どもだと思われます。⑤周りや伴奏をほとんど気にせずに歌う子ども：自己中心的側面が非常に強いか、聴覚から得られる周囲のキャッチすべき音楽的情報に、気づけない子どもであると思われます。

　このような状況から察するに、幼稚園・保育園等の歌唱指導では、歌唱経験の十分な保障を前提として、技術的側面では、無理のない自然な声で歌唱させること、周囲の声と自分の声に気をつけて歌うこと、情意的側面では、歌唱の喜びを感じさせ、歌唱への意欲を喚起し、歌唱への自信をもたせることが重要だと思われます。詳しい理論的裏づけや、具体的な指導方法は、本書の第1章、第2章、および第3章をご参照いただきたいと思います。

　音楽活動に対する態度の育成については、幼稚園・保育園等においてもきわめて重要な今日的課題ではないでしょうか。筆者は、入学したばかりの小学1年生の授業をこれまで何度も担当してきました。最近、集団生活のルールを守れない逸脱行動をする子ども、対人スキルが身についていない子どもが増えているように思います。筆者も正直言って、しばしば悪戦苦闘してきました。きっと、幼稚園・保育園等の先生方には、小学校の教師以上に粘り強い指導力が求められているに違いありません。

　態度の育成に関する指導方法について、筆者は次のように考えます。小学校であろうと、幼稚園・保育園等であろうと、音楽活動の円滑な進行を確立するには、教師や保育者の強力なリーダーシップが欠かせないと思います。学習や活動の初めから終わりまで、すべての子どもを常に掌握し、教師の指示どおりに学習させ、活動させねばならないと思います。子どもが望む教師像の役割演技を行いながら、子どもの不適切な問題行動を駆逐し、適切な行動を称賛するといった、強力なリーダーシップを発揮することが必要です。

　教育実習生や若い教師は、おおむね明るい教師像の役割演技はできるようです。しかし、子どもの私語に対する適切な注意ができにくいことが多いようです。例えば、子どもがざわついているにもかかわらず、指示や説明を始めたりするので、子どもは私語を容認されたかのように錯覚してしまいます。また、活動中、いずれかの場面で少なくとも1度は子どもが好ましい態度をみせるものです。例えば、全員で集中して歌唱したり、CDに真剣に耳を傾けたりする時が必ずあります。この瞬間を捉えて、子ども

に称賛を与えるという教授行為は非常に効果の高い指導方略なのですが、教育実習生や若い教師はこの絶好の機会を見逃しがちです。

　音楽活動中のどういう行動が正しい行動であり、どういう行動が誤った行動なのか、子どもに教師がしっかり教えることは、非常に重要な教師の役割です。この役割を適切に果たせる教師に対して、子どもは信頼と尊敬のまなざしを向けるはずです。音楽活動に対する態度の育成には、教師が子どもからの信頼と尊敬を勝ち取ることができるかどうかが鍵である、といえます。

　本節では、小学校音楽科の立場から幼児音楽教育への提言をしてきました。同時に、この提言は、小学校の若い先生方や、将来小学校の教師をめざす学生たちにも向けたものにもなりうると考えています。読者には本章を読まれた後、もう 1 度本書全体を是非再読していただきたいと思います。そうすることによって、本書全体のコンセプトをよりスムーズに理解していただけるものと思います。

引用・参考文献

1）文部科学省（2018）『小学校学習指導要領（平成 29 年告示）解説　音楽編』東洋館出版社。

2）緒方満（2007）「第 2 章　6 音楽科　(2)理論編Ⅱ　21 世紀型音楽科学力を保障する教科カリキュラムの創造」『研究紀要　34 号　21 世紀型学力を保障する教科カリキュラムの創造－教科カリキュラムの構想－』広島大学附属小学校、pp.150-153。

3）卒業式ソング取材班（2005）『「旅立ちの日に」の奇蹟～いくつもの "卒業" を経て、今響く歌声～』ダイヤモンド社。

4）村尾忠廣（1995）『「調子外れ」を治す』音楽之友社。

5）フィリップス（1996）Phillips, K. H. *Teaching Kids to Sing*, Wadsworth Group / Thmson Learning, Belmont.
　・緒方満、高田艶子、吉富功修訳（2005）Phillips, K. H.「『子どもたちへの歌唱指導』より　第 2 章　歌うことの精神運動的過程」『広島大学教育学研究科音楽文化教育学研究紀要』ⅩⅦ、pp.127-136。
　・川口さやか、緒方満、吉富功修他訳（2006）Phillips, K. H.「『子どもたちへの歌唱指導』より　第 1 章　児童・生徒のための声楽教授」『広島大学教育学研究科音楽文化教育学研究紀要』ⅩⅧ、pp.123-133。

6）緒方満、吉富功修、河邊昭子、三村真弓（2006）「児童の「音高認識体制」を成長させる音楽科学習指導方法の実証的研究－「2 声部の歌い分け」をめざしたエクササイズアプローチの検証－」『日本教科教育学会誌』第 29 巻、第 3 号、pp.19-28。

7）渡辺陸雄（1995）『小学校の歌唱診断 38』音楽之友社、p.109。

8）前掲 5）と同書。

9）吉富功修、石井信生、野波健彦、木村次宏、竹井成美、藤川恵子、緒方満（1999）『音楽教師のための行動分析－教師が変われば子どもが変わる－』北大路書房。

Chopsticks

Euphemia Allen　作曲
吉 富 功 修 編曲

Chopsticks は、はしの意味です。eat with chopsticks のように使います。

連弾で楽しみましょう。高音部は、はしのように、左右の人差し指だけで演奏できます。

上手になったら、低音部の第 1 拍は、1 オクターブ重ねて弾きましょう。

第13章 楽　　典

第1節 音

　音には高さ、長さ、強さ、音色の4つの性質があります。音はものの振動によって生じ、高さの違いは振動数の多少によって決定され、長さは振動の継続する時間、強さは振幅、音色は振動の形、つまり音に含まれる倍音の成分比によって決定されます。音には、楽音と雑音があり、楽音は音波の一定の波形が安定的に反復し、音高を感じさせる音であり、しかもいくつかの倍音を含む音です。

第2節 譜　　表

　音楽を記録するために用いられる5本の平行な線を譜表、または5線といいます。5線は音の高低を表しており、さらに高い音や低い音を表す場合には5線の上下に短い線を補って表し、これを加線といいます。5線は、同じ長さ・間隔の水平線から成ります。

　5線は各音の相対的関係しか表わせません。したがって各音に一定の絶対的高さを与えるために、5線の初めに記号を記します。これを音部記号といい、主として次の3種が用いられています。

　譜表では、拍の強弱の配置を明確にするために、拍子記号を記すと共に、拍子の第1拍の前に1本の垂直線を引きます。これを小節線といい、これによって区分された部分を小節といいます。小節線には縦線、複縦線、終止線があります。

　　縦　　線……小節線として使用される細い線
　　複縦線……2本の細い線（曲の段落や、調や拍子の変わり目を表す）
　　終止線……左が細く右が太い2本の垂直線（曲の終わりを表す）

第3節 反復記号

　曲の一部分を反復して演奏するために用いる記号を反復記号といいます。記号に挟まれた部分は、通常2回演奏しますが、曲の初めの反復記号は省略されます。ダル・セーニョ（**D.S.**）がある場合には、その箇所からその前の 𝄋（セーニョ記号）まで戻り、そこからフィーネ（*Fine*）またはフェルマータ（⌢）のところまで演奏して曲を終わります。ダ・カーポ（**D.C.**）と記されていたら曲の最初に戻り、フィーネ（*Fine*）またはフェルマータで終わります。**D.C.**で曲の最初に戻ったり、**D.S.**で 𝄋 に戻った後に、「1.──」と「2.──」がある場合には、「1.──」を省略して、すぐに「2.──」に進みます。反復した後に ⊕（コーダ）がある場合には、そこから次の ⊕（コーダ）あるいはCodaへとびます。

演奏順　12324　　　　　　　　演奏順　1213413　　　　　　　　演奏順　123423526

　楽譜下の2x(　)は反復記号の間を演奏して、第2回の演奏では（　）内の音を弾く、という意味です。P176を参照してください。

第4節 音名と階名

1. 音　名

　音の高さの絶対的な固有の名称を音名といい、曲に用いられる多くの音のうち基礎となるのは7つで、その名称を幹音名といい、これは国によって種々の呼称があります。

　　日本語：ハ ニ ホ ヘ ト イ ロ　　　独　語：c d e f g a h
　　　　　　　　　　　　　　　　　　　　　　　　ツェー デー エー エフ ゲー アー ハー
　　英　語：C D E F G A B　　　　　　伊仏語：ド レ ミ ファ ソ ラ シ

　日本語音名のロを、ドイツ語ではh、英語ではBといいます。また、日本語音名の変ロをドイツ語ではb、英語ではB♭といいます。
　　　　　　　ハー　　　　　　　　　　　　　　　　　　　　　　　　　　　　　　　ベー

　幹音の高低を変化させたり、変化させた音高を元に戻すためには音符の前に、記号を付加します。これを変化記号といい、変化記号には次のものがあります。

・幹音を高くするもの　　　　　　　　　　　・幹音を低くするもの
　嬰 記 号 ♯（シャープ：1半音高くする）　　変 記 号 ♭（フラット：1半音低くする）
　重嬰記号 ×（ダブルシャープ：2半音高くする）　重変記号 ♭♭（ダブルフラット：2半音低くする）

・元の高さに戻すもの
　本位記号 ♮（ナチュラル）

　幹音を、上下どちらかに変化させてできる音を派生音といいます。音名のオクターブの違いは、日本語では・（点）の数やカタカナとひらがなの違いによって、ドイツ語では右上の数字と大文字と小文字

の違いによって、英語では右横の数字によって示します。

音名の例

日本語	ハ	ハ	嬰ヘ	変ロ	嬰ト	嬰ニ	変ホ	変い	ろ	嬰ニ
英・米語	C4	C5	F♯4	B♭4	G♯5	D♯6	E♭3	A♭2	B1	D♯4
独語	c¹	c²	f♯¹	b¹	g♯²	d♯³	e♭	A♭	H1	d♯¹

　変化記号のうち、楽曲の途中で一時的に音の高さを変えるものを臨時記号といい、臨時記号は同一小節内の同じ音名の音のみに有効です。オクターブ異なる同じ音名の音にも有効ですが、新たに臨時記号を付けることが通例です。

2. 階　名
　音階内での相対的な音高の名称を階名といい、長音階ではドレミファソラシドで、短音階ではラシドレミファソラで表します。階名は、調によってその位置が異なります。嬰種（♯）の調号（調子記号）では最も右端の♯の階名がシとなり、変種（♭）の調号では最も右端の♭の階名がファになります。

3. 楽譜と鍵盤との対応
　前ページの音名の例を鍵盤図と対応したものです。各音符に付された番号が鍵盤の番号と対応しています。

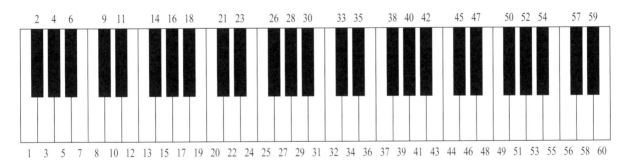

日本語	ハ	ハ	嬰ヘ	変ロ	嬰ト	嬰ニ	変ホ	変い	ろ	嬰ニ
英・米語	C4	C5	F♯4	B♭4	G♯5	D♯6	E♭3	A♭2	B1	D♯4
独　語	c¹	c²	f♯¹	b¹	g♯²	d♯³	e♭	A♭	H1	d♯¹
鍵盤図	32	44	38	42	52	59	23	16	7	35

第5節　音符と休符

音符は音の長さを表すと同時に、譜表上では音の高さを表します。休みの長さは、休符で表します。

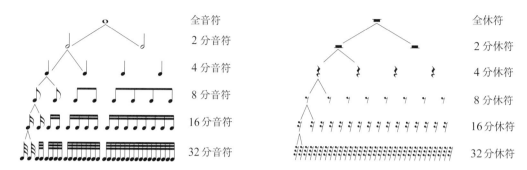

音符には上図のほかに付点音符、複付点音符があり、休符には付点休符、複付点休符があります。付点は、その前の音（休）符の半分の長さを加えます。

　　　付点4分音符　♩.＝♩＋♪　　　付点4分休符　𝄽.＝𝄽＋𝄾

　　　付点8分音符　♪.＝♪＋♬　　　付点8分休符　𝄾.＝𝄾＋𝄿

複付点は、その前の付点の半分の長さを、さらに加えます。

　　　複付点4分音符　♩..＝♩＋♪＋♬　　　複付点8分休符　𝄾..＝𝄾＋𝄿＋𝄿

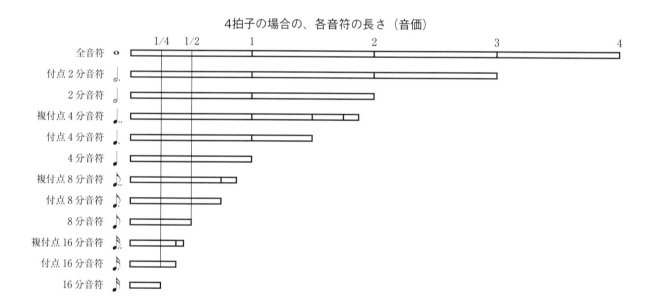

4拍子の場合の、各音符の長さ（音価）

下の例の音符のような偶数的分割で表せない音符の一群を連符といい、その等分割数によって3連符、5連符などといいます。そのほかに、6／8拍子系の2連符などもあります。また、2つ以上の同じ高さの音が直接に弧線でつながれたものをタイといい、タイでつながれた音符分を1つの音符のように伸ばして演奏します。タイは、同じ小節内だけでなく小節線をこえた音を結ぶ場合もあります。

第6節　拍　　子

　拍子とは、拍の集まりであり、強拍と弱拍が規則的に交替するものです。拍子には単純拍子、複合拍子、混合拍子があります。

　単純拍子……[2拍子系] 2拍子 $\frac{2}{2}\frac{2}{4}\frac{2}{8}$ 　[3拍子系] 3拍子 $\frac{3}{2}\frac{3}{4}\frac{3}{8}$ 　[4拍子系] 4拍子 $\frac{4}{2}\frac{4}{4}\frac{4}{8}$

　複合拍子……[2拍子系] 6拍子 $\frac{6}{4}\frac{6}{8}$ 　[3拍子系] 9拍子 $\frac{9}{4}\frac{9}{8}\frac{9}{16}$ 　[4拍子系] 12拍子 $\frac{12}{4}\frac{12}{8}\frac{12}{16}$

　混合拍子……5拍子（2＋3、3＋2）$\frac{5}{4}\frac{5}{8}$ 　7拍子（3＋4、4＋3）$\frac{7}{4}\frac{7}{8}$

　拍子記号は $\frac{4}{4}$ のように分数の形で表され、分子の数字が拍数を、分母の数字が単位音符を表しています。

　キリスト教世界では3拍子が完全なもの（三位一体と関連）とされ、〇で示されました。これを受けて、4/4拍子は**C**で、2/2拍子は**￠**で示されることもあります。

第7節　音　　程

　2つの音高の隔たりを音程といい、音程には順次的な音の隔たりである旋律的音程と、同時に響く和声的音程とがあります。音程は度によって示されます。同音は完全1度、1オクターブは完全8度です。長2度を全音、短2度を半音といいます。音程にはまた、全音階的音程と半音階的音程があります。全音階的音程は全音階の音階中に含まれる音で構成され、半音階的音程は半音階または全音階を半音変化させてできたもので構成されます。

　幹音間の音程を知るには、表13－1の半音数と全音数が重要な手がかりとなります。階名の隣接音どうしでは、ミとファおよびシとドの間が半音で、それ以外はすべて全音です。

完全1度　　長2度　短2度　長3度　短3度　完全4度　増4度

完全5度　　減5度　　長6度　短6度　長7度　短7度　完全8度

表13－1　幹音と幹音との音程に含まれる半音数と全音数

音程 ＼ 半音・全音数	半 音 数	全 音 数	音程 ＼ 半音・全音数	半 音 数	全 音 数
完全1度	0	0	減5度	2	2
短2度	1	0	完全5度	1	3
長2度	0	1	短6度	2	3
短3度	1	1	長6度	1	4
長3度	0	2	短7度	2	4
完全4度	1	2	長7度	1	5
増4度	0	3	完全8度	2	5

　幹音と派生音との音程、あるいは派生音間の音程を知るには、下の音程の推移の図を用いて、半音の増減がどのようになっているのかを手がかりとします。例えば、♭♯8 によって具体的に説明します。まず、このシャープとフラットを除いた幹音間の音程は短3度です（ミとファ＝半音、ファとソ＝全音）。この派生音間の音程は、上の音の♯によって半音広がり、さらに下の音の♭によって半音広がり、合計2半音分広がったことになります。下の音程の推移の図を用いると、まず短3度を出発点とし、2半音分＋の方向へ移動した、増3度の音程であることが分かります。

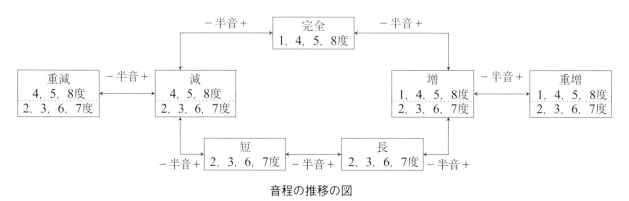

音程の推移の図

第8節　音　　階

　音階とは、ある音楽で用いられる音を高さの順に並べたものです。そのうち、今日、最も頻繁に用いられているものを全音階といい、それはさらに半音の位置の違いによって長音階と短音階に区別されます。あらゆる任意の音高を主音として、全（音）－全－半－全－全－全－半という音程を有する音列を構成すれば長音階となり、全－半－全－全－半－全－全という音程を有する音列を構成すれば自然短音階となります。この他にも、多種多様な音階があります。音階論は非常に複雑であり、専門書に委ねます。

長音階（ハ長調）

自然短音階（イ短調）

148

短音階にはこのほかに和声的短音階、旋律的短音階があります。

和声的短音階

旋律的短音階

第9節　調

　ある固定した音を中心として音階が構成される時調が生まれます。ハ（C）を主音（ド）とする長音階からなる楽曲はハ長調の楽曲であり、イ（A）の音を主音（ラ）とする短音階からなる楽曲はイ短調の楽曲となります。嬰種の調号（♯）は、まず第5線に付けられ、次に5度上に次々と付けられます。実際には、加線を最小限にするために4度下に付けられる場合もあります。変種の調号（♭）は、まず第3線に付けられ、次に5度下に次々と付けられます。実際には、加線を最小限にするために4度上に付けられる場合もあります。

調号と調名（◯＝長調の主音　●＝短調の主音）

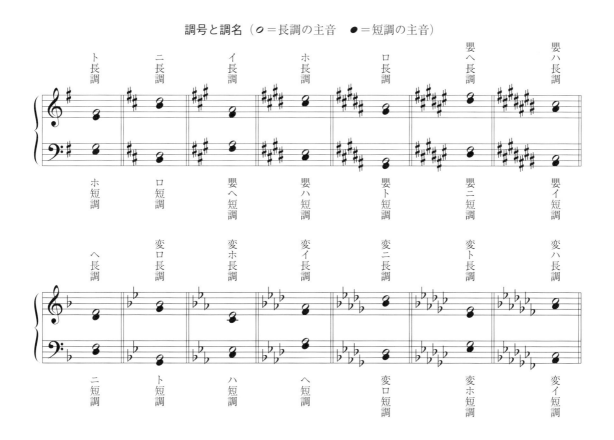

　調のなかには音階を構成する音が共通するものがあります。中心となる調（主調）とそれと近い関係にある調のことを近親調といい、それ以外のものを遠隔調といいます。

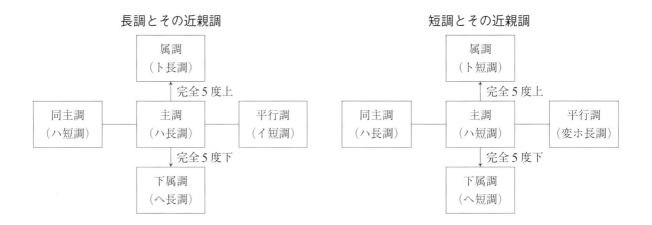

長調とその近親調　　　　　　　　　　　　短調とその近親調

属調とは、主調の完全5度上の調です。下属調とは、主調の完全5度下の調です。同主調とは、主音が同一の長調と短調です。平行調とは、同一の調号を共有する長調と短調です。

同主調の場合には、ハ長調とハ短調のように、同一の主音となります。平行調の場合には、ハ長調とイ短調のように、主音が短3度の関係になります。

曲全体の音程関係を変えずにそのまま高い調や低い調に移すことを移調といい、楽曲の途中で調が変わることを転調といいます。転調には、一時的に他調へ移行する経過的転調と、長いあいだ移行する確定的転調とがあります。

第10節　和　　声

高さの異なる2つ以上の音の響きを和音といい、その和音の連結したものを和声といいます。ある音に、その3度上と5度上の音を重ねたものを3和音といいます。3和音の種類には次のようなものがあります。

長調・短調の音階上の音で構成される3和音は次のとおりです。和音の度数は、音階の各度の度数名を用いて表します。

長調・短調の3和音のなかで、主音を根音として構成されるものを主和音（Tonic）、属音を根音としたものを属和音（Dominant）、下属音を根音としたものを下属和音（Subdominant）といい、これらはすべての3和音のなかで、最も重要なものであり、主要3和音と呼ばれます。3和音の上に3度の音を加えた4つの音で構成される和音を7の和音といい、そのうち最も多く使われるのが属7の和音です。

　根音を最低音とするものを基本型といい、そのほかの音が最低音になる場合、その和音の転回型といいます。第3音が最低音の場合を第1転回型（6の和音）、第5音の場合を第2転回型（46の和音）といいます。

　基本的な和音連結であるⅠⅣⅤ（Ⅴ₇）Ⅰを終止形（カデンツ）と呼びます。

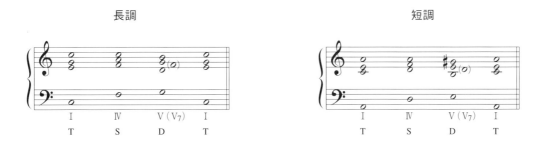

第11節　形　　式

　旋律は動機、小楽節、大楽節という要素によって構成されています。

　　動　機……旋律を構成する最小の単位で普通2小節

　　小楽節……動機の発展したもので普通4小節（2つの動機）

　　大楽節……2つの小楽節で構成される、旋律の基礎となる骨格で普通8小節

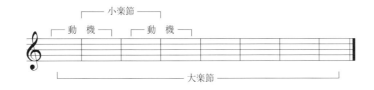

　旋律の形式は大楽節がいくつ含まれるかによって下記のように分けられます。

　　1部形式　（a、a）あるいは（a、b）

　　2部形式　（A〈a、a′〉　B〈b、a′〉）

　　3部形式　（A〈a、a′〉　B〈b、b′〉　A〈a、a′〉）

上記の形式から拡大発展した形式としては、複合3部形式、ロンド形式、ソナタ形式などがあります。

　複合3部形式とは、2部形式あるいは3部形式から成る楽節群が3つ集まり構成された形式のことをいいます。各楽節群は、主楽節群→中間楽節群→主楽節群という流れで進行します。代表的なものにメヌエット－トリオ－メヌエットという形式があります。

　ロンド形式とは、同じ主題（ロンド主題）へ何回も回帰することをねらいとする形式です。ロンド形式の曲には、快活で流麗で愛らしい傾向がみられます。その基本的な構造は、A（ロンド主題）－B－A－C－A－B－Aです。

ソナタ形式とは、一般的には、提示部・展開部・再現部・コーダから成る、比較的大規模な曲に用いられる形式です。長大な序奏部や長大なコーダ（終結部）を有する曲も少なくありません。提示部では、性格と調を異にする第 1 主題と第 2 主題が示されます。序奏部や第 1 主題や第 2 主題の素材がさまざまに展開され、複雑な情動、鋭い葛藤、対比する劇的な思想を感じさせます。

第12節　移調と転調

1. 移　調

　音楽における移調とは、曲の全体的な構造をそのまま保持しつつ、全体の音高だけを変化させることです。例えば、ヘ長調の《メリーさんのひつじ》を、子どもの声域に合わせて、ハ長調やニ長調に低くする場合などに移調します。

　この例のように、幹音だけの場合には、調子記号だけに注意して、機械的に 4 度下に移動すればいいのですが、派生音が含まれる場合には、その派生音によって半音高くなっているのか、あるいは半音低くなっているのかを判断し、それを移調した調でも、正確に再現する必要があります。

　上記は、ハ長調の原曲を、♭ 2 つの変ロ長調と、♯ 2 つのニ長調に移調したものです。派生音によって半音高くなったのか低くなったのかを判断して、移調先の調でも、それを正確に反映させることが重要です。

2. 転　　調

　転調とは、曲の途中で、調が変化することです。多くの場合には、近親調、つまり属調や下属調、平行調や同主調に転調します。下の楽曲は、《世界中のこどもたちが》（pp.180-181）です。

　冒頭の「う」では主調のト長調です。次の「ひろげよう　ぼくらのゆめを」では平行調のホ短調に転調しています。さらに「とどけよう　ぼくらのこえを」では、属調のニ長調に転調し、「さかせよう　ぼくらのはなを」では再度平行調のホ短調に、「せかいに　にじをかけよう」では属調のニ長調に転調しています。次の「せかい〜」では、原調のト長調に復帰しています。

【音の強さを示す用語と記号】

記号	読み方	言語	意味
ppp	ピアノ ピアニッシモ ピアニッシッシモ	pianopianissimo pianississimo	pp よりさらに弱く
pp	ピアニッシモ	pianissimo	とても弱く
p	ピアノ	piano	弱く
mp	メッゾ・ピアノ	mezzo piano	少し弱く
mf	メッゾ・フォルテ	mezzo forte	少し強く
f	フォルテ	forte	強く
ff	フォルティッシモ	fortissimo	とても強く
fff	フォルテ フォルティッシモ フォルティッシッシモ	fortefortissimo fortississimo	ff よりさらに強く
cresc.	クレシェンド	crescendo	だんだん強く
decresc.	デクレシェンド	decrescendo	だんだん弱く
dim.	ディミヌエンド	diminuendo	
sf sfz	スフォルツァンド スフォルツァート	sforzando sforzato	特に強く
fz	フォルツァンド フォルツァート	forzando forzato	
fp	フォルテ・ピアノ	forte-piano	強く直ちに弱く

【用語や記号に添えるもの】

用語	読み方	意味	用語	読み方	意味
assai	アッサイ	非常に	sempre	センプレ	常に
con	コン	…で、…とともに	molto	モルト	非常に
non tanto	ノン・タント	多くなく	poco	ポーコ	少し
non troppo	ノン・トロッポ	はなはだしくなく	poco a poco	ポーコ・ア・ポーコ	少しずつ
meno	メーノ	より少なく	un poco	ウン・ポーコ	やや、少し
più	ピウ	よりいっそう	quasi	クワジ	ほとんど…のように

【速度記号】

　曲の速度を指定する記号のことで、♩ = 120 あるいは M.M. ♩ = 120 などと示します。曲の初め、また途中において示します。1分間に4分音符を120回打つ速さで演奏する、という意味です。

【速さを示す用語、速さの変化等を示す用語】

用語	読み方	意味	
adagio	アダージョ	ゆるやかに	遅いもの
grave	グラーベ	重々しくゆるやかに	
largo	ラルゴ	幅広くゆるやかに	
lento	レント	ゆるやかに	
andante	アンダンテ	ゆっくり歩くような速さで	やや遅いもの
andantino	アンダンティーノ	アンダンテよりやや速く	
larghetto	ラルゲット	ラルゴよりやや速く	
moderato	モデラート	中くらいの速さで	中くらいの速さのもの
allegretto	アレグレット	やや速く	やや速いもの
allegro moderato	アレグロ・モデラート	ほどよく速く	
allegro	アレグロ	速く	速いもの
presto	プレスト	急速に	

prestissimo	プレスティッシモ	きわめて速く	速いもの
vivace	ヴィヴァーチェ	活発に速く	
a tempo	ア・テンポ	もとの速さで	元の速さに戻すもの
tempo primo（tempo I）	テンポ・プリモ	最初の速さで	
ad libitum（ad lib.）	アド・リビトゥム(アド・リブ)	自由に	演奏上の自由を許すもの
a piacere	ア・ピアチェーレ	任意に	
tempo rubato	テンポ・ルバート	テンポを柔軟に伸縮させて	
rallentando（rall.）	ラレンタンド	だんだんゆるやかに	遅くするもの
ritardando（ritard. rit.）	リタルダンド	だんだん遅く	
ritenuto	リテヌート	すぐに遅く	
meno mosso	メーノ・モッソ	今までより遅く	
accelerando（accel.）	アッチェレランド	だんだん速く	速くするもの
più mosso	ピウ・モッソ	今までより速く	
stringendo（string.）	ストリンジェンド	だんだんせきこんで	
con moto	コン・モート	動きをつけて	

【省略記号、奏法上のその他の記号と用語】

用語と記号	読み方	意　味	用語と記号	読み方	意　味
simile	シーミレ	前と同様に続けて	♪	テヌート	その音の長さを十分に保って
♪	スタッカート	短く演奏する	♪	スタッカーティッシモ	非常に軽く演奏する
スラー記号	スラー	高さの異なる2つ以上の音を滑らかに演奏する	8va	オッターヴァアルタ	記音の1オクターブ上を演奏する
			con8va	コン・オッターヴァ	
sotto voce	ソット・ヴォーチェ	静かに押さえた声で	mezza voce	メッザ・ヴォーチェ	柔らかくほどよい強さの声で
giusto	ジュスト	正確に	>または∧	アクセント	強調して
∨	ブレス	息つぎ	⌒	フェルマータ	適切にのばす

【発想を示す用語】

用　語	読み方	意　味	用　語	読み方	意　味
agitato	アジタート	激しく	espressivo	エスプレッシーヴォ	表情豊かに
alla marcia	アッラ・マルチャ	行進曲ふうに	furioso	フリオーソ	熱狂的に
alla turca	アッラ・トゥルカ	トルコふうに	giocoso	ジョコーソ	おどけて愉快に
amabile	アマービレ	愛らしく	grazioso	グラツィオーソ	優雅に、優美に
amoroso	アモローソ	愛情に満ちて	lamentoso	ラメントーソ	悲しく
appassionato	アパッショナート	熱情的に	legato	レガート	滑らかに
brillante	ブリッランテ	はなやかに	leggero（leggiero）	レッジェーロ	軽く
cantabile	カンタービレ	歌うように	maestoso	マエストーソ	荘厳に
cantando	カンタンド	歌うように	marcato	マルカート	はっきりと
capriccioso	カプリッチオーソ	気まぐれに	mosso	モッソ	躍動して
comodo	コモド	気楽に	pastorale	パストラーレ	牧歌ふうに
con brio	コン・ブリオ	生き生きと	pesante	ペサンテ	重く
con espressione	コン・エスプレッシオーネ	表情をこめて	risoluto	リソルート	決然と、きっぱりと
con fuoco	コン・フオーコ	熱烈に	scherzando	スケルツァンド	おどけて
con grazia	コン・グラーツィア	優雅に、優美に	serioso	セリオーソ	厳粛に
con spirito	コン・スピリト	元気に	tranquillo	トランクィッロ	静かに
dolce	ドルチェ	甘くやわらかに			

読み方	□ □内を英語読み	□m マイナー	□aug オーギュメント	□m⁻⁵ マイナー・フラット・ファイブ	□7 セブン	□m7 マイナー・セブン
C	C	Cm	Caug	Cm⁻⁵	C₇	Cm₇
C♯ D♭	C♯　D♭	C♯m　D♭m	C♯aug　D♭aug	C♯m⁻⁵　D♭m⁻⁵	C♯₇　D♭₇	C♯m₇　D♭m₇
D	D	Dm	Daug	Dm⁻⁵	D₇	Dm₇
D♯ E♭	D♯　E♭	D♯m　E♭m	D♯aug　E♭aug	D♯m⁻⁵　E♭m⁻⁵	D♯₇　E♭₇	D♯m₇　E♭m₇
E	E	Em	Eaug	Em⁻⁵	E₇	Em₇
F	F	Fm	Faug	Fm⁻⁵	F₇	Fm₇
F♯ G♭	F♯　G♭	F♯m　G♭m	F♯aug　G♭aug	F♯m⁻⁵　G♭m⁻⁵	F♯₇　G♭₇	F♯m₇　G♭m₇
G	G	Gm	Gaug	Gm⁻⁵	G₇	Gm₇

読み方	□ □内を英語読み	□m マイナー	□aug オーギュメント	□m⁻⁵ マイナー・フラット・ファイブ	□7 セブン	□m7 マイナー・セブン
G♯ A♭	G♯　A♭	G♯m　A♭m	G♯aug　A♭aug	G♯m⁻⁵　A♭m⁻⁵	G♯7　A♭7	G♯m7　A♭m7
A	A	Am	Aaug	Am⁻⁵	A7	Am7
A♯ B♭	A♯　B♭	A♯m　B♭m	A♯aug　B♭aug	A♯m⁻⁵　B♭m⁻⁵	A♯7　B♭7	A♯m7　B♭m7
B	B	Bm	Baug	Bm⁻⁵	B7	Bm7

減3和音のコード表記はm⁻⁵でもdimでもまちがいではありませんが、最近の傾向としてdimはそれだけですでにdim7（減7の和音）の意味で使うことが多く、m⁻⁵は3音構成（減3和音）の場合に使うというような使い分けが一般化しているようです。コード・ネームは、現象としての響く音を表しているので、機能的なことよりも、最も理解しやすい表記法をとります。例えば、ド、♭ミ、♭ソはCm⁻⁵、ド、♭ミ、♭ソ、♭♭シ（＝ラ）はCdimと書くのを最近では多く見かけます。dimには7はつけずに、それだけで7を含んでいるという解釈です。
コード・ネームそのものは音程関係を表しているので、使う人によって書き方が異なる場合があり、曲全体を見て判断するとよいでしょう。
本書ではm⁻⁵（減3和音）とdim（減7の和音）で表記しています。

ディミニッシュ・コード

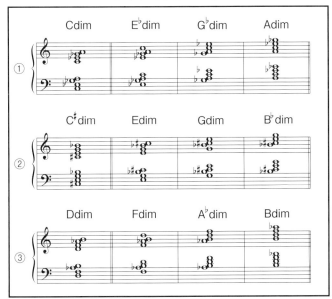

①のCdimは、最も下のドの音を1オクターブ上げて回転するとE♭dimになり、E♭dimの最も下の♭ミの音を1オクターブ上げて回転するとG♭dimになり、G♭dimの最も下の♭ソの音を1オクターブ上げて回転するとAdimになり、Adimの最も下のラの音を1オクターブ上げて回転するとCdimになり、元に戻ります。②、③も同様です。つまりディミニッシュ・コードは基本的には3つ（3種類の響き）しかありません。

その他のコード

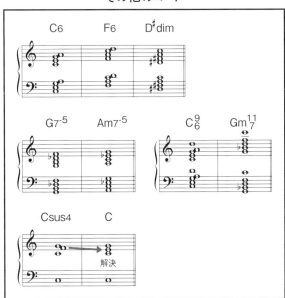

分数コード（オン・コード）について
Cのコードを転回するとC/Eとなります。この場合/はオンと読み、シー・オン・イーと読みます。分数コード＝上に載るコード/最も低い音（ベース音）となります。C/E＝$\frac{C}{E}$＝C on Eは、表記法は違いますが3つともすべて同じコードを表します。本書では/を使います。

参考文献

石桁真礼生他（1965）『楽典－理論と実習－』音楽之友社。

近森一重（1980）『新訂　音楽通論』音楽之友社。

門馬直美（1992）『新版　音楽の理論』音楽之友社。

菊本哲也（1996）『新しい音楽通論』全音楽譜出版社。

菊池有恒（1996）『演奏のための楽典』音楽之友社。

第Ⅱ部　曲　集

おせんべいやけた
わらべうた

♩≒60

（楽譜）
ど　の　お　せ　ん　べ　い　が　や　け　た　か　な

遊びかた　　5人くらいで輪を作り、両手の手のひらを上にして、前に出す。保育者は、ゆっくりとしたテンポと明確なピッチ（音高）で歌い始める。1人ひとりの子どもの目をしっかりと見ながら歌う。子どもたちの歌声を促すように歌う。1人ひとりの子どもの歌声を聴き分け、確実にピッチが歌えているかどうかを判断し、必要に応じて曲全体を低くあるいは高く移調する。

　保育者は1拍につき1つの手のひらに触れながら輪の中を歩く。「な」の時に触れた手のひらはもう焼けたおせんべいなので、手のひらをひっくりかえす。次は焼けたおせんべいを除いて、1拍につき1つの手のひらに触れ、「な」のときの手のひらを同様にひっくりかえす。両方の手のひらが焼けたら、おいしそうにポリポリたべるまねをし、両手を後にかくす。こうして全員のおせんべいが焼けるまで続けてもよい。

　最初に両手が焼けた子ども、あるいは最後に両手が焼けた子どもが次のリーダーになる。

おちゃらか

わらべうた

セッ　セ　セー　　　　ノ　ヨイ　　ヨイ　　　ヨイ

お　ちゃ　ら　か　お　ちゃ　ら　か　お　ちゃ　ら　か　ホイ

お　ちゃ　ら　か　　かっ　た　よ　　お　ちゃ　ら　か　ホイ
　　　　　　　　　　ま　け　た　よ
　　　　　　　　　　あい　こ　で

せっせっせーの

よいよいよい

おちゃ

らか

ほい

まけたよ

かったよ

あいこで

遊びかた

1　「おちゃ」…上に向けた左手の手のひらを自分の右手の手のひらでたたく

2　「らか」…お互いに右手の手のひらで相手の左手の手のひらをたたく

　　（以上を3回繰り返す）

3　「ホイ♪」…ジャンケン

4　「おちゃらか」…前と同じ

　　「かったよ」…ジャンケンで勝った者はバンザイする

5　「まけたよ」…負けた者は頭を下げる

　　「あいこで」…あいこの時は2人ともに手を腰に当てる

6　「おちゃらかホイ♪」

　　（1にもどり、何度でも繰り返す）

◆おちゃらか◆

③ はないちもんめ

わらべうた

A ふ る さ と も と め て は な い ち も ん め
B ふ る さ と も と め て は な い ち も ん め

A も ー ん め も ん め は な い ち も ん め
B も ー ん め も ん め は な い ち も ん め

A あ の こ が ほ し い B あ の こ じゃ わ か ら ん
A こ の こ が ほ し い B こ の こ じゃ わ か ら ん

A そう だん し ましょ B そう し ましょ (相談する)

A ○○○ちゃん が ほ し い B □□□くん が ほ し い

(名前を呼ばれた2人は、中央でじゃんけんか引っぱり合いで勝負する。負けた者は、勝った者の組に入る。)

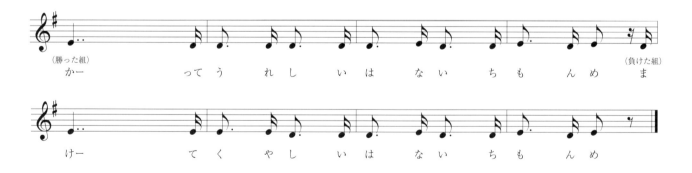

(勝った組)
か ー っ て う れ し い は な い ち も ん め (負けた組) ま

け ー て く や し い は な い ち も ん め

(1)

(2)

(3)

(4)

◆遊びかた◆　　準　備

　　各組10人ずつくらいのＡＢ２組に分かれて、２メートルくらいの間隔をとって、相互に対面する。組ごとに手をつないで横１列に並ぶ。（1）

A組「ふるさともとめてはないちもんめ」：手をつないで、左足からB組の方へ４歩前進し、
　　　４歩後退する。

B組「ふるさともとめてはないちもんめ」：A組の方へ同様に動く。

A組「もーんめもんめ　はないちもんめ」：B組の方へ同様に動く。

B組「もーんめもんめ　はないちもんめ」：A組の方へ同様に動く。

A組「あのこがほしい」：B組の方へ左足から４歩前進する(第４歩は右足を上にあげてもよい)。（2）

B組「あのこじゃわからん」：A組の方へ左足から４歩前進し（第４歩は右足を上にあげても
　　　よい）、　A組は同時に４歩後退する。

A組「このこがほしい」：（B組は同時に４歩後退する。）
B組「このこじゃわからん」：（A組は同時に４歩後退する。）　　上記と同様に動く。

A組「そうだんしましょ」：
B組「そうしましょ」：　　上記と同様に動く。

ＡＢ組：各組とも、ほしい人を誰にするか相談して決める。（3）

A組「あかねちゃんがほしい」：
B組「たかしくんがほしい」：　　上記と同様に動く。

名前を呼ばれた２人は、中央でじゃんけんか引っぱり合いで勝負する。（4）

勝った者は負けた者を連れて、自分の組に帰る。

勝った組「かーってうれしいはないちもんめ」：
負けた組「まけーてくやしいはないちもんめ」：　　最初と同様に動く。

4 かえるの合唱

吉富功修／編曲

5 メリーさんのひつじ*

アメリカ曲　高田三九三／訳詞　近藤裕子／編曲

*　13 ページのコラムを参照してください。

6 キラキラ星*

武鹿悦子／作詞　フランス曲　吉富功修／編曲

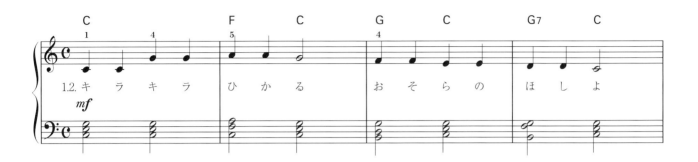

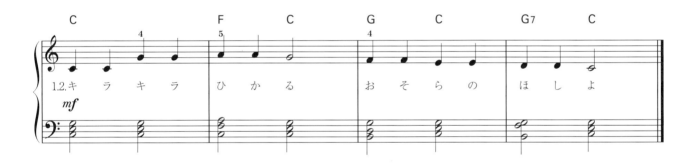

＊　33ページのコラムを参照してください。

上記の楽譜のような演奏にならないように『同音連打』を工夫しましょう。

◆キラキラ星◆

7 やきいもグーチーパー

阪田寛夫／作詞　山本直純／作曲

やきいもやきいも

おなかがグー　ほかほかほかほか　あちちのチー　たべたらなくなる

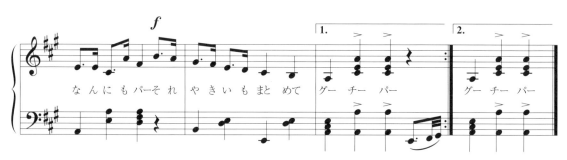

なんにもパーそれ　やきいもまとめて　グーチーパー　グーチーパー

ひよこのダンス

平井多美子／作詞　フランス民謡

⑨ どんないろがすき

坂田　修／作詞・作曲　三村真弓／編曲

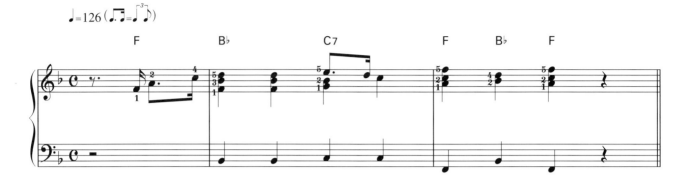

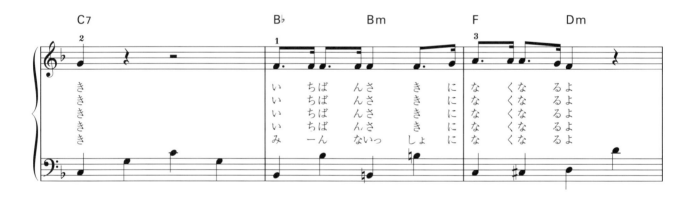

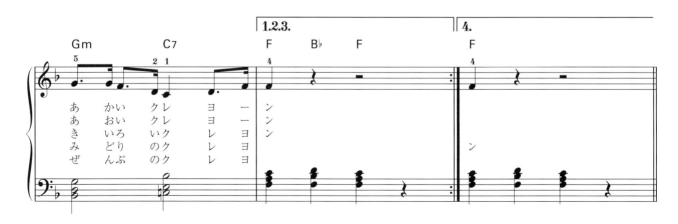

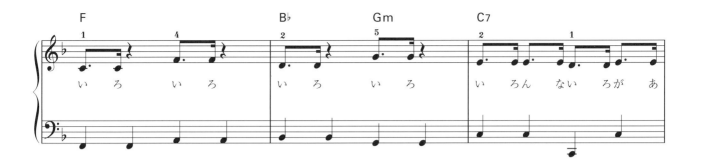

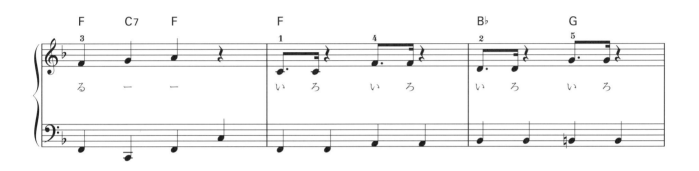

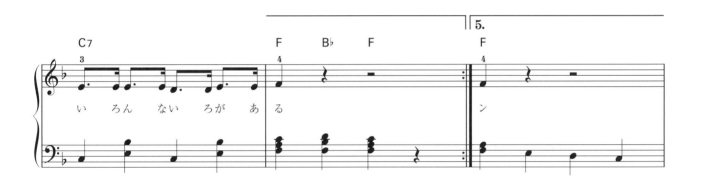

カレンダーマーチ

10

井出隆夫／作詞　福田和禾子／作曲　吉富功修／編曲

1. いちがついっぱい　ゆきよ ふれ　　　にがつ の にわ には　★ふ くじゅそう
2. ごがつだごらんよ　こい のぼり　　　ろくがつ ろーかに　てるてる ぼーず
3. くがつにくりのみ　もう あきだ　　　じゅうが つじゅうごや　お つきさま

1. さんがつ さむさに　さよう なら　　　しがつ にしょうがく　いちねんせい
2. しちがつ しように　みずあそび　　　はちがつ ハアハア　あ あ あつい　　カ
3. じゅういち がつじゅ んびだ　ふゆが くる　　　じゅうにが つジングルベル　クリスマス

レン　カレン　カ レンダーマーチ　いちねんたっ たら　またおーい

1. 2.

3.

で　　　　　　　　　で

★福寿草：寒い2月ころにあざやかな黄色の花を咲かせる。幸福と長寿を招くめでたい花として親しまれている。

◆カレンダーマーチ◆　　　　　　　　170

そうだったら　いいのにな

井出隆夫／作詞　福田和禾子／作曲　早川史郎／編曲

パンダ うさぎ コアラ

高田ひろお／作詞　乾　裕樹／作曲　早川史朗・吉富功修／編曲

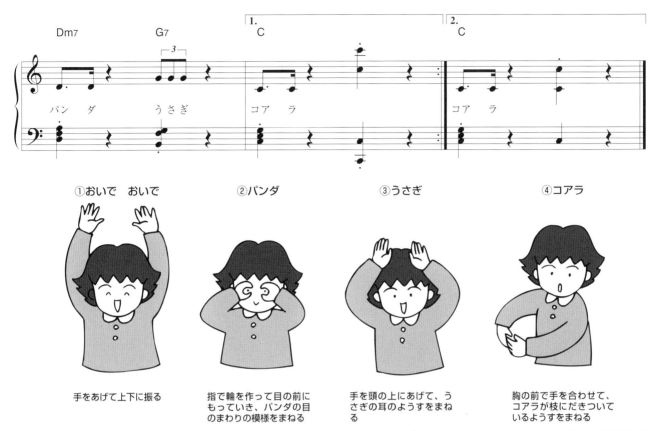

① おいで　おいで

② パンダ

③ うさぎ

④ コアラ

手をあげて上下に振る

指で輪を作って目の前にもっていき、パンダの目のまわりの模様をまねる

手を頭の上にあげて、うさぎの耳のようすをまねる

胸の前で手を合わせて、コアラが枝にだきついているようすをまねる

13 なにがみえた

小沢辰幸／作詞・作曲　吉富功修／編曲

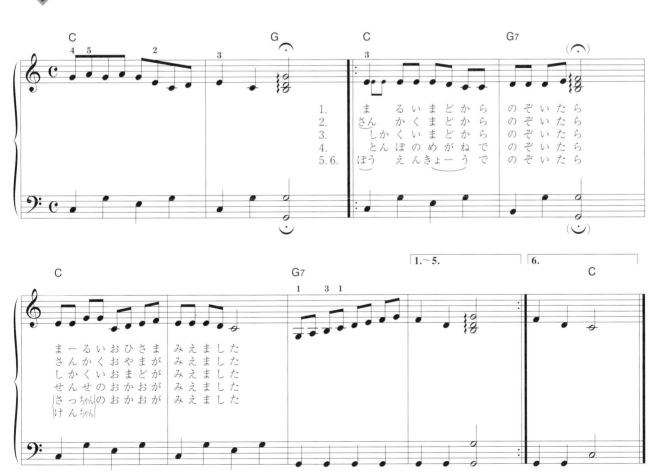

14 こぶたぬきつねこ

山本直純／作詞・作曲　三村真弓／編曲

© by OZ MUSIC

15 すてきなパパ

前田恵子／作詞・作曲　越部信義・吉富功修／編曲

16 ジングルベル

外国曲　音羽たかし／作詞　岡田知也／編曲

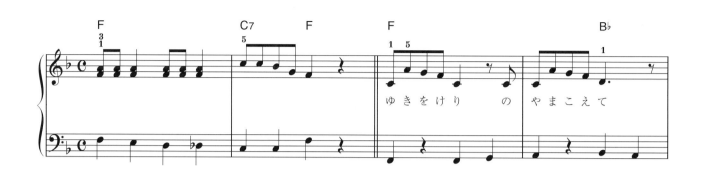

ゆきをけり　の　やまこえて

すべりゆく　かるいそり　うたごえも　たからかに　こ

ころもいさむよそ　りのあそび　ジングルベル　ジングルベル　すずが　なる

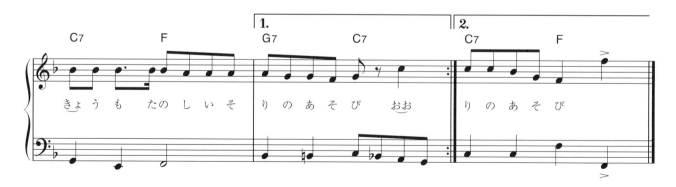

きょうも　たのしいそ　りのあそび　おお　りのあそび

17 さよならのうた

高すすむ／作詞 渡辺 茂／作曲 岡田知也／編曲

おもしろかった おもしろかった おもしろかった おあそびも

きょうはおしまい さようなら せんせい

さよなら さようなら らた みなさん さよなら
（またあした）

さようなら らた
（またあした）

177

◆さよならのうた◆

18 はじめの一歩

新沢としひこ／作詞　中川ひろたか／作曲　近藤裕子／編曲

◆はじめの一歩－２◆

19 世界中のこどもたちが

新沢としひこ／作詞　中川ひろたか／作曲　近藤裕子／編曲

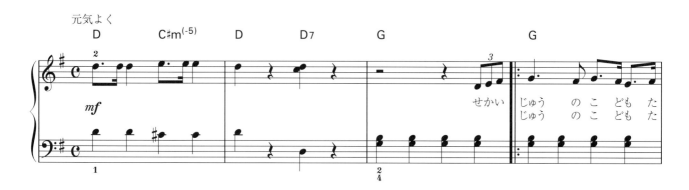

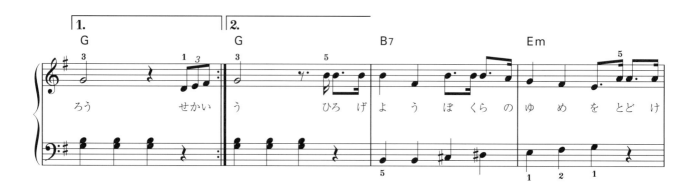

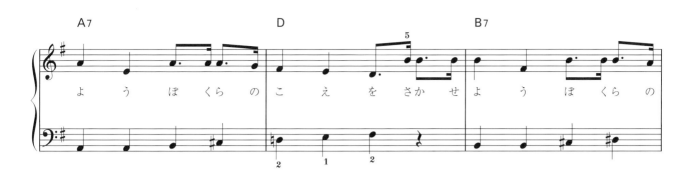

よう ぼくらの こえをさかせよう ぼくらの

はな を せかい に にじをかけよう せかい

じゅう のこどもたちが いちどに うたった

ら そらも うたう だろう ラララ

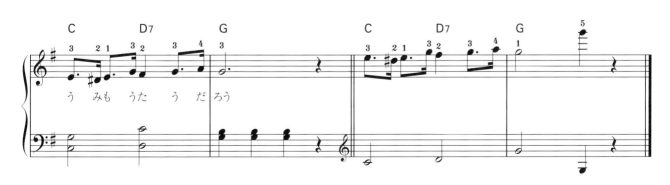

う みもうたうだろう

◆世界中のこどもたちが－2◆

ありがとう・さようなら

井出隆夫／作詞　福田和禾子／作曲　おくいくお／編曲

ともだちになるために

新沢としひこ／作詞　中川ひろたか／作曲　近藤裕子／編曲

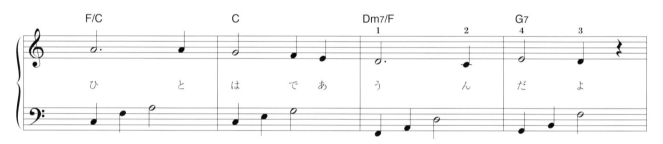

と　も　だ　ち　に　な　る　ため　に

ひ　と　は　で　あ　う　ん　だ　よ

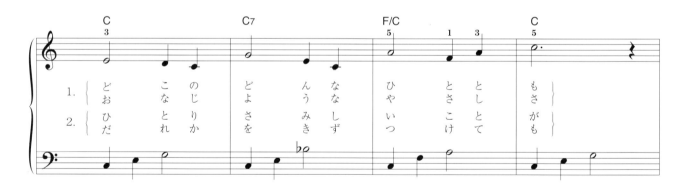

1. ど　こ　の　ど　な　な　ひ　と　と　も
   お　な　じり　さ　み　し　や　こ　さ
   こ　とり　か　を　き　ず　いつ　け　が

2. ひ　こ　の　ど　な　な　ひ　と　さ
   だ　な　じ　さ　み　し　い　こ　が
   れ　とり　か　を　き　ず　いつ　け　も

1. きっ　と　わ　か　り　あ　える　の　ささ
   も　と　め　あ　つ　て　いる　かな　ら
   とれ　に　わ　で　に　は　るな　らい

2. だ　と　わ　か　り　あ　える　のら　ささ
   し　れ　め　あ　つ　て　いる　かな　い
   あ　に　わ　で　に　は　るな　ら

◆ともだちになるために－2◆

22 みんなともだち

中山ひろたか／作詞・作曲　近藤裕子／編曲

◆みんなともだちー2◆

㉓ あしたも♡ともだち

西脇　唯／作詞・作曲　三村真弓／編曲

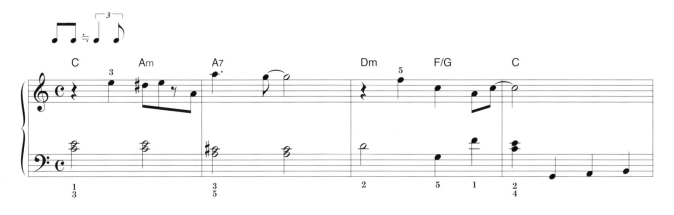

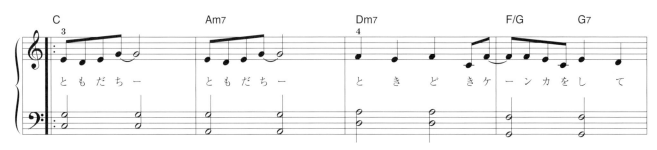

ともだちー　　ともだちー　　ときどきケーンカをして

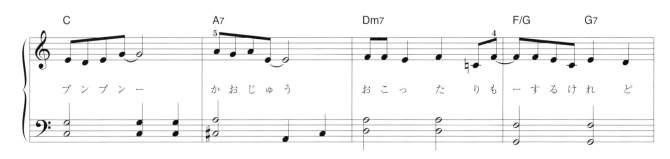

プンプンー　　かおじゅう　　おこったりもーするけれど

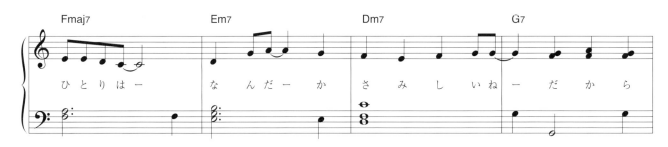

ひとりはー　　なんだーか　さみしいねーだから

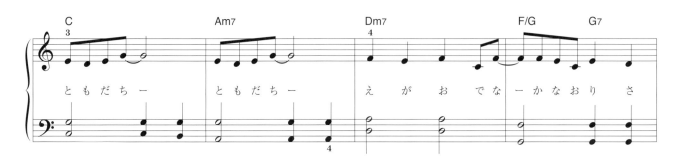

ともだちー　　ともだちー　　えがおでなーかなおりさ

あした も — あそぼう — あおい そら —

◆あしたも♡ともだち－2◆

24 さんぽ

中川李枝子／作詞　久石　譲／作曲

あるこう　あるこう　わたしは げんき

あるくの一 だいすき　どんどん いこう

1. さか みち一　トンネルー　くさっ ぱ から
2. みつ ばち一　ぶんぶんー　はな ばた けー
3. きつ ねも一　たぬきも一　でて おい で一

㉕ さんぽ（簡易伴奏）

中川季枝子／作詞　久石　譲／作曲　近藤裕子／編曲

26 だれにだってお誕生日

一樹和美・上柴はじめ／作詞　上柴はじめ／作曲　岡田知也／編曲

♩=122

𝄋 (D.S.時 くり返しなし)

1. だれにだって すてきな
2. だれにだって おめでと
3. だれにだって やって く

ひ	(イエイ!)	いちねんいっかい すてきな	ひ	(イエイ!)	そそ
う	(おめでとう!)	いちねんいっかい おめでと	う	(おめでとう!)	そそ
る	(イエイ!)	いちねんいっかい やってく	る	(おめでとう!)	そ

れは それは そ	れ はね おお	た んじょ う	びび
れは それは そ	れ はね おお	た んじょ う	びび
れは それは そ	れ はね おお	た んじょ う	びび

ロー ソク ふきけし ハッ ピー バー スス	デー	イエー	きら きら かがやく す て きな
えが おが いっぱい ハッ ピー バー スス	デー	イエー	ワク ワク まってた う れし
ケー キを たべましょ ハッ ピー バー スス	デー	イエー	みん なで いっしょに おいわい しま

◆だれにだってお誕生日－1◆

D.S.

うたえバンバン

27

阪田寛夫／作詞　山本直純／作曲　三村真弓／編曲

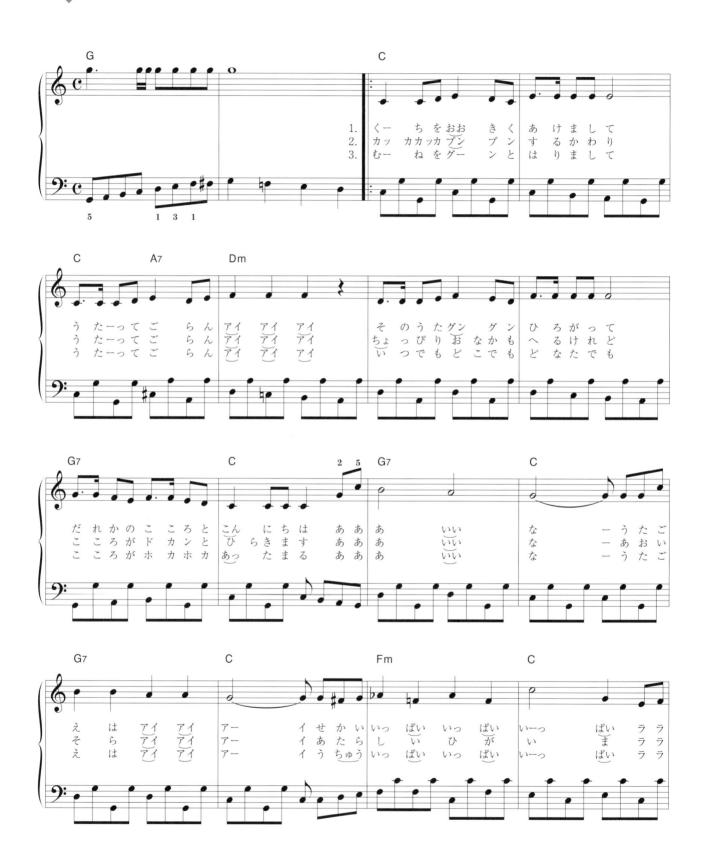

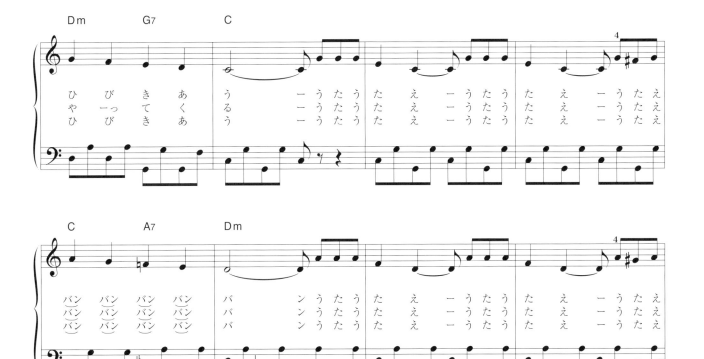

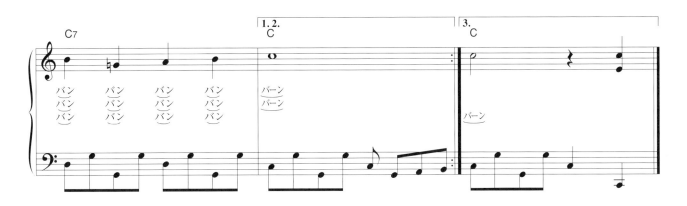

◆うたえバンバン－2◆

にじ

新沢としひこ／作詞　中川ひろたか／作曲　三村真弓／編曲

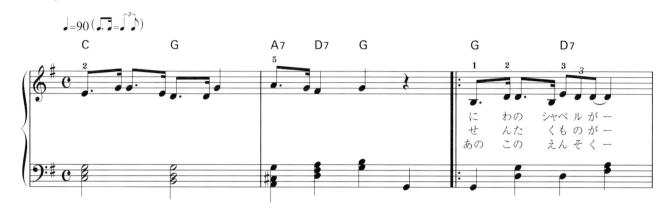

にわの　シャベルが―
せんたくものが―
あの　この　えんそく―

いちにちぬれて―　あめが　あがって―　くしゃみ　をひとつ―
いちにちぬれて―　かぜに　ふかれて―　くしゃみ　をひとつ―
いちにちのびて―　なみだ　かわいて―　くしゃみ　をひとつ―

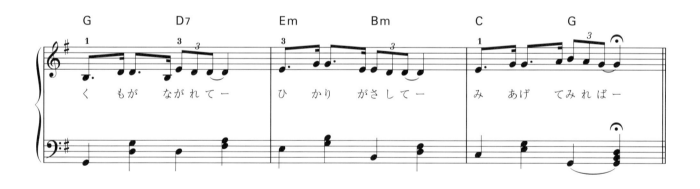

くもが　ながれて―　ひかり　がさして―　みあげ　てみれば―

ラ　ラ　ラ　にじが　にじが―　そらに　かかって―

◆にじ－2◆

となりのトトロ

宮崎 駿／作詞 久石 譲／作曲 三村真弓／編曲

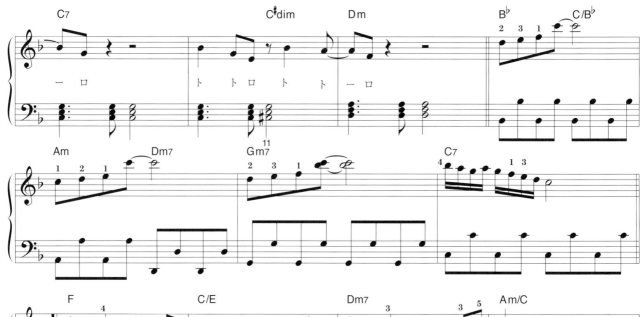

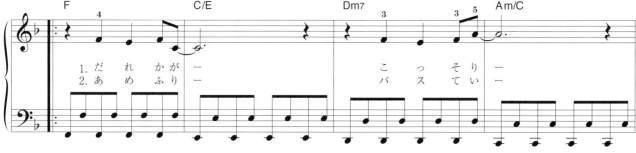

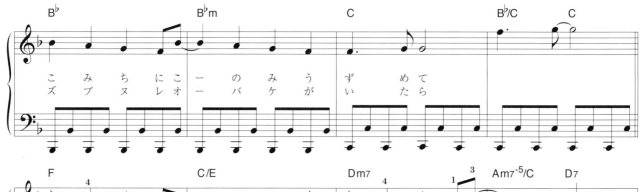

付　　録

〔平成29年3月31日告示、平成30年4月1日施行〕

保育所保育指針
第1章　総　　　則

　この指針は、児童福祉施設の設備及び運営に関する基準（昭和23年厚生省令第63号。以下「設備運営基準」という。）第35条の規定に基づき、保育所における保育の内容に関する事項及びこれに関連する運営に関する事項を定めるものである。各保育所は、この指針において規定される保育の内容に係る基本原則に関する事項等を踏まえ、各保育所の実情に応じて創意工夫を図り、保育所の機能及び質の向上に努めなければならない。

1　保育所保育に関する基本原則
(1)　保育所の役割
　ア　保育所は、児童福祉法（昭和22年法律第164号）第39条の規定に基づき、保育を必要とする子どもの保育を行い、その健全な心身の発達を図ることを目的とする児童福祉施設であり、入所する子どもの最善の利益を考慮し、その福祉を積極的に増進することに最もふさわしい生活の場でなければならない。

　イ　保育所は、その目的を達成するために、保育に関する専門性を有する職員が、家庭との緊密な連携の下に、子どもの状況や発達過程を踏まえ、保育所における環境を通して、養護及び教育を一体的に行うことを特性としている。

　ウ　保育所は、入所する子どもを保育するとともに、家庭や地域の様々な社会資源との連携を図りながら、入所する子どもの保護者に対する支援及び地域の子育て家庭に対する支援等を行う役割を担うものである。

　エ　保育所における保育士は、児童福祉法第18条の4の規定を踏まえ、保育所の役割及び機能が適切に発揮されるように、倫理観に裏付けられた専門的知識、技術及び判断をもって、子どもを保育するとともに、子どもの保護者に対する保育に関する指導を行うものであり、その職責を遂行するための専門性の向上に絶えず努めなければならない。

(2)　保育の目標
　ア　保育所は、子どもが生涯にわたる人間形成にとって極めて重要な時期に、その生活時間の大半を過ごす場である。このため、保育所の保育は、子どもが現在を最も良く生き、望ましい未来をつくり出す力の基礎を培うために、次の目標を目指して行わなければならない。
　　㈠　十分に養護の行き届いた環境の下に、く

つろいだ雰囲気の中で子どもの様々な欲求を満たし、生命の保持及び情緒の安定を図ること。
　　㈡　健康、安全など生活に必要な基本的な習慣や態度を養い、心身の健康の基礎を培うこと。
　　㈢　人との関わりの中で、人に対する愛情と信頼感、そして人権を大切にする心を育てるとともに、自主、自立及び協調の態度を養い、道徳性の芽生えを培うこと。
　　㈣　生命、自然及び社会の事象についての興味や関心を育て、それらに対する豊かな心情や思考力の芽生えを培うこと。
　　㈤　生活の中で、言葉への興味や関心を育て、話したり、聞いたり、相手の話を理解しようとするなど、言葉の豊かさを養うこと。
　　㈥　様々な体験を通して、豊かな感性や表現力を育み、創造性の芽生えを培うこと。
　イ　保育所は、入所する子どもの保護者に対し、その意向を受け止め、子どもと保護者の安定した関係に配慮し、保育所の特性や保育士等の専門性を生かして、その援助に当たらなければならない。

(3)　保育の方法
　保育の目標を達成するために、保育士等は、次の事項に留意して保育しなければならない。
　ア　一人一人の子どもの状況や家庭及び地域社会での生活の実態を把握するとともに、子どもが安心感と信頼感をもって活動できるよう、子どもの主体としての思いや願いを受け止めること。
　イ　子どもの生活のリズムを大切にし、健康、安全で情緒の安定した生活ができる環境や、自己を十分に発揮できる環境を整えること。
　ウ　子どもの発達について理解し、一人一人の発達過程に応じて保育すること。その際、子どもの個人差に十分配慮すること。
　エ　子ども相互の関係づくりや互いに尊重する心を大切にし、集団における活動を効果あるものにするよう援助すること。
　オ　子どもが自発的・意欲的に関われるような環境を構成し、子どもの主体的な活動や子ども相互の関わりを大切にすること。特に、乳幼児期にふさわしい体験が得られるように、生活や遊びを通して総合的に保育すること。
　カ　一人一人の保護者の状況やその意向を理解、受容し、それぞれの親子関係や家庭生活等に配慮しながら、様々な機会をとらえ、適切に援助すること。

(4)　保育の環境
　保育の環境には、保育士等や子どもなどの人的環境、施設や遊具などの物的環境、更には自然や社会の事象などがある。保育所は、こうし

た人、物、場などの環境が相互に関連し合い、子どもの生活が豊かなものとなるよう、次の事項に留意しつつ、計画的に環境を構成し、工夫して保育しなければならない。

ア　子ども自らが環境に関わり、自発的に活動し、様々な経験を積んでいくことができるよう配慮すること。

イ　子どもの活動が豊かに展開されるよう、保育所の設備や環境を整え、保育所の保健的環境や安全の確保などに努めること。

ウ　保育室は、温かな親しみとくつろぎの場となるとともに、生き生きと活動できる場となるように配慮すること。

エ　子どもが人と関わる力を育てていくため、子ども自らが周囲の子どもや大人と関わっていくことができる環境を整えること。

⑸　保育所の社会的責任

ア　保育所は、子どもの人権に十分配慮するとともに、子ども一人一人の人格を尊重して保育を行わなければならない。

イ　保育所は、地域社会との交流や連携を図り、保護者や地域社会に、当該保育所が行う保育の内容を適切に説明するよう努めなければならない。

ウ　保育所は、入所する子ども等の個人情報を適切に取り扱うとともに、保護者の苦情などに対し、その解決を図るよう努めなければならない。

2　養護に関する基本的事項

⑴　養護の理念

保育における養護とは、子どもの生命の保持及び情緒の安定を図るために保育士等が行う援助や関わりであり、保育所における保育は、養護及び教育を一体的に行うことをその特性とするものである。保育所における保育全体を通じて、養護に関するねらい及び内容を踏まえた保育が展開されなければならない。

⑵　養護に関わるねらい及び内容

ア　生命の保持

㋐　ねらい

①　一人一人の子どもが、快適に生活できるようにする。

②　一人一人の子どもが、健康で安全に過ごせるようにする。

③　一人一人の子どもの生理的欲求が、十分に満たされるようにする。

④　一人一人の子どもの健康増進が、積極的に図られるようにする。

㋑　内容

①　一人一人の子どもの平常の健康状態や発育及び発達状態を的確に把握し、異常を感じる場合は、速やかに適切に対応す

る。

②　家庭との連携を密にし、嘱託医等との連携を図りながら、子どもの疾病や事故防止に関する認識を深め、保健的で安全な保育環境の維持及び向上に努める。

③　清潔で安全な環境を整え、適切な援助や応答的な関わりを通して子どもの生理的欲求を満たしていく。また、家庭と協力しながら、子どもの発達過程等に応じた適切な生活のリズムがつくられていくようにする。

④　子どもの発達過程等に応じて、適度な運動と休息を取ることができるようにする。また、食事、排泄、衣類の着脱、身の回りを清潔にすることなどについて、子どもが意欲的に生活できるよう適切に援助する。

イ　情緒の安定

㋐　ねらい

①　一人一人の子どもが、安定感をもって過ごせるようにする。

②　一人一人の子どもが、自分の気持ちを安心して表すことができるようにする。

③　一人一人の子どもが、周囲から主体として受け止められ、主体として育ち、自分を肯定する気持ちが育まれていくようにする。

④　一人一人の子どもがくつろいで共に過ごし、心身の疲れが癒されるようにする。

㋑　内容

①　一人一人の子どもの置かれている状態や発達過程などを的確に把握し、子どもの欲求を適切に満たしながら、応答的な触れ合いや言葉がけを行う。

②　一人一人の子どもの気持ちを受容し、共感しながら、子どもとの継続的な信頼関係を築いていく。

③　保育士等との信頼関係を基盤に、一人一人の子どもが主体的に活動し、自発性や探索意欲などを高めるとともに、自分への自信をもつことができるよう成長の過程を見守り、適切に働きかける。

④　一人一人の子どもの生活のリズム、発達過程、保育時間などに応じて、活動内容のバランスや調和を図りながら、適切な食事や休息が取れるようにする。

3　保育の計画及び評価

⑴　全体的な計画の作成

ア　保育所は、1の⑵に示した保育の目標を達成するために、各保育所の保育の方針や目標に基づき、子どもの発達過程を踏まえて、保育の内容が組織的・計画的に構成され、保育

所の生活の全体を通して、総合的に展開されるよう、全体的な計画を作成しなければならない。

イ　全体的な計画は、子どもや家庭の状況、地域の実態、保育時間などを考慮し、子どもの育ちに関する長期的見通しをもって適切に作成されなければならない。

ウ　全体的な計画は、保育所保育の全体像を包括的に示すものとし、これに基づく指導計画、保健計画、食育計画等を通じて、各保育所が創意工夫して保育できるよう、作成されなければならない。

(2) 指導計画の作成

ア　保育所は、全体的な計画に基づき、具体的な保育が適切に展開されるよう、子どもの生活や発達を見通した長期的な指導計画と、それに関連しながら、より具体的な子どもの日々の生活に即した短期的な指導計画を作成しなければならない。

イ　指導計画の作成に当たっては、第2章及びその他の関連する章に示された事項のほか、子ども一人一人の発達過程や状況を十分に踏まえるとともに、次の事項に留意しなければならない。

(ア)　3歳未満児については、一人一人の子どもの生育歴、心身の発達、活動の実態等に即して、個別的な計画を作成すること。

(イ)　3歳以上児については、個の成長と、子ども相互の関係や協同的な活動が促されるよう配慮すること。

(ウ)　異年齢で構成される組やグループでの保育においては、一人一人の子どもの生活や経験、発達過程などを把握し、適切な援助や環境構成ができるよう配慮すること。

ウ　指導計画においては、保育所の生活における子どもの発達過程を見通し、生活の連続性、季節の変化などを考慮し、子どもの実態に即した具体的なねらい及び内容を設定すること。また、具体的なねらいが達成されるよう、子どもの生活する姿や発想を大切にして適切な環境を構成し、子どもが主体的に活動できるようにすること。

エ　一日の生活のリズムや在園時間が異なる子どもが共に過ごすことを踏まえ、活動と休息、緊張感と解放感等の調和を図るよう配慮すること。

オ　午睡は生活のリズムを構成する重要な要素であり、安心して眠ることのできる安全な睡眠環境を確保するとともに、在園時間が異なることや、睡眠時間は子どもの発達の状況や個人によって差があることから、一律とならないよう配慮すること。

カ　長時間にわたる保育については、子どもの

発達過程、生活のリズム及び心身の状態に十分配慮して、保育の内容や方法、職員の協力体制、家庭との連携などを指導計画に位置付けること。

キ　障害のある子どもの保育については、一人一人の子どもの発達過程や障害の状態を把握し、適切な環境の下で、障害のある子どもが他の子どもとの生活を通して共に成長できるよう、指導計画の中に位置付けること。また、子どもの状況に応じた保育を実施する観点から、家庭や関係機関と連携した支援のための計画を個別に作成するなど適切な対応を図ること。

(3) 指導計画の展開

指導計画に基づく保育の実施に当たっては、次の事項に留意しなければならない。

ア　施設長、保育士など、全職員による適切な役割分担と協力体制を整えること。

イ　子どもが行う具体的な活動は、生活の中で様々に変化することに留意して、子どもが望ましい方向に向かって自ら活動を展開できるよう必要な援助を行うこと。

ウ　子どもの主体的な活動を促すためには、保育士等が多様な関わりをもつことが重要であることを踏まえ、子どもの情緒の安定や発達に必要な豊かな体験が得られるよう援助すること。

エ　保育士等は、子どもの実態や子どもを取り巻く状況の変化などに即して保育の過程を記録するとともに、これらを踏まえ、指導計画に基づく保育の内容の見直しを行い、改善を図ること。

(4) 保育内容等の評価

ア　保育士等の自己評価

(ア)　保育士等は、保育の計画や保育の記録を通して、自らの保育実践を振り返り、自己評価することを通して、その専門性の向上や保育実践の改善に努めなければならない。

(イ)　保育士等による自己評価に当たっては、子どもの活動内容やその結果だけでなく、子どもの心の育ちや意欲、取り組む過程などにも十分配慮するよう留意すること。

(ウ)　保育士等は、自己評価における自らの保育実践の振り返りや職員相互の話し合い等を通じて、専門性の向上及び保育の質の向上のための課題を明確にするとともに、保育所全体の保育の内容に関する認識を深めること。

イ　保育所の自己評価

(ア)　保育所は、保育の質の向上を図るため、保育の計画の展開や保育士等の自己評価を踏まえ、当該保育所の保育の内容等につい

て、自ら評価を行い、その結果を公表する
よう努めなければならない。
　(イ)　保育所が自己評価を行うに当たっては、
地域の実情や保育所の実態に即して、適切
に評価の観点や項目等を設定し、全職員に
よる共通理解をもって取り組むよう留意す
ること。
　(ウ)　設備運営基準第36条の趣旨を踏まえ、
保育の内容等の評価に関し、保護者及び
地域住民等の意見を聴くことが望ましいこ
と。
⑸　評価を踏まえた計画の改善
　ア　保育所は、評価の結果を踏まえ、当該保育
所の保育の内容等の改善を図ること。
　イ　保育の計画に基づく保育、保育の内容の評
価及びこれに基づく改善という一連の取組に
より、保育の質の向上が図られるよう、全職
員が共通理解をもって取り組むことに留意す
ること。

4　幼児教育を行う施設として共有すべき事項
⑴　育みたい資質・能力
　ア　保育所においては、生涯にわたる生きる力
の基礎を培うため、1の⑵に示す保育の目標
を踏まえ、次に掲げる資質・能力を一体的に
育むよう努めるものとする。
　(ア)　豊かな体験を通じて、感じたり、気付い
たり、分かったり、できるようになったり
する「知識及び技能の基礎」
　(イ)　気付いたことや、できるようになったこ
となどを使い、考えたり、試したり、工夫
したり、表現したりする「思考力、判断力、
表現力等の基礎」
　(ウ)　心情、意欲、態度が育つ中で、よりよい
生活を営もうとする「学びに向かう力、人
間性等」
　イ　アに示す資質・能力は、第2章に示すねら
い及び内容に基づく保育活動全体によって育
むものである。
⑵　幼児期の終わりまでに育ってほしい姿
　次に示す「幼児期の終わりまでに育ってほし
い姿」は、第2章に示すねらい及び内容に基
づく保育活動全体を通して資質・能力が育まれ
ている子どもの小学校就学時の具体的な姿であ
り、保育士等が指導を行う際に考慮するもので
ある。
　ア　健康な心と体
　　保育所の生活の中で、充実感をもって自分
のやりたいことに向かって心と体を十分に働
かせ、見通しをもって行動し、自ら健康で安
全な生活をつくり出すようになる。
　イ　自立心
　　身近な環境に主体的に関わり様々な活動を

楽しむ中で、しなければならないことを自覚
し、自分の力で行うために考えたり、工夫し
たりしながら、諦めずにやり遂げることで達
成感を味わい、自信をもって行動するように
なる。
　ウ　協同性
　　友達と関わる中で、互いの思いや考えなど
を共有し、共通の目的の実現に向けて、考え
たり、工夫したり、協力したりし、充実感を
もってやり遂げるようになる。
　エ　道徳性・規範意識の芽生え
　　友達と様々な体験を重ねる中で、してよい
ことや悪いことが分かり、自分の行動を振り
返ったり、友達の気持ちに共感したりし、相
手の立場に立って行動するようになる。また、
きまりを守る必要性が分かり、自分の気持ち
を調整し、友達と折り合いを付けながら、き
まりをつくったり、守ったりするようになる。
　オ　社会生活との関わり
　　家族を大切にしようとする気持ちをもつと
ともに、地域の身近な人と触れ合う中で、人
との様々な関わり方に気付き、相手の気持ち
を考えて関わり、自分が役に立つ喜びを感じ、
地域に親しみをもつようになる。また、保育
所内外の様々な環境に関わる中で、遊びや生
活に必要な情報を取り入れ、情報に基づき判
断したり、情報を伝え合ったり、活用したり
するなど、情報を役立てながら活動するよう
になるとともに、公共の施設を大切に利用す
るなどして、社会とのつながりなどを意識す
るようになる。
　カ　思考力の芽生え
　　身近な事象に積極的に関わる中で、物の性
質や仕組みなどを感じ取ったり、気付いたり
し、考えたり、予想したり、工夫したりする
など、多様な関わりを楽しむようになる。ま
た、友達の様々な考えに触れる中で、自分と
異なる考えがあることに気付き、自ら判断し
たり、考え直したりするなど、新しい考えを
生み出す喜びを味わいながら、自分の考えを
よりよいものにするようになる。
　キ　自然との関わり・生命尊重
　　自然に触れて感動する体験を通して、自然
の変化などを感じ取り、好奇心や探究心を
もって考え言葉などで表現しながら、身近な
事象への関心が高まるとともに、自然への愛
情や畏敬の念をもつようになる。また、身近
な動植物に心を動かされる中で、生命の不思
議さや尊さに気付き、身近な動植物への接し
方を考え、命あるものとしていたわり、大切
にする気持ちをもって関わるようになる。
　ク　数量や図形、標識や文字などへの関心・感覚
　　遊びや生活の中で、数量や図形、標識や文

字などに親しむ体験を重ねたり、標識や文字の役割に気付いたりし、自らの必要感に基づきこれらを活用し、興味や関心、感覚をもつようになる。

　　ケ　言葉による伝え合い
　　　保育士等や友達と心を通わせる中で、絵本や物語などに親しみながら、豊かな言葉や表現を身に付け、経験したことや考えたことなどを言葉で伝えたり、相手の話を注意して聞

いたりし、言葉による伝え合いを楽しむようになる。

　　コ　豊かな感性と表現
　　　心を動かす出来事などに触れ感性を働かせる中で、様々な素材の特徴や表現の仕方などに気付き、感じたことや考えたことを自分で表現したり、友達同士で表現する過程を楽しんだりし、表現する喜びを味わい、意欲をもつようになる。

[付録2]

〔平成29年3月31日告示、平成30年4月1日施行〕

保育所保育指針
第2章　保育の内容

　この章に示す「ねらい」は、第1章の1の(2)に示された保育の目標をより具体化したものであり、子どもが保育所において、安定した生活を送り、充実した活動ができるように、保育を通じて育みたい資質・能力を、子どもの生活する姿から捉えたものである。また、「内容」は、「ねらい」を達成するために、子どもの生活やその状況に応じて保育士等が適切に行う事項と、保育士等が援助して子どもが環境に関わって経験する事項を示したものである。

　保育における「養護」とは、子どもの生命の保持及び情緒の安定を図るために保育士等が行う援助や関わりであり、「教育」とは、子どもが健やかに成長し、その活動がより豊かに展開されるための発達の援助である。本章では、保育士等が、「ねらい」及び「内容」を具体的に把握するため、主に教育に関わる側面からの視点を示しているが、実際の保育においては、養護と教育が一体となって展開されることに留意する必要がある。

1　乳児保育に関わるねらい及び内容
　(1)　基本的事項
　　ア　乳児期の発達については、視覚、聴覚などの感覚や、座る、はう、歩くなどの運動機能が著しく発達し、特定の大人との応答的な関わりを通じて、情緒的な絆（きずな）が形成されるといった特徴がある。これらの発達の特徴を踏まえて、乳児保育は、愛情豊かに、応答的に行われることが特に必要である。
　　イ　本項においては、この時期の発達の特徴を踏まえ、乳児保育の「ねらい」及び「内容」については、身体的発達に関する視点「健やかに伸び伸びと育つ」、社会的発達に関する視点「身近な人と気持ちが通じ合う」及び精神的発達に関する視点「身近なものと関わり感性が育つ」としてまとめ、示している。

　　ウ　本項の各視点において示す保育の内容は、第1章の2に示された養護における「生命の保持」及び「情緒の安定」に関わる保育の内容と、一体となって展開されるものであることに留意が必要である。
　(2)　ねらい及び内容
　　ア　健やかに伸び伸びと育つ
　　　省略
　　イ　身近な人と気持ちが通じ合う
　　　省略
　　ウ　身近なものと関わり感性が育つ
　　　身近な環境に興味や好奇心をもって関わり、感じたことや考えたことを表現する力の基盤を培う。
　　（ア）ねらい
　　　①　身の回りのものに親しみ、様々なものに興味や関心をもつ。
　　　②　見る、触れる、探索するなど、身近な環境に自分から関わろうとする。
　　　③　身体の諸感覚による認識が豊かになり、表情や手足、体の動き等で表現する。
　　（イ）内容
　　　①　身近な生活用具、玩具や絵本などが用意された中で、身の回りのものに対する興味や好奇心をもつ。
　　　②　生活や遊びの中で様々なものに触れ、音、形、色、手触りなどに気付き、感覚の働きを豊かにする。
　　　③　保育士等と一緒に様々な色彩や形のものや絵本などを見る。
　　　④　玩具や身の回りのものを、つまむ、つかむ、たたく、引っ張るなど、手や指を使って遊ぶ。
　　　⑤　保育士等のあやし遊びに機嫌よく応じたり、歌やリズムに合わせて手足や体を動かして楽しんだりする。
　　（ウ）内容の取扱い
　　　上記の取扱いに当たっては、次の事項に留意する必要がある。
　　　①　玩具などは、音質、形、色、大きさなど子どもの発達状態に応じて適切なもの

を選び、その時々の子どもの興味や関心を踏まえるなど、遊びを通して感覚の発達が促されるものとなるように工夫すること。なお、安全な環境の下で、子どもが探索意欲を満たして自由に遊べるよう、身の回りのものについては、常に十分な点検を行うこと。

②　乳児期においては、表情、発声、体の動きなどで、感情を表現することが多いことから、これらの表現しようとする意欲を積極的に受け止めて、子どもが様々な活動を楽しむことを通して表現が豊かになるようにすること。

(3)　保育の実施に関わる配慮事項

ア　乳児は疾病への抵抗力が弱く、心身の機能の未熟さに伴う疾病の発生が多いことから、一人一人の発育及び発達状態や健康状態についての適切な判断に基づく保健的な対応を行うこと。

イ　一人一人の子どもの生育歴の違いに留意しつつ、欲求を適切に満たし、特定の保育士が応答的に関わるように努めること。

ウ　乳児保育に関わる職員間の連携や嘱託医との連携を図り、第３章に示す事項を踏まえ、適切に対応すること。栄養士及び看護師等が配置されている場合は、その専門性を生かした対応を図ること。

エ　保護者との信頼関係を築きながら保育を進めるとともに、保護者からの相談に応じ、保護者への支援に努めていくこと。

オ　担当の保育士が替わる場合には、子どものそれまでの生育歴や発達過程に留意し、職員間で協力して対応すること。

2　1歳以上3歳未満児の保育に関わるねらい及び内容

(1)　基本的事項

ア　この時期においては、歩き始めから、歩く、走る、跳ぶなどへと、基本的な運動機能が次第に発達し、排泄の自立のための身体的機能も整うようになる。つまむ、めくるなどの指先の機能も発達し、食事、衣類の着脱なども、保育士等の援助の下で自分で行うようになる。発声も明瞭になり、語彙も増加し、自分の意思や欲求を言葉で表出できるようになる。このように自分でできることが増えてくる時期であることから、保育士等は、子どもの生活の安定を図りながら、自分でしようとする気持ちを尊重し、温かく見守るとともに、愛情豊かに、応答的に関わることが必要である。

イ　本項においては、この時期の発達の特徴を踏まえ、保育の「ねらい」及び「内容」について、心身の健康に関する領域「健康」、人

との関わりに関する領域「人間関係」、身近な環境との関わりに関する領域「環境」、言葉の獲得に関する領域「言葉」及び感性と表現に関する領域「表現」としてまとめ、示している。

ウ　本項の各領域において示す保育の内容は、第１章の２に示された養護における「生命の保持」及び「情緒の安定」に関わる保育の内容と、一体となって展開されるものであることに留意が必要である。

(2)　ねらい及び内容

ア　健康
　　　省略

イ　人間関係
　　　省略

ウ　環境
　　　省略

エ　言葉
　　　省略

オ　表現
　　　感じたことや考えたことを自分なりに表現することを通して、豊かな感性や表現する力を養い、創造性を豊かにする。

(ア)　ねらい

①　身体の諸感覚の経験を豊かにし、様々な感覚を味わう。

②　感じたことや考えたことなどを自分なりに表現しようとする。

③　生活や遊びの様々な体験を通して、イメージや感性が豊かになる。

(イ)　内容

①　水、砂、土、紙、粘土など様々な素材に触れて楽しむ。

②　音楽、リズムやそれに合わせた体の動きを楽しむ。

③　生活の中で様々な音、形、色、手触り、動き、味、香りなどに気付いたり、感じたりして楽しむ。

④　歌を歌ったり、簡単な手遊びや全身を使う遊びを楽しんだりする。

⑤　保育士等からの話や、生活や遊びの中での出来事を通して、イメージを豊かにする。

⑥　生活や遊びの中で、興味のあることや経験したことなどを自分なりに表現する。

(ウ)　内容の取扱い

上記の取扱いに当たっては、次の事項に留意する必要がある。

①　子どもの表現は、遊びや生活の様々な場面で表出されているものであることから、それらを積極的に受け止め、様々な表現の仕方や感性を豊かにする経験とな

るようにすること。
② 子どもが試行錯誤しながら様々な表現を楽しむことや、自分の力でやり遂げる充実感などに気付くよう、温かく見守るとともに、適切に援助を行うようにすること。
③ 様々な感情の表現等を通じて、子どもが自分の感情や気持ちに気付くようになる時期であることに鑑み、受容的な関わりの中で自信をもって表現をすることや、諦めずに続けた後の達成感等を感じられるような経験が蓄積されるようにすること。
④ 身近な自然や身の回りの事物に関わる中で、発見や心が動く経験が得られるよう、諸感覚を働かせることを楽しむ遊びや素材を用意するなど保育の環境を整えること。

(3) 保育の実施に関わる配慮事項
ア 特に感染症にかかりやすい時期であるので、体の状態、機嫌、食欲などの日常の状態の観察を十分に行うとともに、適切な判断に基づく保健的な対応を心がけること。
イ 探索活動が十分できるように、事故防止に努めながら活動しやすい環境を整え、全身を使う遊びなど様々な遊びを取り入れること。
ウ 自我が形成され、子どもが自分の感情や気持ちに気付くようになる重要な時期であることに鑑み、情緒の安定を図りながら、子どもの自発的な活動を尊重するとともに促していくこと。
エ 担当の保育士が替わる場合には、子どものそれまでの経験や発達過程に留意し、職員間で協力して対応すること。

3 3歳以上児の保育に関するねらい及び内容
(1) 基本的事項
ア この時期においては、運動機能の発達により、基本的な動作が一通りできるようになるとともに、基本的な生活習慣もほぼ自立できるようになる。理解する語彙数が急激に増加し、知的興味や関心も高まってくる。仲間と遊び、仲間の中の一人という自覚が生じ、集団的な遊びや協同的な活動も見られるようになる。これらの発達の特徴を踏まえて、この時期の保育においては、個の成長と集団としての活動の充実が図られるようにしなければならない。
イ 本項においては、この時期の発達の特徴を踏まえ、保育の「ねらい」及び「内容」について、心身の健康に関する領域「健康」、人との関わりに関する領域「人間関係」、身近な環境との関わりに関する領域「環境」、言

葉の獲得に関する領域「言葉」及び感性と表現に関する領域「表現」としてまとめ、示している。
ウ 本項の各領域において示す保育の内容は、第1章の2に示された養護における「生命の保持」及び「情緒の安定」に関わる保育の内容と、一体となって展開されるものであることに留意が必要である。

(2) ねらい及び内容
ア 健康
省略
イ 人間関係
省略
ウ 環境
省略
エ 言葉
省略
オ 表現
感じたことや考えたことを自分なりに表現することを通して、豊かな感性や表現する力を養い、創造性を豊かにする。
(ア) ねらい
① いろいろなものの美しさなどに対する豊かな感性をもつ。
② 感じたことや考えたことを自分なりに表現して楽しむ。
③ 生活の中でイメージを豊かにし、様々な表現を楽しむ。
(イ) 内容
① 生活の中で様々な音、形、色、手触り、動きなどに気付いたり、感じたりするなどして楽しむ。
② 生活の中で美しいものや心を動かす出来事に触れ、イメージを豊かにする。
③ 様々な出来事の中で、感動したことを伝え合う楽しさを味わう。
④ 感じたこと、考えたことなどを音や動きなどで表現したり、自由にかいたり、つくったりなどする。
⑤ いろいろな素材に親しみ、工夫して遊ぶ。
⑥ 音楽に親しみ、歌を歌ったり、簡単なリズム楽器を使ったりなどする楽しさを味わう。
⑦ かいたり、つくったりすることを楽しみ、遊びに使ったり、飾ったりなどする。
⑧ 自分のイメージを動きや言葉などで表現したり、演じて遊んだりするなどの楽しさを味わう。
(ウ) 内容の取扱い
上記の取扱いに当たっては、次の事項に留意する必要がある。
① 豊かな感性は、身近な環境と十分に関

わる中で美しいもの、優れたもの、心を動かす出来事などに出会い、そこから得た感動を他の子どもや保育士等と共有し、様々に表現することなどを通して養われるようにすること。その際、風の音や雨の音、身近にある草や花の形や色など自然の中にある音、形、色などに気付くようにすること。

② 子どもの自己表現は素朴な形で行われることが多いので、保育士等はそのような表現を受容し、子ども自身の表現しようとする意欲を受け止めて、子どもが生活の中で子どもらしい様々な表現を楽しむことができるようにすること。

③ 生活経験や発達に応じ、自ら様々な表現を楽しみ、表現する意欲を十分に発揮させることができるように、遊具や用具などを整えたり、様々な素材や表現の仕方に親しんだり、他の子どもの表現に触れられるよう配慮したりし、表現する過程を大切にして自己表現を楽しめるよう

に工夫すること。

(3) 保育の実施に関わる配慮事項

ア 第1章の4の(2)に示す「幼児期の終わりまでに育ってほしい姿」が、ねらい及び内容に基づく活動全体を通して資質・能力が育まれている子どもの小学校就学時の具体的な姿であることを踏まえ、指導を行う際には適宜考慮すること。

イ 子どもの発達や成長の援助をねらいとした活動の時間については、意識的に保育の計画等において位置付けて、実施することが重要であること。なお、そのような活動の時間については、保護者の就労状況等に応じて子どもが保育所で過ごす時間がそれぞれ異なることに留意して設定すること。

ウ 特に必要な場合には、各領域に示すねらいの趣旨に基づいて、具体的な内容を工夫し、それを加えても差し支えないが、その場合には、それが第1章の1に示す保育所保育に関する基本原則を逸脱しないよう慎重に配慮する必要があること。

［付録3］
〔平成29年3月31日告示、平成30年4月1日施行〕
幼保連携型認定こども園教育・保育要領
第2章　ねらい及び内容並びに配慮事項

この章に示すねらいは、幼保連携型認定こども園の教育及び保育において育みたい資質・能力を園児の生活する姿から捉えたものであり、内容は、ねらいを達成するために指導する事項である。各視点や領域は、この時期の発達の特徴を踏まえ、教育及び保育のねらい及び内容を乳幼児の発達の側面から、乳児は三つの視点として、幼児は五つの領域としてまとめ、示したものである。内容の取扱いは、園児の発達を踏まえた指導を行うに当たって留意すべき事項である。

各視点や領域に示すねらいは、幼保連携型認定こども園における生活の全体を通じ、園児が様々な体験を積み重ねる中で相互に関連をもちながら次第に達成に向かうものであること、内容は、園児が環境に関わって展開する具体的な活動を通して総合的に指導されるものであることに留意しなければならない。

また、「幼児期の終わりまでに育ってほしい姿」が、ねらい及び内容に基づく活動全体を通して資質・能力が育まれている園児の幼保連携型認定こども園修了時の具体的な姿であることを踏まえ、指導を行う際に考慮するものとする。

なお、特に必要な場合には、各視点や領域に示す

ねらいの趣旨に基づいて適切な、具体的な内容を工夫し、それを加えても差し支えないが、その場合には、それが第1章の第1に示す幼保連携型認定こども園の教育及び保育の基本及び目標を逸脱しないよう慎重に配慮する必要がある。

第1　乳児期の園児の保育に関するねらい及び内容
〈基本的事項〉
1 乳児期の発達については、視覚、聴覚などの感覚や、座る、はう、歩くなどの運動機能が著しく発達し、特定の大人との応答的な関わりを通じて、情緒的な絆が形成されるといった特徴がある。これらの発達の特徴を踏まえて、乳児期の園児の保育は、愛情豊かに、応答的に行われることが特に必要である。
2 本項においては、この時期の発達の特徴を踏まえ、乳児期の園児の保育のねらい及び内容については、身体的発達に関する視点「健やかに伸び伸びと育つ」、社会的発達に関する視点「身近な人と気持ちが通じ合う」及び精神的発達に関する視点「身近なものと関わり感性が育つ」としてまとめ、示している。

〈ねらい及び内容〉
健やかに伸び伸びと育つ
　　　　省略
身近な人と気持ちが通じ合う
　　　　省略
身近なものと関わり感性が育つ

〔身近な環境に興味や好奇心をもって関わり、感じたことや考えたことを表現する力の基盤を培う。〕

1 ねらい

⑴ 身の回りのものに親しみ、様々なものに興味や関心をもつ。

⑵ 見る、触れる、探索するなど、身近な環境に自分から関わろうとする。

⑶ 身体の諸感覚による認識が豊かになり、表情や手足、体の動き等で表現する。

2 内容

⑴ 身近な生活用具、玩具や絵本などが用意された中で、身の回りのものに対する興味や好奇心をもつ。

⑵ 生活や遊びの中で様々なものに触れ、音、形、色、手触りなどに気付き、感覚の働きを豊かにする。

⑶ 保育教諭等と一緒に様々な色彩や形のものや絵本などを見る。

⑷ 玩具や身の回りのものを、つまむ、つかむ、たたく、引っ張るなど、手や指を使って遊ぶ。

⑸ 保育教諭等のあやし遊びに機嫌よく応じたり、歌やリズムに合わせて手足や体を動かして楽しんだりする。

3 内容の取扱い

上記の取扱いに当たっては、次の事項に留意する必要がある。

⑴ 玩具などは、音質、形、色、大きさなど園児の発達状態に応じて適切なものを選び、その時々の園児の興味や関心を踏まえるなど、遊びを通して感覚の発達が促されるものとなるように工夫すること。なお、安全な環境の下で、園児が探索意欲を満たして自由に遊べるよう、身の回りのものについては常に十分な点検を行うこと。

⑵ 乳児期においては、表情、発声、体の動きなどで、感情を表現することが多いことから、これらの表現しようとする意欲を積極的に受け止めて、園児が様々な活動を楽しむことを通して表現が豊かになるようにすること。

第2 満1歳以上満3歳未満の園児の保育に関するねらい及び内容

〈基本的事項〉

1 この時期においては、歩き始めから、歩く、走る、跳ぶなどへと、基本的な運動機能が次第に発達し、排泄の自立のための身体的機能も整うようになる。つまむ、めくるなどの指先の機能も発達し、食事、衣類の着脱なども、保育教諭等の援助の下で自分で行うようになる。発声も明瞭になり、語彙も増加し、自分の意思や欲求を言葉で表出できるようになる。このように

自分でできることが増えてくる時期であることから、保育教諭等は、園児の生活の安定を図りながら、自分でしようとする気持ちを尊重し、温かく見守るとともに、愛情豊かに、応答的に関わることが必要である。

2 本項においては、この時期の発達の特徴を踏まえ、保育のねらい及び内容について、心身の健康に関する領域「健康」、人との関わりに関する領域「人間関係」、身近な環境との関わりに関する領域「環境」、言葉の獲得に関する領域「言葉」及び感性と表現に関する領域「表現」としてまとめ、示している。

〈ねらい及び内容〉

健康
　　　省略

人間関係
　　　省略

環境
　　　省略

言葉
　　　省略

表現
〔感じたことや考えたことを自分なりに表現することを通して、豊かな感性や表現する力を養い、創造性を豊かにする。〕

1 ねらい

⑴ 身体の諸感覚の経験を豊かにし、様々な感覚を味わう。

⑵ 感じたことや考えたことなどを自分なりに表現しようとする。

⑶ 生活や遊びの様々な体験を通して、イメージや感性が豊かになる。

2 内容

⑴ 水、砂、土、紙、粘土など様々な素材に触れて楽しむ。

⑵ 音楽、リズムやそれに合わせた体の動きを楽しむ。

⑶ 生活の中で様々な音、形、色、手触り、動き、味、香りなどに気付いたり、感じたりして楽しむ。

⑷ 歌を歌ったり、簡単な手遊びや全身を使う遊びを楽しんだりする。

⑸ 保育教諭などからの話や、生活や遊びの中での出来事を通して、イメージを豊かにする。

⑹ 生活や遊びの中で、興味のあることや経験したことなどを自分なりに表現する。

3 内容の取扱い

上記の取扱いに当たっては、次の事項に留意する必要がある。

⑴ 園児の表現は、遊びや生活の様々な場面で

表出されているものであることから、それら
を積極的に受け止め、様々な表現の仕方や感
性を豊かにする経験となるようにすること。
(2)　園児が試行錯誤しながら様々な表現を楽し
むことや、自分の力でやり遂げる充実感など
に気付くよう、温かく見守るとともに、適切
に援助を行うようにすること。
(3)　様々な感情の表現等を通じて、園児が自分
の感情や気持ちに気付くようになる時期であ
ることに鑑み、受容的な関わりの中で自信を
もって表現をすることや、諦めずに続けた後
の達成感等を感じられるような経験が蓄積さ
れるようにすること。
(4)　身近な自然や身の回りの事物に関わる中
で、発見や心が動く経験が得られるよう、諸
感覚を働かせることを楽しむ遊びや素材を用
意するなど保育の環境を整えること。

第3　満3歳以上の園児の教育及び保育に関するね らい及び内容
〈基本的事項〉
1　この時期においては、運動機能の発達により、
基本的な動作が一通りできるようになるととも
に、基本的な生活習慣もほぼ自立できるように
なる。理解する語彙数が急激に増加し、知的興
味や関心も高まってくる。仲間と遊び、仲間の
中の一人という自覚が生じ、集団的な遊びや協
同的な活動も見られるようになる。これらの発
達の特徴を踏まえて、この時期の教育及び保育
においては、個の成長と集団としての活動の充
実が図られるようにしなければならない。
2　本項においては、この時期の発達の特徴を踏
まえ、教育及び保育のねらい及び内容について、
心身の健康に関する領域「健康」、人との関わり
に関する領域「人間関係」、身近な環境との関わ
りに関する領域「環境」、言葉の獲得に関する領
域「言葉」及び感性と表現に関する領域「表現」
としてまとめ、示している。

〈ねらい及び内容〉
健康
　　　　　省略
人間関係
　　　　　省略
環境
　　　　　省略
言葉
　　　　　省略
表現
〔感じたことや考えたことを自分なりに表現するこ
とを通して、豊かな感性や表現する力を養い、創造
性を豊かにする。〕

1　ねらい
(1)　いろいろなものの美しさなどに対する豊か
な感性をもつ。
(2)　感じたことや考えたことを自分なりに表現
して楽しむ。
(3)　生活の中でイメージを豊かにし、様々な表
現を楽しむ。

2　内容
(1)　生活の中で様々な音、形、色、手触り、動
きなどに気付いたり、感じたりするなどして
楽しむ。
(2)　生活の中で美しいものや心を動かす出来事
に触れ、イメージを豊かにする。
(3)　様々な出来事の中で、感動したことを伝え
合う楽しさを味わう。
(4)　感じたこと、考えたことなどを音や動きな
どで表現したり、自由にかいたり、つくった
りなどする。
(5)　いろいろな素材に親しみ、工夫して遊ぶ。
(6)　音楽に親しみ、歌を歌ったり、簡単なリズ
ム楽器を使ったりなどする楽しさを味わう。
(7)　かいたり、つくったりすることを楽しみ、
遊びに使ったり、飾ったりなどする。
(8)　自分のイメージを動きや言葉などで表現し
たり、演じて遊んだりするなどの楽しさを味
わう。

3　内容の取扱い
　上記の取扱いに当たっては、次の事項に留意
する必要がある。
(1)　豊かな感性は、身近な環境と十分に関わる
中で美しいもの、優れたもの、心を動かす出
来事などに出会い、そこから得た感動を他の
園児や保育教諭等と共有し、様々に表現する
ことなどを通して養われるようにすること。
その際、風の音や雨の音、身近にある草や花
の形や色など自然の中にある音、形、色など
に気付くようにすること。
(2)　幼児期の自己表現は素朴な形で行われるこ
とが多いので、保育教諭等はそのような表現
を受容し、園児自身の表現しようとする意欲
を受け止めて、園児が生活の中で園児らしい
様々な表現を楽しむことができるようにする
こと。
(3)　生活経験や発達に応じ、自ら様々な表現を
楽しみ、表現する意欲を十分に発揮させるこ
とができるように、遊具や用具などを整えた
り、様々な素材や表現の仕方に親しんだり、
他の園児の表現に触れられるよう配慮したり
し、表現する過程を大切にして自己表現を楽
しめるように工夫すること。

〔平成29年3月31日告示、平成30年4月1日施行〕

幼稚園教育要領
第1章　総　　則

第1　幼稚園教育の基本

　幼児期の教育は、生涯にわたる人格形成の基礎を培う重要なものであり、幼稚園教育は、学校教育法に規定する目的及び目標を達成するため、幼児期の特性を踏まえ、環境を通して行うものであることを基本とする。

　このため教師は、幼児との信頼関係を十分に築き、幼児が身近な環境に主体的に関わり、環境との関わり方や意味に気付き、これらを取り込もうとして、試行錯誤したり、考えたりするようになる幼児期の教育における見方・考え方を生かし、幼児と共によりよい教育環境を創造するように努めるものとする。これらを踏まえ、次に示す事項を重視して教育を行わなければならない。

　　1　幼児は安定した情緒の下で自己を十分に発揮することにより発達に必要な体験を得ていくものであることを考慮して、幼児の主体的な活動を促し、幼児期にふさわしい生活が展開されるようにすること。

　　2　幼児の自発的な活動としての遊びは、心身の調和のとれた発達の基礎を培う重要な学習であることを考慮して、遊びを通しての指導を中心として第2章に示すねらいが総合的に達成されるようにすること。

　　3　幼児の発達は、心身の諸側面が相互に関連し合い、多様な経過をたどって成し遂げられていくものであること、また、幼児の生活経験がそれぞれ異なることなどを考慮して、幼児一人一人の特性に応じ、発達の課題に即した指導を行うようにすること。

　その際、教師は、幼児の主体的な活動が確保されるよう幼児一人一人の行動の理解と予想に基づき、計画的に環境を構成しなければならない。この場合において、教師は、幼児と人やものとの関わりが重要であることを踏まえ、教材を工夫し、物的・空間的環境を構成しなければならない。また、幼児一人一人の活動の場面に応じて、様々な役割を果たし、その活動を豊かにしなければならない。

第2　幼稚園教育において育みたい資質・能力及び「幼児期の終わりまでに育ってほしい姿」

　　1　幼稚園においては、生きる力の基礎を育むため、この章の第1に示す幼稚園教育の基本を踏まえ、次に掲げる資質・能力を一体的に育むよう努めるものとする。

　　　⑴　豊かな体験を通じて、感じたり、気付いたり、分かったり、できるようになったりする「知識及び技能の基礎」

　　　⑵　気付いたことや、できるようになったことなどを使い、考えたり、試したり、工夫したり、表現したりする「思考力、判断力、表現力等の基礎」

　　　⑶　心情、意欲、態度が育つ中で、よりよい生活を営もうとする「学びに向かう力、人間性等」

　　2　1に示す資質・能力は、第2章に示すねらい及び内容に基づく活動全体によって育むものである。

　　3　次に示す「幼児期の終わりまでに育ってほしい姿」は、第2章に示すねらい及び内容に基づく活動全体を通して資質・能力が育まれている幼児の幼稚園修了時の具体的な姿であり、教師が指導を行う際に考慮するものである。

　　⑴　**健康な心と体**

　　　幼稚園生活の中で、充実感をもって自分のやりたいことに向かって心と体を十分に働かせ、見通しをもって行動し、自ら健康で安全な生活をつくり出すようになる。

　　⑵　**自立心**

　　　身近な環境に主体的に関わり様々な活動を楽しむ中で、しなければならないことを自覚し、自分の力で行うために考えたり、工夫したりしながら、諦めずにやり遂げることで達成感を味わい、自信をもって行動するようになる。

　　⑶　**協同性**

　　　友達と関わる中で、互いの思いや考えなどを共有し、共通の目的の実現に向けて、考えたり、工夫したり、協力したりし、充実感をもってやり遂げるようになる。

　　⑷　**道徳性・規範意識の芽生え**

　　　友達と様々な体験を重ねる中で、してよいことや悪いことが分かり、自分の行動を振り返ったり、友達の気持ちに共感したりし、相手の立場に立って行動するようになる。また、きまりを守る必要性が分かり、自分の気持ちを調整し、友達と折り合いを付けながら、きまりをつくったり、守ったりするようになる。

　　⑸　**社会生活との関わり**

　　　家族を大切にしようとする気持ちをもつとともに、地域の身近な人と触れ合う中で、人との様々な関わり方に気付き、相手の気持ちを考えて関わり、自分が役に立つ喜びを感じ、地域に親しみをもつようになる。また、幼稚園内外の様々な環境に関わる中で、遊びや生活に必要な情報を取り入れ、情報に基づき判断したり、情報を伝え合ったり、活用したりするなど、情報を役立てながら活動するようになるとともに、公共の施設を大切に利用するなどして、社会とのつながりなどを意識す

るようになる。

⑹　思考力の芽生え

身近な事象に積極的に関わる中で、物の性質や仕組みなどを感じ取ったり、気付いたりし、考えたり、予想したり、工夫したりするなど、多様な関わりを楽しむようになる。また、友達の様々な考えに触れる中で、自分と異なる考えがあることに気付き、自ら判断したり、考え直したりするなど、新しい考えを生み出す喜びを味わいながら、自分の考えをよりよいものにするようになる。

⑺　自然との関わり・生命尊重

自然に触れて感動する体験を通して、自然の変化などを感じ取り、好奇心や探究心をもって考え言葉などで表現しながら、身近な事象への関心が高まるとともに、自然への愛情や畏敬の念をもつようになる。また、身近な動植物に心を動かされる中で、生命の不思議さや尊さに気付き、身近な動植物への接し方を考え、命あるものとしていたわり、大切にする気持ちをもって関わるようになる。

⑻　数量や図形、標識や文字などへの関心・感覚

遊びや生活の中で、数量や図形、標識や文字などに親しむ体験を重ねたり、標識や文字の役割に気付いたりし、自らの必要感に基づきこれらを活用し、興味や関心、感覚をもつようになる。

⑼　言葉による伝え合い

先生や友達と心を通わせる中で、絵本や物語などに親しみながら、豊かな言葉や表現を身に付け、経験したことや考えたことなどを言葉で伝えたり、相手の話を注意して聞いたりし、言葉による伝え合いを楽しむようになる。

⑽　豊かな感性と表現

心を動かす出来事などに触れ感性を働かせる中で、様々な素材の特徴や表現の仕方などに気付き、感じたことや考えたことを自分で表現したり、友達同士で表現する過程を楽しんだりし、表現する喜びを味わい、意欲をもつようになる。

第3　教育課程の役割と編成等

1　教育課程の役割

各幼稚園においては、教育基本法及び学校教育法その他の法令並びにこの幼稚園教育要領の示すところに従い、創意工夫を生かし、幼児の心身の発達と幼稚園及び地域の実態に即応した適切な教育課程を編成するものとする。

また、各幼稚園においては、6に示す全体的な計画にも留意しながら、「幼児期の終わりまでに育ってほしい姿」を踏まえ教育課程を編成

すること、教育課程の実施状況を評価してその改善を図っていくこと、教育課程の実施に必要な人的又は物的な体制を確保するとともにその改善を図っていくことなどを通して、教育課程に基づき組織的かつ計画的に各幼稚園の教育活動の質の向上を図っていくこと(以下「カリキュラム・マネジメント」という。)に努めるものとする。

2　各幼稚園の教育目標と教育課程の編成

教育課程の編成に当たっては、幼稚園教育において育みたい資質・能力を踏まえつつ、各幼稚園の教育目標を明確にするとともに、教育課程の編成についての基本的な方針が家庭や地域とも共有されるよう努めるものとする。

3　教育課程の編成上の基本的事項

⑴　幼稚園生活の全体を通して第2章に示すねらいが総合的に達成されるよう、教育課程に係る教育期間や幼児の生活経験や発達の過程などを考慮して具体的なねらいと内容を組織するものとする。この場合においては、特に、自我が芽生え、他者の存在を意識し、自己を抑制しようとする気持ちが生まれる幼児期の発達の特性を踏まえ、入園から修了に至るまでの長期的な視野をもって充実した生活が展開できるように配慮するものとする。

⑵　幼稚園の毎学年の教育課程に係る教育週数は、特別の事情のある場合を除き、39週を下ってはならない。

⑶　幼稚園の1日の教育課程に係る教育時間は、4時間を標準とする。ただし、幼児の心身の発達の程度や季節などに適切に配慮するものとする。

4　教育課程の編成上の留意事項

教育課程の編成に当たっては、次の事項に留意するものとする。

⑴　幼児の生活は、入園当初の一人一人の遊びや教師との触れ合いを通して幼稚園生活に親しみ、安定していく時期から、他の幼児との関わりの中で幼児の主体的な活動が深まり、幼児が互いに必要な存在であることを認識するようになり、やがて幼児同士や学級全体で目的をもって協同して幼稚園生活を展開し、深めていく時期などに至るまでの過程を様々に経ながら広げられていくものであることを考慮し、活動がそれぞれの時期にふさわしく展開されるようにすること。

⑵　入園当初、特に、3歳児の入園については、家庭との連携を緊密にし、生活のリズムや安全面に十分配慮すること。また、満3歳児については、学年の途中から入園することを考

慮し、幼児が安心して幼稚園生活を過ごすことができるよう配慮すること。
(3) 幼稚園生活が幼児にとって安全なものとなるよう、教職員による協力体制の下、幼児の主体的な活動を大切にしつつ、園庭や園舎などの環境の配慮や指導の工夫を行うこと。

5 小学校教育との接続に当たっての留意事項
(1) 幼稚園においては、幼稚園教育が、小学校以降の生活や学習の基盤の育成につながることに配慮し、幼児期にふさわしい生活を通して、創造的な思考や主体的な生活態度などの基礎を培うようにするものとする。
(2) 幼稚園教育において育まれた資質・能力を踏まえ、小学校教育が円滑に行われるよう、小学校の教師との意見交換や合同の研究の機会などを設け、「幼児期の終わりまでに育ってほしい姿」を共有するなど連携を図り、幼稚園教育と小学校教育との円滑な接続を図るよう努めるものとする。

6 全体的な計画の作成
各幼稚園においては、教育課程を中心に、第3章に示す教育課程に係る教育時間の終了後等に行う教育活動の計画、学校保健計画、学校安全計画などとを関連させ、一体的に教育活動が展開されるよう全体的な計画を作成するものとする。

第4 指導計画の作成と幼児理解に基づいた評価
1 指導計画の考え方
幼稚園教育は、幼児が自ら意欲をもって環境と関わることによりつくり出される具体的な活動を通して、その目標の達成を図るものである。
幼稚園においてはこのことを踏まえ、幼児期にふさわしい生活が展開され、適切な指導が行われるよう、それぞれの幼稚園の教育課程に基づき、調和のとれた組織的、発展的な指導計画を作成し、幼児の活動に沿った柔軟な指導を行わなければならない。

2 指導計画の作成上の基本的事項
(1) 指導計画は、幼児の発達に即して一人一人の幼児が幼児期にふさわしい生活を展開し、必要な体験を得られるようにするために、具体的に作成するものとする。
(2) 指導計画の作成に当たっては、次に示すところにより、具体的なねらい及び内容を明確に設定し、適切な環境を構成することなどにより活動が選択・展開されるようにするものとする。
　ア　具体的なねらい及び内容は、幼稚園生活における幼児の発達の過程を見通し、幼児

の生活の連続性、季節の変化などを考慮して、幼児の興味や関心、発達の実情などに応じて設定すること。
　イ　環境は、具体的なねらいを達成するために適切なものとなるように構成し、幼児が自らその環境に関わることにより様々な活動を展開しつつ必要な体験を得られるようにすること。その際、幼児の生活する姿や発想を大切にし、常にその環境が適切なものとなるようにすること。
　ウ　幼児の行う具体的な活動は、生活の流れの中で様々に変化するものであることに留意し、幼児が望ましい方向に向かって自ら活動を展開していくことができるよう必要な援助をすること。

その際、幼児の実態及び幼児を取り巻く状況の変化などに即して指導の過程についての評価を適切に行い、常に指導計画の改善を図るものとする。

3 指導計画の作成上の留意事項
指導計画の作成に当たっては、次の事項に留意するものとする。
(1) 長期的に発達を見通した年、学期、月などにわたる長期の指導計画やこれとの関連を保ちながらより具体的な幼児の生活に即した週、日などの短期の指導計画を作成し、適切な指導が行われるようにすること。特に、週、日などの短期の指導計画については、幼児の生活のリズムに配慮し、幼児の意識や興味の連続性のある活動が相互に関連して幼稚園生活の自然な流れの中に組み込まれるようにすること。
(2) 幼児が様々な人やものとの関わりを通して、多様な体験をし、心身の調和のとれた発達を促すようにしていくこと。その際、幼児の発達に即して主体的・対話的で深い学びが実現するようにするとともに、心を動かされる体験が次の活動を生み出すことを考慮し、一つ一つの体験が相互に結び付き、幼稚園生活が充実するようにすること。
(3) 言語に関する能力の発達と思考力等の発達が関連していることを踏まえ、幼稚園生活全体を通して、幼児の発達を踏まえた言語環境を整え、言語活動の充実を図ること。
(4) 幼児が次の活動への期待や意欲をもつことができるよう、幼児の実態を踏まえながら、教師や他の幼児と共に遊びや生活の中で見通しをもったり、振り返ったりするよう工夫すること。
(5) 行事の指導に当たっては、幼稚園生活の自然の流れの中で生活に変化や潤いを与え、幼

児が主体的に楽しく活動できるようにすること。なお、それぞれの行事についてはその教育的価値を十分検討し、適切なものを精選し、幼児の負担にならないようにすること。

(6)　幼児期は直接的な体験が重要であることを踏まえ、視聴覚教材やコンピュータなど情報機器を活用する際には、幼稚園生活では得難い体験を補完するなど、幼児の体験との関連を考慮すること。

(7)　幼児の主体的な活動を促すためには、教師が多様な関わりをもつことが重要であることを踏まえ、教師は、理解者、共同作業者など様々な役割を果たし、幼児の発達に必要な豊かな体験が得られるよう、活動の場面に応じて、適切な指導を行うようにすること。

(8)　幼児の行う活動は、個人、グループ、学級全体などで多様に展開されるものであることを踏まえ、幼稚園全体の教師による協力体制を作りながら、一人一人の幼児が興味や欲求を十分に満足させるよう適切な援助を行うようにすること。

4　幼児理解に基づいた評価の実施

幼児一人一人の発達の理解に基づいた評価の実施に当たっては、次の事項に配慮するものとする。

(1)　指導の過程を振り返りながら幼児の理解を進め、幼児一人一人のよさや可能性などを把握し、指導の改善に生かすようにすること。その際、他の幼児との比較や一定の基準に対する達成度についての評定によって捉えるものではないことに留意すること。

(2)　評価の妥当性や信頼性が高められるよう創意工夫を行い、組織的かつ計画的な取組を推進するとともに、次年度又は小学校等にその内容が適切に引き継がれるようにすること。

第5　特別な配慮を必要とする幼児への指導
1　障害のある幼児などへの指導

障害のある幼児などへの指導に当たっては、集団の中で生活することを通して全体的な発達を促していくことに配慮し、特別支援学校などの助言又は援助を活用しつつ、個々の幼児の障害の状態などに応じた指導内容や指導方法の工夫を組織的かつ計画的に行うものとする。また、家庭、地域及び医療や福祉、保健等の業務を行う関係機関との連携を図り、長期的な視点で幼児への教育的支援を行うために、個別の教育支援計画を作成し活用することに努めるとともに，個々の幼児の実態を的確に把握し、個別の指導計画を作成し活用することに努めるものとする。

2　海外から帰国した幼児や生活に必要な日本語の習得に困難のある幼児の幼稚園生活への適応

海外から帰国した幼児や生活に必要な日本語の習得に困難のある幼児については、安心して自己を発揮できるよう配慮するなど個々の幼児の実態に応じ、指導内容や指導方法の工夫を組織的かつ計画的に行うものとする。

第6　幼稚園運営上の留意事項

1　各幼稚園においては、園長の方針の下に、園務分掌に基づき教職員が適切に役割を分担しつつ、相互に連携しながら、教育課程や指導の改善を図るものとする。また、各幼稚園が行う学校評価については、教育課程の編成、実施、改善が教育活動や幼稚園運営の中核となることを踏まえ、カリキュラム・マネジメントと関連付けながら実施するよう留意するものとする。

2　幼児の生活は、家庭を基盤として地域社会を通じて次第に広がりをもつものであることに留意し、家庭との連携を十分に図るなど、幼稚園における生活が家庭や地域社会と連続性を保ちつつ展開されるようにするものとする。その際、地域の自然、高齢者や異年齢の子供などを含む人材、行事や公共施設などの地域の資源を積極的に活用し、幼児が豊かな生活体験を得られるように工夫するものとする。また、家庭との連携に当たっては、保護者との情報交換の機会を設けたり、保護者と幼児との活動の機会を設けたりなどすることを通じて、保護者の幼児期の教育に関する理解が深まるよう配慮するものとする。

3　地域や幼稚園の実態等により、幼稚園間に加え、保育所、幼保連携型認定こども園、小学校、中学校、高等学校及び特別支援学校などとの間の連携や交流を図るものとする。特に、幼稚園教育と小学校教育の円滑な接続のため、幼稚園の幼児と小学校の児童との交流の機会を積極的に設けるようにするものとする。また、障害のある幼児児童生徒との交流及び共同学習の機会を設け、共に尊重し合いながら協働して生活していく態度を育むよう努めるものとする。

第7　教育課程に係る教育時間終了後等に行う教育活動など

幼稚園は、第3章に示す教育課程に係る教育時間の終了後等に行う教育活動について、学校教育法に規定する目的及び目標並びにこの章の第1に示す幼稚園教育の基本を踏まえ実施するものとする。また、幼稚園の目的の達成に資するため、幼児の生活全体が豊かなものとなるよう家庭や地域における幼児期の教育の支援に努めるものとする。

〔平成29年3月31日告示、平成30年4月1日施行〕
幼稚園教育要領
第2章　ねらい及び内容

健康
　　省略
人間関係
　　省略
環境
　　省略
言葉
　　省略
表現
　　〔感じたことや考えたことを自分なりに表現することを通して、豊かな感性や表現する力を養い、創造性を豊かにする。〕

1　ねらい
⑴　いろいろなものの美しさなどに対する豊かな感性をもつ。
⑵　感じたことや考えたことを自分なりに表現して楽しむ。
⑶　生活の中でイメージを豊かにし、様々な表現を楽しむ。

2　内容
⑴　生活の中で様々な音、形、色、手触り、動きなどに気付いたり、感じたりするなどして楽しむ。
⑵　生活の中で美しいものや心を動かす出来事に触れ、イメージを豊かにする。
⑶　様々な出来事の中で、感動したことを伝え合う楽しさを味わう。

⑷　感じたこと、考えたことなどを音や動きなどで表現したり、自由にかいたり、つくったりなどする。
⑸　いろいろな素材に親しみ、工夫して遊ぶ。
⑹　音楽に親しみ、歌を歌ったり、簡単なリズム楽器を使ったりなどする楽しさを味わう。
⑺　かいたり、つくったりすることを楽しみ、遊びに使ったり、飾ったりなどする。
⑻　自分のイメージを動きや言葉などで表現したり、演じて遊んだりするなどの楽しさを味わう。

3　内容の取扱い
　　上記の取扱いに当たっては、次の事項に留意する必要がある。
⑴　豊かな感性は、身近な環境と十分に関わる中で美しいもの、優れたもの、心を動かす出来事などに出会い、そこから得た感動を他の幼児や教師と共有し、様々に表現することなどを通して養われるようにすること。その際、風の音や雨の音、身近にある草や花の形や色など自然の中にある音、形、色などに気付くようにすること。
⑵　幼児の自己表現は素朴な形で行われることが多いので、教師はそのような表現を受容し、幼児自身の表現しようとする意欲を受け止めて、幼児が生活の中で幼児らしい様々な表現を楽しむことができるようにすること。
⑶　生活経験や発達に応じ、自ら様々な表現を楽しみ、表現する意欲を十分に発揮させることができるように、遊具や用具などを整えたり、様々な素材や表現の仕方に親しんだり、他の幼児の表現に触れられるよう配慮したりし、表現する過程を大切にして自己表現を楽しめるように工夫すること。

〔平成29年3月31日告示、平成30年4月1日施行〕
小学校学習指導要領
第2章　各教科　第6節　音　楽

第1　目標
　　表現及び鑑賞の活動を通して、音楽的な見方・考え方を働かせ、生活や社会の中の音や音楽と豊かに関わる資質・能力を次のとおり育成することを目指す。
⑴　曲想と音楽の構造などとの関わりについて理解するとともに、表したい音楽表現をするために必要な技能を身に付けるようにする。
⑵　音楽表現を工夫することや、音楽を味わって

聴くことができるようにする。
⑶　音楽活動の楽しさを体験することを通して、音楽を愛好する心情と音楽に対する感性を育むとともに、音楽に親しむ態度を養い、豊かな情操を培う。

第2　各学年の目標及び内容
〔第1学年及び第2学年〕
1　目標
⑴　曲想と音楽の構造などとの関わりについて気付くとともに、音楽表現を楽しむために必要な歌唱、器楽、音楽づくりの技能を身に付けるようにする。
⑵　音楽表現を考えて表現に対する思いをもつことや、曲や演奏の楽しさを見いだしながら音楽

を味わって聴くことができるようにする。

(3) 楽しく音楽に関わり、協働して音楽活動をする楽しさを感じながら、身の回りの様々な音楽に親しむとともに、音楽経験を生かして生活を明るく潤いのあるものにしようとする態度を養う。

2 内容
A 表現
(1) 歌唱の活動を通して、次の事項を身に付けることができるよう指導する。
ア 歌唱表現についての知識や技能を得たり生かしたりしながら、曲想を感じ取って表現を工夫し、どのように歌うかについて思いをもつこと。
イ 曲想と音楽の構造との関わり、曲想と歌詞の表す情景や気持ちとの関わりについて気付くこと。
ウ 思いに合った表現をするために必要な次の(ア)から(ウ)までの技能を身に付けること。
(ア) 範唱を聴いて歌ったり、階名で模唱したり暗唱したりする技能
(イ) 自分の歌声及び発音に気を付けて歌う技能
(ウ) 互いの歌声や伴奏を聴いて、声を合わせて歌う技能
(2) 器楽の活動を通して、次の事項を身に付けることができるよう指導する。
ア 器楽表現についての知識や技能を得たり生かしたりしながら、曲想を感じ取って表現を工夫し、どのように演奏するかについて思いをもつこと。
イ 次の(ア)及び(イ)について気付くこと。
(ア) 曲想と音楽の構造との関わり
(イ) 楽器の音色と演奏の仕方との関わり
ウ 思いに合った表現をするために必要な次の(ア)から(ウ)までの技能を身に付けること。
(ア) 範奏を聴いたり、リズム譜などを見たりして演奏する技能
(イ) 音色に気を付けて、旋律楽器及び打楽器を演奏する技能
(ウ) 互いの楽器の音や伴奏を聴いて、音を合わせて演奏する技能
(3) 音楽づくりの活動を通して、次の事項を身に付けることができるよう指導する。
ア 音楽づくりについての知識や技能を得たり生かしたりしながら、次の(ア)及び(イ)をできるようにすること。
(ア) 音遊びを通して、音楽づくりの発想を得ること。
(イ) どのように音を音楽にしていくかについて思いをもつこと。
イ 次の(ア)及び(イ)について、それらが

生み出す面白さなどと関わらせて気付くこと。
(ア) 声や身の回りの様々な音の特徴
(イ) 音やフレーズのつなげ方の特徴
ウ 発想を生かした表現や、思いに合った表現をするために必要な次の(ア)及び(イ)の技能を身に付けること。
(ア) 設定した条件に基づいて、即興的に音を選んだりつなげたりして表現する技能
(イ) 音楽の仕組みを用いて、簡単な音楽をつくる技能

B 鑑賞
(1) 鑑賞の活動を通して、次の事項を身に付けることができるよう指導する。
ア 鑑賞についての知識を得たり生かしたりしながら、曲や演奏の楽しさを見いだし、曲全体を味わって聴くこと。
イ 曲想と音楽の構造との関わりについて気付くこと。

〔共通事項〕
(1) 「A 表現」及び「B 鑑賞」の指導を通して、次の事項を身に付けることができるよう指導する。
ア 音楽を形づくっている要素を聴き取り、それらの働きが生み出すよさや面白さ、美しさを感じ取りながら、聴き取ったことと感じ取ったこととの関わりについて考えること。
イ 音楽を形づくっている要素及びそれらに関わる身近な音符、休符、記号や用語について、音楽における働きと関わらせて理解すること。

3 内容の取扱い
(1) 歌唱教材は次に示すものを取り扱う。
ア 主となる歌唱教材については、各学年ともイの共通教材を含めて、斉唱及び輪唱で歌う曲
イ 共通教材
〔第1学年〕
「うみ」（文部省唱歌）　林 柳波作詞
　　　　　　　　　　　　井上武士作曲

「かたつむり」（文部省唱歌）
「日のまる」（文部省唱歌）　高野辰之作詞
　　　　　　　　　　　　　岡野貞一作曲

「ひらいたひらいた」（わらべうた）

〔第2学年〕
「かくれんぼ」（文部省唱歌）　林 柳波作詞
　　　　　　　　　　　　　下総皖一作曲

「春がきた」（文部省唱歌）　高野辰之作詞
　　　　　　　　　　　　　岡野貞一作曲

「虫のこえ」（文部省唱歌）

219

「夕やけこやけ」　　　中村雨紅作詞
　　　　　　　　　　　　草川　信作曲
　（2）　主となる器楽教材については、既習の歌唱教
　　材を含め、主旋律に簡単なリズム伴奏や低声部
　　などを加えた曲を取り扱う。
　（3）　鑑賞教材は次に示すものを取り扱う。
　　　ア　我が国及び諸外国のわらべうたや遊びう
　　　　た、行進曲や踊りの音楽など体を動かすこと
　　　　の快さを感じ取りやすい音楽、日常の生活に
　　　　関連して情景を思い浮かべやすい音楽など、
　　　　いろいろな種類の曲
　　　イ　音楽を形づくっている要素の働きを感じ取
　　　　りやすく、親しみやすい曲
　　　ウ　楽器の音色や人の声の特徴を捉えやすく親
　　　　しみやすい、いろいろな演奏形態による曲

〔第3学年及び第4学年〕
1　目標
　（1）　曲想と音楽の構造などとの関わりについて気
　　付くとともに、表したい音楽表現をするために
　　必要な歌唱、器楽、音楽づくりの技能を身に付
　　けるようにする。
　（2）　音楽表現を考えて表現に対する思いや意図を
　　もつことや、曲や演奏のよさなどを見いだしな
　　がら音楽を味わって聴くことができるようにす
　　る。
　（3）　進んで音楽に関わり、協働して音楽活動をす
　　る楽しさを感じながら、様々な音楽に親しむと
　　ともに、音楽経験を生かして生活を明るく潤い
　　のあるものにしようとする態度を養う。

2　内容
　A　表現
　（1）　歌唱の活動を通して、次の事項を身に付ける
　　ことができるよう指導する。
　　　ア　歌唱表現についての知識や技能を得たり生
　　　　かしたりしながら、曲の特徴を捉えた表現を
　　　　工夫し、どのように歌うかについて思いや意
　　　　図をもつこと。
　　　イ　曲想と音楽の構造や歌詞の内容との関わり
　　　　について気付くこと。
　　　ウ　思いや意図に合った表現をするために必要
　　　　な次の（ア）から（ウ）までの技能を身に付
　　　　けること。
　　　　（ア）　範唱を聴いたり、ハ長調の楽譜を見た
　　　　　りして歌う技能
　　　　（イ）　呼吸及び発音の仕方に気を付けて、自
　　　　　然で無理のない歌い方で歌う技能
　　　　（ウ）　互いの歌声や副次的な旋律、伴奏を聴
　　　　　いて、声を合わせて歌う技能
　（2）　器楽の活動を通して、次の事項を身に付ける
　　ことができるよう指導する。
　　　ア　器楽表現についての知識や技能を得たり生

かしたりしながら、曲の特徴を捉えた表現を
　　工夫し、どのように演奏するかについて思い
　　や意図をもつこと。
　　イ　次の（ア）及び（イ）について気付くこと。
　　（ア）　曲想と音楽の構造との関わり
　　（イ）　楽器の音色や響きと演奏の仕方との関
　　　わり
　　ウ　思いや意図に合った表現をするために必要
　　　な次の（ア）から（ウ）までの技能を身に付
　　　けること。
　　（ア）　範奏を聴いたり、ハ長調の楽譜を見た
　　　りして演奏する技能
　　（イ）　音色や響きに気を付けて、旋律楽器及
　　　び打楽器を演奏する技能
　　（ウ）　互いの楽器の音や副次的な旋律、伴奏
　　　を聴いて、音を合わせて演奏する技能
　（3）　音楽づくりの活動を通して、次の事項を身に
　　付けることができるよう指導する。
　　　ア　音楽づくりについての知識や技能を得たり
　　　　生かしたりしながら、次の（ア）及び（イ）
　　　　をできるようにすること。
　　　　（ア）　即興的に表現することを通して、音楽
　　　　　づくりの発想を得ること。
　　　　（イ）　音を音楽へと構成することを通して、
　　　　　どのようにまとまりを意識した音楽をつ
　　　　　くるかについて思いや意図をもつこと。
　　　イ　次の（ア）及び（イ）について、それらが
　　　　生み出すよさや面白さなどと関わらせて気付
　　　　くこと。
　　　　（ア）　いろいろな音の響きやそれらの組合せ
　　　　　の特徴
　　　　（イ）　音やフレーズのつなげ方や重ね方の特
　　　　　徴
　　　ウ　発想を生かした表現や、思いや意図に合っ
　　　　た表現をするために必要な次の（ア）及び（イ）
　　　　の技能を身に付けること。
　　　　（ア）　設定した条件に基づいて、即興的に音
　　　　　を選択したり組み合わせたりして表現す
　　　　　る技能
　　　　（イ）　音楽の仕組みを用いて、音楽をつくる
　　　　　技能

　B　鑑賞
　（1）　鑑賞の活動を通して、次の事項を身に付ける
　　ことができるよう指導する。
　　　ア　鑑賞についての知識を得たり生かしたりし
　　　　ながら、曲や演奏のよさなどを見いだし、曲
　　　　全体を味わって聴くこと。
　　　イ　曲想及びその変化と、音楽の構造との関わ
　　　　りについて気付くこと。

〔共通事項〕
　（1）　「A表現」及び「B鑑賞」の指導を通して、次

220

の事項を身に付けることができるよう指導する。

　　ア　音楽を形づくっている要素を聴き取り、それらの働きが生み出すよさや面白さ、美しさを感じ取りながら、聴き取ったことと感じ取ったこととの関わりについて考えること。

　　イ　音楽を形づくっている要素及びそれらに関わる音符、休符、記号や用語について、音楽における働きと関わらせて理解すること。

3　内容の取扱い

⑴　歌唱教材は次に示すものを取り扱う。

　　ア　主となる歌唱教材については、各学年ともイの共通教材を含めて、斉唱及び簡単な合唱で歌う曲

　　イ　共通教材

　　　〔第3学年〕

　　　　「うさぎ」（日本古謡）

　　　　「茶つみ」（文部省唱歌）

　　　　「春の小川」（文部省唱歌）　高野辰之作詞
　　　　　　　　　　　　　　　　　　岡野貞一作曲

　　　　「ふじ山」（文部省唱歌）　巌谷小波作詞

　　　〔第4学年〕

　　　　「さくらさくら」（日本古謡）

　　　　「とんび」　　　　　　　　葛原しげる作詞
　　　　　　　　　　　　　　　　　梁田　貞作曲

　　　　「まきばの朝」（文部省唱歌）船橋栄吉作曲

　　　　「もみじ」（文部省唱歌）　高野辰之作詞
　　　　　　　　　　　　　　　　　岡野貞一作曲

⑵　主となる器楽教材については、既習の歌唱教材を含め、簡単な重奏や合奏などの曲を取り扱う。

⑶　鑑賞教材は次に示すものを取り扱う。

　　ア　和楽器の音楽を含めた我が国の音楽、郷土の音楽、諸外国に伝わる民謡など生活との関わりを捉えやすい音楽、劇の音楽、人々に長く親しまれている音楽など、いろいろな種類の曲

　　イ　音楽を形づくっている要素の働きを感じ取りやすく、聴く楽しさを得やすい曲

　　ウ　楽器や人の声による演奏表現の違いを聴き取りやすい、独奏、重奏、独唱、重唱を含めたいろいろな演奏形態による曲

〔第5学年及び第6学年〕

1　目標

⑴　曲想と音楽の構造などとの関わりについて理解するとともに、表したい音楽表現をするために必要な歌唱、器楽、音楽づくりの技能を身に付けるようにする。

⑵　音楽表現を考えて表現に対する思いや意図をもつことや、曲や演奏のよさなどを見いだしながら音楽を味わって聴くことができるようにす

る。

⑶　主体的に音楽に関わり、協働して音楽活動をする楽しさを味わいながら、様々な音楽に親しむとともに、音楽経験を生かして生活を明るく潤いのあるものにしようとする態度を養う。

2　内容

A　表現

⑴　歌唱の活動を通して、次の事項を身に付けることができるよう指導する。

　　ア　歌唱表現についての知識や技能を得たり生かしたりしながら、曲の特徴にふさわしい表現を工夫し、どのように歌うかについて思いや意図をもつこと。

　　イ　曲想と音楽の構造や歌詞の内容との関わりについて理解すること。

　　ウ　思いや意図に合った表現をするために必要な次の（ア）から（ウ）までの技能を身に付けること。

　　　（ア）　範唱を聴いたり、ハ長調及びイ短調の楽譜を見たりして歌う技能

　　　（イ）　呼吸及び発音の仕方に気を付けて、自然で無理のない、響きのある歌い方で歌う技能

　　　（ウ）　各声部の歌声や全体の響き、伴奏を聴いて、声を合わせて歌う技能

⑵　器楽の活動を通して、次の事項を身に付けることができるよう指導する。

　　ア　器楽表現についての知識や技能を得たり生かしたりしながら、曲の特徴にふさわしい表現を工夫し、どのように演奏するかについて思いや意図をもつこと。

　　イ　次の（ア）及び（イ）について理解すること。

　　　（ア）　曲想と音楽の構造との関わり

　　　（イ）　多様な楽器の音色や響きと演奏の仕方との関わり

　　ウ　思いや意図に合った表現をするために必要な次の（ア）から（ウ）までの技能を身に付けること。

　　　（ア）　範奏を聴いたり、ハ長調及びイ短調の楽譜を見たりして演奏する技能

　　　（イ）　音色や響きに気を付けて、旋律楽器及び打楽器を演奏する技能

　　　（ウ）　各声部の楽器の音や全体の響き、伴奏を聴いて、音を合わせて演奏する技能

⑶　音楽づくりの活動を通して、次の事項を身に付けることができるよう指導する。

　　ア　音楽づくりについての知識や技能を得たり生かしたりしながら、次の（ア）及び（イ）をできるようにすること。

　　　（ア）　即興的に表現することを通して、音楽づくりの様々な発想を得ること。

　　　（イ）　音を音楽へと構成することを通して、

どのように全体のまとまりを意識した音楽をつくるかについて思いや意図をもつこと。

イ　次の（ア）及び（イ）について、それらが生み出すよさや面白さなどと関わらせて理解すること。
　（ア）　いろいろな音の響きやそれらの組合せの特徴
　（イ）　音やフレーズのつなげ方や重ね方の特徴

ウ　発想を生かした表現や、思いや意図に合った表現をするために必要な次の（ア）及び（イ）の技能を身に付けること。
　（ア）　設定した条件に基づいて、即興的に音を選択したり組み合わせたりして表現する技能
　（イ）　音楽の仕組みを用いて、音楽をつくる技能

B　鑑賞

(1)　鑑賞の活動を通して、次の事項を身に付けることができるよう指導する。
　ア　鑑賞についての知識を得たり生かしたりしながら、曲や演奏のよさなどを見いだし、曲全体を味わって聴くこと。
　イ　曲想及びその変化と、音楽の構造との関わりについて理解すること。

〔共通事項〕
(1)　「A 表現」及び「B 鑑賞」の指導を通して、次の事項を身に付けることができるよう指導する。
　ア　音楽を形づくっている要素を聴き取り、それらの働きが生み出すよさや面白さ、美しさを感じ取りながら、聴き取ったことと感じ取ったこととの関わりについて考えること。
　イ　音楽を形づくっている要素及びそれらに関わる音符、休符、記号や用語について、音楽における働きと関わらせて理解すること。

3　内容の取扱い

(1)　歌唱教材は次に示すものを取り扱う。
　ア　主となる歌唱教材については、各学年ともイの共通教材の中の３曲を含めて、斉唱及び合唱で歌う曲
　イ　共通教材
　〔第５学年〕
　　「こいのぼり」（文部省唱歌）
　　「子もり歌」（日本古謡）
　　「スキーの歌」（文部省唱歌）　　林　柳波作詞
　　　　　　　　　　　　　　　　　橋本国彦作曲
　　「冬げしき」（文部省唱歌）

〔第６学年〕
　「越天楽今様（歌詞は第２節まで）」（日本古謡）
　　　　　　　　　　　　　　　　　慈鎮和尚作歌
　「おぼろ月夜」（文部省唱歌）　　高野辰之作詞
　　　　　　　　　　　　　　　　　岡野貞一作曲
　「ふるさと」（文部省唱歌）　　　高野辰之作詞
　　　　　　　　　　　　　　　　　岡野貞一作曲
　「われは海の子（歌詞は第３節まで）」
　　　　　　　　　　　　　　　（文部省唱歌）

(2)　主となる器楽教材については、楽器の演奏効果を考慮し、簡単な重奏や合奏などの曲を取り扱う。
(3)　鑑賞教材は次に示すものを取り扱う。
　ア　和楽器の音楽を含めた我が国の音楽や諸外国の音楽など文化との関わりを捉えやすい音楽、人々に長く親しまれている音楽など、いろいろな種類の曲
　イ　音楽を形づくっている要素の働きを感じ取りやすく、聴く喜びを深めやすい曲
　ウ　楽器の音や人の声が重なり合う響きを味わうことができる、合奏、合唱を含めたいろいろな演奏形態による曲

第3　指導計画の作成と内容の取扱い

1　指導計画の作成に当たっては、次の事項に配慮するものとする。
(1)　題材など内容や時間のまとまりを見通して、その中で育む資質・能力の育成に向けて、児童の主体的・対話的で深い学びの実現を図るようにすること。その際、音楽的な見方・考え方を働かせ、他者と協働しながら、音楽表現を生み出したり音楽を聴いてそのよさなどを見いだしたりするなど、思考、判断し、表現する一連の過程を大切にした学習の充実を図ること。
(2)　第2の各学年の内容の「A 表現」の(1)、(2)及び(3)の指導については、ア、イ及びウの各事項を、「B 鑑賞」の(1)の指導については、ア及びイの各事項を適切に関連させて指導すること。
(3)　第2の各学年の内容の〔共通事項〕は、表現及び鑑賞の学習において共通に必要となる資質・能力であり、「A 表現」及び「B 鑑賞」の指導と併せて、十分な指導が行われるよう工夫すること。
(4)　第2の各学年の内容の「A 表現」の(1)、(2)及び(3)並びに「B 鑑賞」の(1)の指導については、適宜、〔共通事項〕を要として各領域や分野の関連を図るようにすること。
(5)　国歌「君が代」は、いずれの学年においても歌えるよう指導すること。
(6)　低学年においては、第１章総則の第２の４の(1)を踏まえ、他教科等との関連を積極的に図り、指導の効果を高めるようにするとともに、幼稚園教育要領等に示す幼児期の終わりまでに育っ

てほしい姿との関連を考慮すること。特に、小学校入学当初においては、生活科を中心とした合科的・関連的な指導や、弾力的な時間割の設定を行うなどの工夫をすること。
　⑺　障害のある児童などについては、学習活動を行う場合に生じる困難さに応じた指導内容や指導方法の工夫を計画的、組織的に行うこと。
　⑻　第1章総則の第1の2の⑵に示す道徳教育の目標に基づき、道徳科などとの関連を考慮しながら、第3章特別の教科道徳の第2に示す内容について、音楽科の特質に応じて適切な指導をすること。

2　第2の内容の取扱いについては、次の事項に配慮するものとする。
　⑴　各学年の「A表現」及び「B鑑賞」の指導に当たっては、次のとおり取り扱うこと。
　　ア　音楽によって喚起されたイメージや感情、音楽表現に対する思いや意図、音楽を聴いて感じ取ったことや想像したことなどを伝え合い共感するなど、音や音楽及び言葉によるコミュニケーションを図り、音楽科の特質に応じた言語活動を適切に位置付けられるよう指導を工夫すること。
　　イ　音楽との一体感を味わい、想像力を働かせて音楽と関わることができるよう、指導のねらいに即して体を動かす活動を取り入れること。
　　ウ　児童が様々な感覚を働かせて音楽への理解を深めたり、主体的に学習に取り組んだりすることができるようにするため、コンピュータや教育機器を効果的に活用できるよう指導を工夫すること。
　　エ　児童が学校内及び公共施設などの学校外における音楽活動とのつながりを意識できるようにするなど、児童や学校、地域の実態に応じ、生活や社会の中の音や音楽と主体的に関わっていくことができるよう配慮すること。
　　オ　表現したり鑑賞したりする多くの曲について、それらを創作した著作者がいることに気付き、学習した曲や自分たちのつくった曲を大切にする態度を養うようにするとともに、それらの著作者の創造性を尊重する意識をもてるようにすること。また、このことが、音楽文化の継承、発展、創造を支えていることについて理解する素地となるよう配慮すること。
　⑵　和音の指導に当たっては、合唱や合奏などの活動を通して和音のもつ表情を感じ取ることができるようにすること。また、長調及び短調の曲においては、Ⅰ、Ⅳ、Ⅴ及びⅤ7などの和音を中心に指導すること。
　⑶　我が国や郷土の音楽の指導に当たっては、そ

のよさなどを感じ取って表現したり鑑賞したりできるよう、音源や楽譜等の示し方、伴奏の仕方、曲に合った歌い方や楽器の演奏の仕方などの指導方法を工夫すること。
　⑷　各学年の「A表現」の⑴の歌唱の指導に当たっては、次のとおり取り扱うこと。
　　ア　歌唱教材については、我が国や郷土の音楽に愛着がもてるよう、共通教材のほか、長い間親しまれてきた唱歌、それぞれの地方に伝承されているわらべうたや民謡など日本のうたを含めて取り上げるようにすること。
　　イ　相対的な音程感覚を育てるために、適宜、移動ド唱法を用いること。
　　ウ　変声以前から自分の声の特徴に関心をもたせるとともに、変声期の児童に対して適切に配慮すること。
　⑸　各学年の「A表現」の⑵の楽器については、次のとおり取り扱うこと。
　　ア　各学年で取り上げる打楽器は、木琴、鉄琴、和楽器、諸外国に伝わる様々な楽器を含めて、演奏の効果、児童や学校の実態を考慮して選択すること。
　　イ　第1学年及び第2学年で取り上げる旋律楽器は、オルガン、鍵盤ハーモニカなどの中から児童や学校の実態を考慮して選択すること。
　　ウ　第3学年及び第4学年で取り上げる旋律楽器は、既習の楽器を含めて、リコーダーや鍵盤楽器、和楽器などの中から児童や学校の実態を考慮して選択すること。
　　エ　第5学年及び第6学年で取り上げる旋律楽器は、既習の楽器を含めて、電子楽器、和楽器、諸外国に伝わる楽器などの中から児童や学校の実態を考慮して選択すること。
　　オ　合奏で扱う楽器については、各声部の役割を生かした演奏ができるよう、楽器の特性を生かして選択すること。
　⑹　各学年の「A表現」の⑶の音楽づくりの指導に当たっては、次のとおり取り扱うこと。
　　ア　音遊びや即興的な表現では、身近なものから多様な音を探したり、リズムや旋律を模倣したりして、音楽づくりのための発想を得ることができるよう指導すること。その際、適切な条件を設定するなど、児童が無理なく音を選んだり組み合わせたりすることができるよう指導を工夫すること。
　　イ　どのような音楽を、どのようにしてつくるかなどについて、児童の実態に応じて具体的な例を示しながら指導するなど、見通しをもって音楽づくりの活動ができるよう指導を工夫すること。
　　ウ　つくった音楽については、指導のねらいに即し、必要に応じて作品を記録させること。

作品を記録する方法については、図や絵によるもの、五線譜など柔軟に指導すること。
　エ　拍のないリズム、我が国の音楽に使われている音階や調性にとらわれない音階などを児童の実態に応じて取り上げるようにすること。
(7)　各学年の「Ｂ鑑賞」の指導に当たっては、言葉などで表す活動を取り入れ、曲想と音楽の構造との関わりについて気付いたり理解したり、曲や演奏の楽しさやよさなどを見いだしたりすることができるよう指導を工夫すること。
(8)　各学年の〔共通事項〕に示す「音楽を形づくっている要素」については、児童の発達の段階や指導のねらいに応じて、次のア及びイから適切に選択したり関連付けたりして指導すること。
　ア　音楽を特徴付けている要素
　　音色、リズム、速度、旋律、強弱、音の重なり、和音の響き、音階、調、拍、フレーズなど
　イ　音楽の仕組み
　　反復、呼びかけとこたえ、変化、音楽の縦と横との関係など
(9)　各学年の〔共通事項〕の(1)のイに示す「音符、休符、記号や用語」については、児童の学習状況を考慮して、次に示すものを音楽における働きと関わらせて理解し、活用できるよう取り扱うこと。

執筆者紹介

編著者

吉富　功修　　広島大学　大学院教育学研究科名誉教授　　　第1章・第7章第2、第6節・
　　　　　　　　　　　　　　　　　　　　　　　　　　　　　　第13章担当

　　　　　　　　　　　　　　　　　　　　　　　　　　　　コラム担当　　p.13、p.33、p.142

三村　真弓　　エリザベト音楽大学　音楽学部　音楽文化学科　第7章第3節・第9章担当

著者（五十音順）

安久津太一　　岡山県立大学　保健福祉学部　子ども学科　　　第6章第2節担当

明本　　遥　　松山東雲女子大学　人文科学部　子ども心理学科（2023年度より）第4章第6節担当

岡田　知也　　香川大学　教育学部　　　　　　　　　　　　　第4章第1節担当

緒方　　満　　比治山大学　現代文化学部　子ども発達教育学科　第12章担当

小見　英晴　　リトミック研究センター　新潟第一支局　　　　第7章第1節担当

九郎座仁美　　香川大学教育学部附属幼稚園　副園長　　　　　第11章第1節2担当

小長野隆太　　広島修道大学　人文学部　教育学科　　　　　　第3章担当

近藤　裕子　　石巻専修大学　人間学部　人間教育学科　　　　第8章担当

四童子　薫　　精華女子短期大学　幼児保育学科　　　　　　　第4章第5節担当

竹下可奈子　　新見公立大学　健康科学部　健康保育学科　　　第4章第3節担当

辻　　勇介　　広島文化学園短期大学　保育学科　　　　　　　第2章第2節担当

長澤　　希　　広島文教大学　教育学部　教育学科　　　　　　第11章第2節2担当

永田　雅彦　　安田女子短期大学　保育科　　　　　　　　　　第5章担当

長谷川　諒　　神戸大学大学院　人間発達環境学研究科　非常勤講師　第11章第2節3担当

羽地波奈美　　比治山大学短期大学部付属幼稚園　園長　　　　第11章第1節3担当

日髙まり子　　前 宮崎国際大学　教育学部　児童教育学科　　　第10章担当

平山　裕基　　広島文教大学　教育学部　教育学科　　　　　　第4章第2節担当

福島さやか　　福岡女学院大学　人間関係学部　子ども発達学科　第4章第4節・第13章担当

藤井　菜摘　　九州龍谷短期大学　保育学科　　　　　　　　　第11章第2節4担当

藤尾かの子　　エリザベト音楽大学　音楽学部　音楽文化学科　第7章第4節担当

別府　祐子　　倉敷市立短期大学　保育学科　　　　　　　　　第2章第1節・第6章第1節担当

三橋さゆり　　埼玉大学　教育学部　　　　　　　　　　　　　第7章第5節担当

本宮かおり　　尚絅学院大学　子ども学類　　　　　　　　　　第11章第2節1担当

安居　　登　　国吉光徳保育園　園長　　　　　　　　　　　　第11章第1節1担当

山辺　未希　　仙台青葉学院短期大学　こども学科　　　　　　第11章第2節5担当

2023年3月1日現在

改訂5版　幼児の音楽教育法　美しい歌声をめざして

2009 年 5 月 20 日　初版発行
2011 年 3 月 25 日　改訂発行
2012 年 9 月 25 日　改訂 2 版発行
2015 年 9 月 25 日　改訂 3 版発行
2019 年 3 月 25 日　改訂 4 版発行
2023 年 3 月 25 日　改訂 5 版発行

編 著 者　　吉富　功修・三村　真弓

発　　行　　ふくろう出版
　　　　　　〒700-0035　岡山市北区高柳西町 1-23
　　　　　　　　　　　　友野印刷ビル
　　　　　　TEL：086-255-2181
　　　　　　FAX：086-255-6324
　　　　　　http://www.296.jp
　　　　　　e-mail：info@296.jp
　　　　　　振替　01310-8-95147

印刷・製本　　友野印刷株式会社
ISBN978-4-86186-874-0 C3073　©2023
JASRAC出 9905906-305
定価は表紙に表示してあります。乱丁・落丁はお取り替えいたします。